全国中等职业教育改革发展示范
建设项目课程改革实践教材

辽宁省教育科学"十二五"规划立项课题(JG14EB055)
《中职文秘专业基于工作过程课程体系建设的实践研究》成果之一

KUAIJI CONGYE ZIGE LILUN JICHU

会计从业资格理论基础

总主编 程 科
主 编 刘 静
副主编 李 蕾 韩 玮

U0683193

大连理工大学出版社

图书在版编目(CIP)数据

会计从业资格理论基础 / 刘静主编. — 大连:大
连理工大学出版社,2015.5
全国中等职业教育改革发展示范学校建设项目课程改
革实践教材
ISBN 978-7-5611-9838-4

Ⅰ. ①会… Ⅱ. ①刘… Ⅲ. ①会计人员-资格认证-
理论-中等专业学校-教材 Ⅳ. ①F233

中国版本图书馆 CIP 数据核字(2015)第 097189 号

大连理工大学出版社出版

地址:大连市软件园路 80 号 邮政编码:116023
发行:0411-84708842 邮购:0411-84708943 传真:0411-84701466
E-mail:dutp@dutp.cn URL:http://www.dutp.cn
大连日升彩色印刷有限公司印刷 大连理工大学出版社发行

幅面尺寸:185mm×260mm 印张:12.5 字数:287 千字
2015 年 5 月第 1 版 2015 年 5 月第 1 次印刷

责任编辑:郑淑琴 责任校对:孟姗姗
封面设计:张 莹

ISBN 978-7-5611-9838-4 定 价:28.80 元

全国中等职业教育改革发展示范学校建设项目课程改革实践教材编写委员会

主 任 委 员：程　科

副主任委员：王建国　毛　军

编 委 成 员：蒋　莉　尹　慧　柏宏雯　杨永革　李　浩
　　　　　　徐　红　邵丽萍　李　岩　李宏伟　许书生
　　　　　　任增团　张凌瑶　王长华　马展红　张健华
　　　　　　潘晓华　李　蕾　赵舒琪　李美丽　张　琦
　　　　　　张　瑜　薛　明　于华龙

总 序

　　校本课程的开发与建设和校本教材的设计与编写是中等职业学校培养技术技能型人才不可或缺的重要教育教学要素,也是对国家和地方课程与教材的有益补充。基于课程论视野的校本教材作为校本课程物化的重要部分,其对教学的要求是杜绝"照本宣科",更要避除"无本宣科"。因此校本教材的设计与编写所要解决的教学问题之一便是校本课程的教与学的"有本教学""有本学习"和"依本讲课""依本学课"之"本"的问题。

　　为了有效地实现校本课程目标,达到更好地教育中职学生的目的,在对学生专业新需求、职业岗位新要求和教学新内容进行深入研究的基础上,大连市女子中等职业技术专业学校开发和制定了具有女子职业新特点、突出女校教学新特色、适应中职女生专业新要求的女子学校校本专业教材。大连市女子中等职业技术专业学校校本专业教材设计与编写的技术路向,一是实现课程内容的"教材化",即校本专业教材必须反映校本专业课程内容,以课程标准为基本路向,将课程标准序化于教材的内容逻辑之中;二是实现教材内容的"教学化",即教材必须具有可教学性,要遵循学生学习活动的心理逻辑之序,对教材内容进行方法化处理。大连市女子中等职业技术专业学校校本专业教材设计与编写所遵循的主要原则,一是实用性原则,即让中职女生感到"学了有用",无论是"当前用"还是"未来用",所以本教材的设计与编写充分考虑到实际应用价值,教材内容的取向、知识点和技能点的选择,都有利于满足中职女生当前学习、生活和职业工作的实际需要,有利于中职女生未来发展的需要。二是特色性原则,即让中职女生感到从她们的实际生活需要来看,的确"应该学",从她们的未来职业发展需要来看,的确"必须学",使学生们确认这是大连市女子中等职业技术专业学校为学生推出的适宜她们使用的专业教材。所以教材的设计和编写从实践到理论,从体例编创到环节安排,首先考虑的是适合中职女生的生活特点和职业发展需要,有利于课程目标、教材目标和教学目标的实现,有新的理论和新的实践支撑的特色。

　　为了进一步加强大连市女子中等职业技术专业学校校本专业课程的开发与建设和校本专业教材的设计与编写,在大连市教育局领导的关怀和指导下,学校启动了校本专业课程与校本专业教材研究工程,成立了校本教材编写领导小组,组建了由行业企业专家、职教专家、课程论专家、教材论专家、学科教研员、专业骨干教师、教材主编和出版社资深编辑参加的教材编写团队,对中等职业教育的教育教学现状和用人单位对技术技能型人才需求的新动向进行了深入调研,根据中等职业学校学生的学习特点和发展需要,形成了学校专业课程设置和专业教材编写的整体思路。

目前,我国正步入经济社会发展的新常态时期,加快发展现代职业教育意义重大。2014 年 6 月召开的全国职业教育工作会议,党中央、国务院对职业教育高度重视。会前,习近平总书记对职业教育工作做出重要指示,他强调:职业教育是国民教育体系和人力资源开发的重要组成部分,是广大青年打开通往成功成才大门的重要途径,肩负着培养多样化人才、传承技术技能、促进就业创业的重要职责,必须高度重视、加快发展。所以本套校本专业教材的设计与编写,始终坚持以服务为宗旨,以就业为导向,以能力为本位,以满足学生发展为取向,充分注重行业企业需要,为学生步入职场和未来的发展奠定基础。为了使本套教材更加有利于课程和教学需要,教材内容设计特别注意由浅入深,以职业岗位所需的职业能力为本体来组织教学内容,以工作规范为主线培养和提高学生的综合能力,以运用最新案例来阐释新的理论知识,加深对新的理论知识的理解。本套教材体例编排科学合理,较为系统地呈现了知识、技能和职业道德、价值观要点,让学生可以身临其境地体验理实一体的教学活动。

本套教材的编写和出版,得到了大连市教育局、大连市教育学院、大连市教育科学研究所和大连市现代服务职业教育集团相关成员单位的领导和专家们的大力支持,谨此一并致谢!

2015 年 5 月

前言

《会计从业资格理论基础》是大连市女子中等职业技术专业学校全国中等职业教育改革发展示范学校建设项目课程改革实践教材之一。我们在深入研究中等职业教育的特点及其社会需求现状的基础上,经过长时间的酝酿,精心挑选在会计教学领域的优秀教师组成编写小组,结合多年丰富的教学经验和实践经验,共同编写了本教材。

《会计从业资格理论基础》在编写过程中坚持以下原则:一要"准",坚持以就业为导向,准确把握全国职业教育工作会议的精神,自觉抵制错误思想和错误主张。二要"新",充分反映职业教育的最新成果、最新经验,充分反映本学科领域研究的最新进展。三要"厚",紧紧围绕本学科专业领域重大理论和实践问题开展集中攻关,最大限度地提高教材的含金量。四要"活",适应现代中等职业学校学生的特点和需要,使学生乐于学习。

《会计从业资格理论基础》在编写过程中突出以下特色:

1. 本教材从会计的基本概述到最终财务会计报告,系统、全面地以企业实际经济业务为基础,讲、练结合,例题紧扣知识点。

2. 本教材内容在全面覆盖最新大纲的基础上,力求突出考试中的重点、难点,使考生在复习过程中有的放矢。

3. 在理论部分,尽量借助于实务案例进行讲解,力求通俗易懂,不仅适用考试,更可成为入门级的实操指南。

本教材由大连市女子中等职业技术专业学校校长程科任总主编,大连市女子中等职业技术专业学校刘静任主编,大连市女子中等职业技术专业学校李蕾、大连市轻工业学校韩玮任副主编,大连市女子中等职业技术专业学校苏玉敏参与编写。

本教材在编写过程中得到了大连市教育局、大连教育学院、大连市教育科学研究所、大连市现代服务职业教育集团相关成员单位的大力支持,在此表示衷心的感谢!

由于编者水平有限,本教材仍可能存在不足和缺憾,敬请读者批评指正。

编　者

2015 年 5 月

所有意见和建议请发往:dutpzz@163.com

欢迎访问教材服务网站:http://www.dutpbook.com

联系电话:0411-84707492　84706671

目录

第一章

总 论

第一节 | 会计概述

一、会计的概念

会计是人类社会生产经营活动发展的产物。物质资料的生产是人类社会赖以生存和发展的基础。在物质资料的生产活动中，为了获得一定的劳动成果，必然要耗费一定的劳动成果，也必然要耗费一定的人力、物力和财力。人们一方面关心劳动成果的多少，另一方面也注重劳动耗费的高低。在人类社会的早期，人们只是凭借大脑来记忆经济过程中的所得与所费。随着生产活动的日益纷繁复杂，大脑记忆已无法满足上述需求，于是，便产生了专门记录和计算经济活动过程中所得与所费的会计。随着生产与经营活动的进一步发展，会计已由简单的记录和计算，逐渐发展为以货币单位来综合地核算和监督经济活动过程的一种价值管理活动。

综上，会计的概念可以表述为：会计是以货币为主要计量单位，用于核算和监督一个单位经济活动的一种经济管理工作。

随着社会化生产规模的扩大和管理水平的不断提高，会计理论和实务日趋完善。会计按其报告的对象不同，又分为财务会计与管理会计。财务会计主要侧重于向企业外部关系人提供有关企业财务状况、经营成果和现金流量等信息；管理会计主要侧重于向企业内部管理者提供进行经营规划、经营管理、预测决策所需的相关信息。财务会计侧重于过去的信息，为企业外部有关各方提供所需数据；管理会计侧重于未来的信息，为企业内部管理部门提供所需数据。

二、会计的基本职能

会计管理的目的要通过会计的职能来实现。会计的职能就是会计在经济管理过程中客观上具有的功能。会计的两项基本职能是核算和监督，《会计法》对此做了明确的规定，即进行会计核算及实行会计监督。

(一)进行会计核算

会计核算贯穿于经济活动的全过程。它是会计最基本的职能。会计核算职能主要是通过确认、计量、记录、报告的形式反映一个经济活动主体已经发生或已经完成的各项经济活动。会计核算为经营管理者提供信息,核算工作是会计最基础的工作。记账、算账和报账是会计执行事后核算职能的主要形式。记账是指对特定对象的经济活动采用一定的记账方法,在账簿中进行登记;算账是指在记账的基础上,对企业一定时期的收入、费用(成本)、利润和一定日期的资产、负债、所有者权益进行计算(行政事业单位是对一定时期的收入、支出、结余和一定日期的资产、负债、净资产进行计算);报账是指在算账基础上,对企业单位的财务状况、经营成果和现金流量情况(行政事业单位是对其经费收入、经费支出、经费结余及其财务状况)以财务报表的形式向有关方面报告。根据《会计法》的规定,企业发生的一切经济业务,如款项和有价证券的收付,财产物资的收发、增减及使用,债权债务的发生和结算,资本、基金的增减和经费的收支,收入和费用及成本的计算,财务成果的计算和处理等,都必须借助于会计核算,通过记账、算账、报账,如实全面系统地反映出来,为有关各方提供对决策有用的会计信息。

但随着管理要求的提高,会计核算的职能不再仅仅是对经济活动进行事后的反映,为了在经营管理上加强计划的预见性,还要对经济活动进行事前核算和事中核算。事前核算的主要形式是进行预测、参与决策,而事中核算的主要形式是在计划执行过程中,通过核算和监督相结合的方式,对经济活动进行控制,使过程按计划或预期的目标进行。

(二)实行会计监督

对经济活动进行会计核算的过程,也是实行会计监督的过程。会计监督是企业单位内部的一种自我约束机制,主要是利用会计资料对经济活动加以控制和指导,它要求各项经济业务必须遵守国家的财政、财务制度及其他财经纪律,同时还应遵守企业单位的经营方针、政策。会计监督的内容包括合法性监督和合理性监督两个方面。会计监督按其与经济活动过程的关系,又分为事前监督、事中监督、事后监督。事前监督是在经济活动过程之初,对原始凭证、计划、合同的合法性、合理性所做的核查;事中监督是在经济活动过程之中对计划、预算执行等所做的分析检查。事后监督的依据是各种法规、制度、计划、预算、定额和合同等。

上述两项会计基本职能是相辅相成、辩证统一的关系。会计核算是会计监督的基础,没有核算所提供的各种信息,监督便失去了依据;而会计监督又是会计核算质量的保障,只有核算、没有监督,就难以保证核算所提供信息的真实性、可靠性。

随着生产力水平的日益提高、社会经济关系的日益复杂和管理理论的不断深化,会计所发挥的作用日益重要,其职能也在不断丰富和发展。除上述基本职能外,会计还具有预测经济前景、参与经济决策、评价经营业绩等管理职能。

三、会计的对象

会计的对象是指会计所核算和监督的内容,即能以货币计量的经济业务。研究会计对象的目的,就是要明确会计在经济管理中的活动范围,从而确定会计的任务,建立和发展会计的方法体系。会计需要以货币为主要计量单位,对特定单位的经济活动进行核算和监督,因此,凡是特定单位能够以货币表现的经济活动,都是会计核算和监督的内容,即会计的对象。以货币表现的经济活动,通常又称为价值运动或资金运动。

各单位的性质不同,经济活动的内容不同,会计的具体对象也就不尽相同。以工业企业为例,用以说明工业企业会计的具体对象。工业企业是从事工业生产和销售的营利性经济组织。为了从事产品的生产与销售活动,企业必须拥有一定数量的资金。企业的资金,是指企业所拥有的各项财产物资的货币表现。企业的资金运动表现为资金的投入、资金的运用和资金的退出三个过程。

资金的投入包括企业所有者投入的资金和债权人投入的资金两部分,前者属于企业所有者权益,后者属于企业债权人权益——企业负债。投入企业的资金一部分构成流动资产,另一部分构成非流动资产。

资金的运用(资金的循环和周转)分为供应、生产、销售三个阶段。在供应阶段,企业要购买原材料等劳动对象,发生材料费、运输费、装卸费等材料采购成本,与供应单位发生货款的结算关系。在生产阶段,劳动者借助于劳动手段将劳动对象加工成特定的产品,发生原材料消耗的材料费、固定资产磨损的折旧费、生产工人劳动耗费的人工费等,构成产品使用价值与价值的统一体,同时,还会发生企业与工人之间的工资结算关系、与有关单位之间的劳务结算关系等。在销售阶段,将生产的产品销售出去,发生有关销售费用、收回货款、交纳税金等业务活动,并同购货单位发生货款结算关系、同税务机关发生税务结算关系等。企业获得的销售收入,扣除各项成本费用后的利润,还要提取盈余公积并向所有者分配利润。

资金的退出包括偿还各项债务、交纳各项税金、向所有者分配利润等,这部分资金便离开本企业,退出本企业的资金循环与周转。

值得注意的是,不是企业生产经营过程的全部内容都是会计核算的对象,只有能以货币表现的经济活动,才是会计核算的内容。

第二节　会计核算的基本前提

会计核算的基本前提又称会计假设,是会计人员对会计核算所处的变化不定的环境做出的合理判断,是会计核算的前提条件。会计所处的社会经济环境极为复杂,会计核算面对的是变化不定的社会经济环境。在这种情况下,会计人员有必要对会计核算所处的经济环境做出判断。例如,企业在一般环境下是持续经营下去的,为了及时计算企业的损益情况,就有必要将企业持续不间断的生产经营过程人为地划分为不同的期间,作为会计核算的期间。再如,会计核算必须以某一方式反映企业的生产经营情况,就必须选择确定的计量单位。只有规定了这些会计核算的前提条件,会计核算才能得以正常地进行下去,才能据以选择确定的会计处理方法。会计核算的前提条件,是人们在长期的会计实践中逐步认识和总结确定的。会计核算的基本前提包括会计主体、持续经营、会计分期和货币计量。

一、会计主体

会计主体又称会计实体,是指会计工作所服务的特定单位或组织。会计核算的对象是企业的生产经营活动,生产经营活动又是由各项具体的经济业务所构成的,而每一项经济业务又都是与其他有关的经济业务相联系的。由于社会经济关系的错综复杂,企业本身的经济活动也总是与其他企业或单位的经济活动相联系。因此,对于会计人员来说,首先就需要确定会计核算的范围,明确哪些经济活动应当予以确认、计量和报告,哪些不应包括在其核算的范围内,也就是要确定会计主体。《企业会计准则——基本准则》规定,企业应当对其本身发生的交易或事项进行会计确认、计量和报告。

会计主体是随着社会生产力发展和经营活动组织形式的发展而产生的。在生产经营规模很小、业主独资经营的情况下,其会计核算的内容只包括业主生产经营活动,不包括业主的个人收支。而当几个人合伙经营时,合伙经营收支活动要与各个业主的个人收支活动相区分,需要确定会计主体,即合伙企业会计的核算范围。这样,会计主体的概念便应运而生了。

会计主体的作用在于界定不同会计核算的范围。对于企业来说,它要求会计核算区分自身的经济活动与其他企业的经济活动;区分企业的经济活动与企业投资者的经济活动。企业的会计记录和财务报表涉及的只是企业主体范围内的经济活动,而不核算反映企业投资者或所有者的经济活动,也不核算反映其他企业或其他经济主体的经济活动。因此,只有界定了会计核算的范围,才能正确反映会计主体的资产、负债和所有者权益情况,才能准确提供反映企业财务状况和经营成果的财务报表,才能提供会计信息的使用者所需的信息资料。也正是确定了会计核算的范围,企业的投资者、债权人才可能从企业的会计记录和财务报表中得到有用的会计信息。

理解会计主体这一概念,必须明确会计主体与法律主体(法人)并非是对等的概念。一般来说,法律主体必然是会计主体,但会计主体并不一定是法律主体。任何企业,无论是独资企业、合资企业还是合伙企业,都可以作为会计主体。在企业规模较大的情况下,为了便于掌握其车间、部门的生产经营活动和收支情况,可以将车间、部门作为一个会计主体,要求其定期编制财务报表。此外,在控股经营的情况下,母公司及其控制的子公司均为独立的法律主体,且各为一个会计主体,但也可将母公司和子公司这些独立的法律主体组成的企业集团视为一个会计主体,将其各自的财务报表予以合并,编制合并财务报表。会计主体,可以是独立法人,也可以是非法人(如合伙经营活动);可以是一个企业,也可以是企业内部的某一单位或一个特定部分(如企业的分公司);可以是单一企业,也可以是由几个企业组成的企业集团。

二、持续经营

持续经营是指会计主体在可以预见的未来,按照正常的经营方式和既定的目标持续经营下去。即在可预见的未来,该会计主体不会破产清算,所持有的资产将正常运营,所负有的债务将正常偿还。它是相对于非持续经营而言的。它要求会计人员以会计主体持续、正常的运营活动为前提,在此前提下选择会计程序及会计处理方法,进行会计核算。《企业会计准则——基本准则》规定,企业会计确认、计量和报告应当以持续经营为前提。

会计核算上所使用的一系列会计原则和会计处理方法都是建立在会计主体持续经营的前提基础上的。例如,历史成本原则是在假定企业正常运营的情况下,运用它所拥有的各种经济资源和依照原来的偿还条件偿付其所负担的各种债务的前提下,运用于会计核算之中的。企业对于它所拥有的机器设备、厂房等固定资产,只有在持续经营的前提下,才可以在机器设备的使用年限内,按照其价值和使用情况,确定采用某一折旧方法计提折旧。如果没有持续经营这一基本前提,从理论上说,机器设备等固定资产的价值只能采用其实现的可变现价值来予以计量;对于其所负担的债务,如应付款项,也只有在持续经营的前提下,才可以按照规定的条件偿还,如没有规定这一前提,负债则必须按照资产变现后的实际负担能力来清偿。现行会计处理方法大部分都是建立在持续经营的基础上的。如果没有规定持续经营的前提条件,一些公认的会计处理方法将缺乏存在的依据,无法采用,企业也就不能按照正常的会计原则和会计处理方法进行会计核算,不能采用通常的方式提供会计信息。

三、会计分期

会计分期是指将一个会计主体持续的生产经营活动划分为若干相等的会计期间,以便分期结算账目和编制财务报告。会计分期的目的在于通过会计期间的划分,据以结算账目,编制财务报告,从而及时地向有关方面提供反映企业经营成果和财务状况及其变动情况的会计信息,及时满足企业内部加强经营管理及对其他有关方面进行决策的需要。《企业会计准则——基本准则》规定,企业应当划分会计期间,分期结算账目和编制财务会计报告。

在持续经营的情况下,要计算会计主体的利润实现情况,反映其生产经营成果,从理论上来说只有等到会计主体所有的生产经营活动最终结束时,才能通过收入和费用的归集与比较,进行准确的计算。但是,由于企业的投资者、债权人、国家财税部门需要及时了解企业的经营情况,需要企业定期提供其决策和征税所依据的会计信息。为此,就需要确定从何时始到何时止对经济活动进行核算,也就是说,需要企业会计人员人为地将企业持续不断的生产经营活动划分为若干相等的期间,以反映企业的经营成果和财务状况及其变动情况。这种人为的分期就是会计期间。在《企业会计准则》中,规定我国企业会计期间分为会计年度和会计中期。会计年度,一般采用公历年度,即从每年1月1日至12月31日为一个完整的会计年度。会计中期是指短于一个完整的会计年度的报告期间。一般分为季度和月份。会计期间的划分对会计核算有着重要的影响和作用。由于有了会计期间,才产生了本期与非本期的区别;由于有了本期与非本期的区别,才产生了权责发生制和收付实现制,才使不同类型的会计主体有了记账的基准。采用权责发生制,对于一些收入和费用要按照权责关系在本期和以后会计期间进行分配,确定其归属的会计期间,为此,需要在会计处理中运用预收、预付、应收、应付、摊销等一些特殊的会计方法。

四、货币计量

货币计量是指会计主体在会计核算过程中采用货币作为计量单位,记录、反映会计主体的经营情况。企业的生产经营活动具体表现为商品的购销、各种原材料和劳务的耗费等实物运动。由于商品和各种原材料、劳务的耗费在实物上不存在统一的计量单位,无法比较,为了全面完整地反映企业的生产经营活动,会计核算客观上需要一种统一的计量单位作为其计量尺度。在市场经济条件下,货币作为商品的一般等价物,是衡量商品价值的共同尺度,会计核算就必然选择货币作为其计量单位,以货币形式来反映企业生产经营活动的全过程。会计核算采用货币计量,使会计核算的对象——企业的生产经营活动统一地表现为货币资金运动,从而能够全面完整地反映企业的经营成果和财务状况及其变动情况。

在我国,人民币是国家法定货币,《企业会计准则》规定我国会计核算以人民币为记账本位币,企业的生产经营活动一律通过人民币进行核算反映。考虑到外商投资企业等业务收支以外币为主的企业会计核算的实际需要,我国允许这些企业选定某种外币作为记账本位币进行会计核算,但这些企业对外提供财务报表时,应当折合成人民币来反映,提供以人民币表示的财务报表。对于我国在境外设立的企业,一般以当地的货币进行经营活动,通常也以当地的货币进行日常会计核算,但为了便于国内有关部门了解其财务状况和经营成果,在向国内报送财务报表时应当折合成人民币来反映其经营成果和财务状况及其变动情况。

上述会计核算的四项基本前提,具有相互依存、相互补充的关系。会计主体确立了会计核算的空间范围,持续经营与会计分期确立了会计核算的时间长度,而货币计量则为会计核算提供了必要手段。没有会计主体,就不会有持续经营;没有持续经营,就不会有会计分期;没有货币计量,就不会有现代会计。

第三节 | 会计信息质量要求

会计信息质量要求是对企业财务报告中所提供的会计信息质量的基本要求,是使财务报告提供的会计信息对信息使用者决策有用所应具备的基本特征,具体包括可靠性、相关性、可理解性、可比性、实质重于形式、重要性、谨慎性和及时性。

一、可靠性

可靠性要求企业应当以实际发生的交易或者事项为依据进行会计确认、计量、记录和报告,如实反映符合确认和计量要求的各项会计要素及其他相关信息,保证会计信息真实可靠、内容完整。企业的会计信息要满足会计信息使用者的决策需要,就必须内容真实、数字准确、资料可靠。

如果企业的会计核算不是以实际发生的交易或事项为依据的,没有如实反映企业的财务状况、经营成果和现金流量等情况,就是不可靠的,就会误导会计信息使用者的决策,会计工作也就失去了存在的意义。

二、相关性

相关性要求企业提供的会计信息应当与财务报告使用者的经济决策需要相关,有助于财务报告使用者对企业过去、现在或未来的情况做出评价或者预测。

会计信息是否有用、是否有价值,取决于其是否与会计信息使用者的决策需要相关联,是否有助于决策或者提高决策水平。一般认为,具备相关性的会计信息应当在保证及时性的前提下,具备反馈价值和预测价值,即能够有助于信息使用者评价企业过去的决策,证实或者修正过去的有关预测,并根据会计信息预测未来的财务状况、经营成果和现金流量。通常,我国企业的会计信息必须满足三方面的需要:①符合国家宏观经济管理的要求;②满足有关各方面了解企业财务状况和经营成果的需要;③满足企业内部加强经营管理的需要。

值得注意的是,会计信息的相关性应以可靠性为基础,在保证可靠性的前提下尽可能做到相关性,不能把两者对立起来。

三、可理解性

可理解性要求企业的会计信息应当清晰明了,便于财务报告使用者理解和使用。可理解性要求会计记录和财务会计报告必须清晰明了、简明扼要,数据记录和文字说明能一目了然地反映经济活动的来龙去脉。该项要求的前提是信息使用者必须具备一定与企业经营活动相关的会计知识,并愿意付出努力去研究这些信息。

四、可比性

可比性要求企业提供的会计信息应当具有可比性。具体包括下列两层含义:

1.同一企业不同时期可比

同一企业不同时期发生的相同或者相似的交易或者事项,应当采用一致的会计政策,不得随意变更。确需变更的,应当在附注中说明。

企业发生的交易或事项具有复杂性和多样性,对于某些交易或事项可以有多种会计核算方法。例如,存货的领用和发出,可以采用先进先出法、加权平均法、移动加权平均法、个别计价法等确定其实际成本;固定资产折旧方法可以采用年限平均法、工作量法、年数总和法、双倍余额递减法等。贯彻可比性的目的,是使会计信息的使用者能利用以前会计期间的会计信息来考核、评价本期的财务状况和经营成果,并借以进行正确的预测和决策。如果企业在不同的会计期间采用不同的会计核算方法,将不利于会计信息使用者对会计信息的理解,不利于会计信息作用的发挥,甚至误导分析和判断。

2.不同企业同一会计期间可比

不同企业同一会计期间发生的相同或者相似的交易或者事项,应当采用规定的会计政策,确保会计信息口径一致、相互可比。

为了保证会计信息能够满足决策的需要,便于比较不同企业的财务状况、经营成果和现金流量,只要是相同的交易或事项,就应当采用相同的会计处理方法。可比性使来自不同企业的会计信息能得以统一汇总,为国民经济的宏观调控提供有用的信息。

五、实质重于形式

实质重于形式要求企业应当按照交易或事项的经济实质进行会计确认、计量、记录和报告,不应仅以交易或者事项的法律形式为依据。

在具体会计实务中,交易或事项的经济实质往往存在着与其法律形式明显不一致的情形,如果会计核算仅仅按照交易或事项的法律形式进行,而其法律形式又没有反映其经济实质和经济现实,那么,其最终结果将会误导会计信息使用者的决策。所以,这就要求会计信息不能仅仅根据法律形式进行反映。

例如,以融资租赁方式租入的资产,虽然在租赁期内承租企业在法律形式上并不拥有其所有权,但是由于租赁合同中规定的租赁期相当长,接近于该资产的使用寿命,租赁期结束时承租企业有优先购买该资产的选择权,在租赁期内承租企业有权支配该资产并从中受益,所以,从其经济实质来看,企业能够控制其创造的未来经济利益。因此,在会计核算上就应将以融资租赁方式租入的资产视为承租企业的资产,列入承租企业资产负债表。

六、重要性

重要性要求企业提供的会计信息应当反映与企业财务状况、经营成果和现金流量有关的所有重要交易或者事项。

在评价某些项目的重要性时,很大程度上取决于会计人员的职业判断,因此应从质和量两个方面进行分析,视信息的性质、规模大小和对使用者做出决策的影响程度而定。一般认为,在实务中因省略或者错报而影响财务报告使用者决策的信息具有重要性。

对于重要的会计事项,必须按照规定的会计方法和程序进行处理,并在财务报告中予以充分、准确地披露;对于次要的会计事项,在不影响会计信息真实性和不误导财务报告使用者做出正确判断的前提下,可适当简化处理。

七、谨慎性

谨慎性要求企业在以交易或者事项进行会计确认、计量、记录和报告时应当保持应有的谨慎,不应高估资产或者收益、低估负债或者费用。

在市场经济条件下,企业面对的是有风险的市场,其经营活动存在着大量的不确定因素,为避免风险和不确定性给企业正常生产经营带来的严重影响,在会计核算工作中应坚持谨慎性,充分估计各种风险和损失,合理预计可能发生的各项费用和损失,并予以入账。如企业对可能发生的资产减值损失计提资产减值准备、对固定资产采用加速折旧法计提折旧以及对售出商品可能发生的保修义务确认预计负债等,均体现了谨慎性要求。而对可能获得的收入,基于稳健考虑,则不能预估及提前入账。

需要注意的是,谨慎性并不意味着企业可以任意设置各种"秘密准备",否则,就属于滥用谨慎性,视同重大会计差错。

八、及时性

及时性要求企业对于已经发生的交易或者事项,应当及时进行会计确认、计量、记录和报告,不得提前或者延后。

会计信息的价值在于帮助会计信息使用者做出经济决策,即便是可靠、相关的会计信息,如果提供得不及时,对于信息使用者来说也毫无意义。

第四节 会计核算原则

一、历史成本原则

历史成本原则要求企业的各项财产在取得时按照实际成本计量。除法律、行政法规和国家统一的会计制度另有规定外,企业一律不得自行调整其账面价值。

需要注意的是,如果资产已经发生了减值,其账面价值已经不能反映其未来可收回金额,企业就应当按照规定计提相应的减值准备。

二、配比原则

收入与费用配比原则是指收入与其相关的成本费用应当配比。这一原则是以会计分期为前提的。当确定某一会计期间已经实现收入之后,就必须确定与该收入有关的已经发生了的费用,这样才能完整地反映特定时期的经营成果,从而有助于正确评价企业的经营业绩。

配比原则包括两层含义:一是因果配比,即将收入与对应的成本相配比;二是时间配比,即将一定时期的收入与同时期的费用相配比。

三、划分收益性支出与资本性支出的界限

划分收益性支出与资本性支出的原则是指在会计核算中合理划分收益性支出与资本性支出。如果支出所带来的经济收益只与本会计年度有关,那么该项支出就属于收益性支出;如果支出所带来的经济收益不仅与本会计年度有关,而且同时与未来几个会计年度有关,那么该项支出就属于资本性支出。区分收益性支出与资本性支出,有助于正确地确认当期的损益和资产的价值,保证会计信息的客观性。

四、权责发生制

会计确认、计量、记录和报告,是企业会计核算的基础,是确认一定会计期间的收入和费用,从而确认损益的标准。由于会计核算存在会计分期,就产生了本期与非本期的区别,从而出现了权责发生制与收付实现制的区别。企业在一定会计期间,为进行生产经营活动而发生的费用,可能在本期已支付货币资金,也可能在本期尚未支付货币资金;所形成的收入,可能在本期已经收到货币资金,也可能在本期尚未收到货币资金;同时,本期发生的费用可能与本期收入的取得有关,也可能与本期收入的取得无关。诸如此类的经济业务应如何处理,必须以所采用的会计核算原则为依据。会计核算原则主要有两种:权责发生制和收付实现制。《企业会计准则——基本准则》第九条规定:"企业应当以权责发生制为基础,进行会计确认、计量和报告。"

1.权责发生制要求凡是当期已经实现的收入、已经发生和应当负担的费用,不论款项是否收付,都应当作为当期的收入、费用;凡是不属于当期的收入、费用,即使款项已经在

当期收付了,也不应当作为当期的收入、费用。

在会计实务中,企业交易或者事项的发生时间与相关货币收支的时间有时并不完全一致。例如,预收销货款、预付购货款等情况,虽然款项在本期已经收到或者支付,但实际的经济业务在本期并未实现,为了更加真实、公允地反映特定会计期间的财务状况和经营成果,就不能将预收或者预付的款项作为本期的收入或费用处理。

权责发生制主要是从时间上规定会计确认的基础,其核心是根据权、责关系实际发生的期间来确认收入和费用。根据权责发生制进行收入与成本、费用的核算,最大的优点是能更加准确地反映特定期间真实的财务状况及经营成果。

【例 1-1】 在权责发生制下,2013 年 10 月,某企业销售了一批商品,款项虽然没有收到,预计在 12 月收到款项,也应当作为 10 月的收入。

【例 1-2】 在权责发生制下,2013 年 10 月,某企业预收了一笔货款,此时,尽管货款已经收到,但货物还没有发出,不能将其作为 2011 年 10 月的收入,而应当作为货物发出当月的收入。

2.收付实现制与权责发生制是相对应的,它是以收到及支付的现金作为确认收入和费用的依据。

收付实现制又称现金制或实收实付制,是以实际收到或付出的现金为标准,来记录收入的实现和费用的发生。按照收付实现制,收入和费用的归属期间将与现金收支行为的发生与否紧密地联系在一起。换言之,现金收支行为在其发生的期间全部记作收入和费用,而不考虑与现金收支行为相关的经济业务实质上是否发生。

目前,我国的行政单位会计一般采用收付实现制,事业单位除经营业务采用权责发生制外,其他业务均采用收付实现制。

【例 1-3】 在收付实现制下,2013 年 10 月,某企业销售了一批商品,款项没有收到,而在 12 月收到款项,应当作为 12 月的收入。

【例 1-4】 在收付实现制下,2013 年 10 月,某企业预收了一笔货款,这时,货款已经收到,虽然货物还没有发出,也应当作为 2013 年 10 月的收入。

第五节　会计要素与会计等式

一、会计要素

(一)会计要素的概念

会计要素是以会计基本前提为基础对会计对象的基本分类,是会计核算对象的具体化,是用于反映会计主体财务状况、确定经营成果的基本单位。从企业会计来说,其核算的对象是反映企业生产经营情况的资金运动,实质上就是企业各种经济资源的来源与运用,也就是各种经济资源的来龙去脉。企业的财务状况,就是某一时点的各种经济资源的占有、运用和来源情况。为此,要表明企业的财务状况,就需要按照一定标准对各种经济资源的占用进行分类,对各种经济资源的来源进行分类,通过分类将其反映在财务报表中。正是从这一意义上将会计要素称为财务报表的要素,也正是从这一意义上将会计要素视为财务报表的基本单位,视为财务报表的基本构件。

我国《企业会计准则——基本准则》规定,企业应当按照交易或事项的经济特征确定会计要素,规定我国的会计要素包括资产、负债、所有者权益、收入、费用和利润。这六大会计要素可以划分为两大类,即反映财务状况的会计要素和反映经营成果的会计要素。反映财务状况的会计要素包括资产、负债和所有者权益;反映经营成果的会计要素包括收入、费用和利润。

(二)反映财务状况的会计要素

财务状况是指企业在某一时点的资产及权益情况,是资金运动相对静止状态的表现。反映财务状况的会计要素包括以下三项:

1.资产

资产是指企业过去的交易或者事项形成的,由企业拥有或者控制的,预期会给企业带来经济利益的资源。

(1)资产的特征

资产具有如下特征:第一,资产是由企业过去的交易或者事项形成的。企业过去的交易或者事项包括购买、生产、建造行为及其他交易或者事项。预期在未来发生的交易或者事项不会形成资产,也就是说,资产必须是现实的资产,而不是预期的资产,是过去已发生的交易所产生的结果。未来交易或事项以及尚未发生的交易或事项可能产生的结果,都不能作为资产来确认。第二,资产是由企业拥有或者控制的。由企业拥有或者控制,是指企业享有某项资产的所有权,并且可以按照自己的意愿使用或处置该资产。对于一些以特殊方式形成的资产,企业虽然对其不拥有所有权,但能够对其实施实际控制的,比如融资租入的固定资产,也应当确认为本企业的资产。也就是说,一项资源要作为企业的资产来确认,要么该资源为企业所拥有,要么为该企业所控制,否则,则不能作为企业的资产来确认。第三,资产必须是预期会给企业带来经济利益的资源。所谓预期会给企业带来经济利益,是指直接或者间接导致现金或现金等价物流入企业的潜力。能够给企业带来经济利益的方式有很多种,最直接的一种方式就是原材料、机器设备、厂房等用于生产经营、制造商品、出售商品收取货款,从而使企业获得经济利益。相反,如果预期不能给企业带来经济利益,则不能确认为本企业的资产。

(2)资产的分类

资产按其变现或耗用时间长短不同,分为流动资产和非流动资产。

流动资产是指预计在一个正常营业周期变现、出售或耗用,或者主要为交易目的而持有,或者预计在资产负债表日起一年内(含一年)变现的资产,以及自资产负债表日起一年内交换其他资产或清偿负债的能力不受限制的现金等价物。流动资产主要包括货币资金、交易性金融资产、应收票据、应收账款、预付账款、应收利息、应收股利、其他应收款、存货等。

非流动资产是指除流动资产以外的资产,主要包括长期股权投资、固定资产、在建工程、工程物资、无形资产等。

资产的分类如图 1-1 所示。

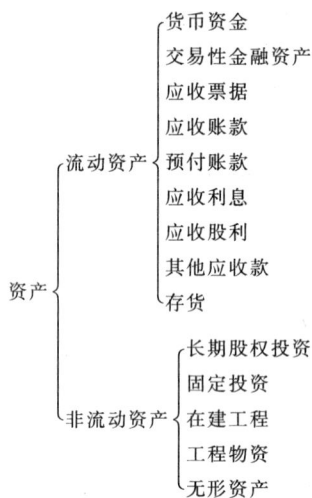

图 1-1　资产的分类

长期股权投资是指企业持有的对其子公司、合营企业及联营企业的权益性投资以及企业持有的对被投资单位不具有控制、共同控制或重大影响,并且在活跃市场中没有报价、公允价值不能可靠计量的权益性投资。

固定资产是指企业为生产商品、提供劳务、出租或经营管理而持有的、使用寿命超过一个会计年度的机器设备、房屋、建筑物等有形资产。

无形资产是指企业拥有或者控制的没有实物形态的可辨认非货币性资产,包括专利权、非专利技术、商标权、著作权、土地使用权、特许权等。

2. 负债

负债是指企业过去的交易或者事项形成的,预期会导致经济利益流出企业的现时义务。

(1)负债的特征

负债通常具有以下主要特征:第一,负债是企业过去的交易或者事项形成的。也就是说,导致负债的交易或事项必须已经发生,正在筹划的未来交易或事项,不会形成负债。第二,负债预期会导致经济利益流出企业。负债通常是在未来某一时日通过交付资产(包括现金和其他资产)或提供劳务来清偿,负债的清偿会导致经济利益流出企业。第三,负债是企业的现时义务。现时义务是指企业在现行条件下已承担的义务。未来发生的交易或者事项形成的义务,不属于现时义务,不应当确认为负债。

(2)负债的分类

负债按其流动性不同,分为流动负债和非流动负债。

流动负债是指预计在一个正常营业周期中清偿,或者自资产负债表日一年内(含一年)到期予以清偿,或者企业无权自主地将清偿推迟至资产负债表日后一年以上的负债。流动负债主要包括短期借款、应付票据、应付账款、预收款项、应付职工薪酬、应交税费、应付利息、应付股利、其他应付款项等。

非流动负债是指流动负债以外的负债,主要包括长期借款、应付债券、长期应付款等。

负债的分类如图 1-2 所示。

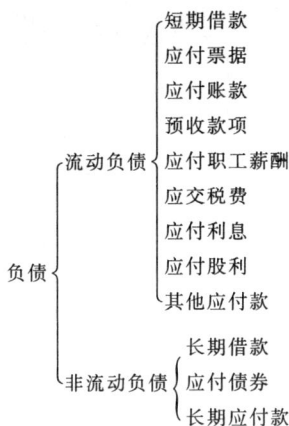

图 1-2 负债的分类

3. 所有者权益

所有者权益是指企业资产扣除负债后,由所有者享有的剩余权益。公司的所有者权益又称为股东权益。

(1)所有者权益的特征

①除非发生减资、清算或分派现金股利,企业不需要偿还所有者权益;

②企业清算时,只有在清偿所有的负债后,所有者权益才返还给所有者;

③所有者凭借所有者权益能够参与企业利润的分配。

(2)所有者权益的来源及构成

所有者权益来源包括所有者投入的资本、直接计入所有者权益的利得和损失、留存收益等。

所有者投入的资本是指所有者投入企业的资本部分,它既包括构成企业注册资本或者股本部分金额,也包括投入资本超过注册资本或者股本部分的金额。直接计入所有者权益的利得和损失中,利得(资本溢价)是指企业在非日常活动中形成的、会导致所有者权益增加的、与所有者投入资本无关的经济利益的流入。损失是指企业在非日常活动中所发生的、会导致所有者权益减少的、与向所有者分配利润无关的经济利益的流出。留存收益是所有者(股东)权益的重要组成部分,它是指企业在历年生产经营活动中取得的净利润的留存额。我国留存收益主要包括盈余公积和未分配利润两部分。

(3)所有者权益的分类

所有者权益按其构成不同可以分为实收资本(或股本)、资本公积、盈余公积和未分配利润。所有者权益的分类如图 1-3 所示。

实收资本(或股本)是指企业投资者按照企业章程或合同、协议的约定实际投入企业的资本,包括国家、法人、个人和外商投入企业的资本。我国实行的是注册资本制,因而在投资者足额交纳资本后,企业的实收资本应该等于企业的注册资本。

资本公积是指投资者投入但不能构成实收资本的投资以及直接计入所有者权益的利得和损失等。其中,投资者投入但不能构成实收资本是投资者出资额超出其在注册资本或股本中所占份额的部分,这部分通常称为资本溢价或股本溢价,资本公积主要用途是转增资本。

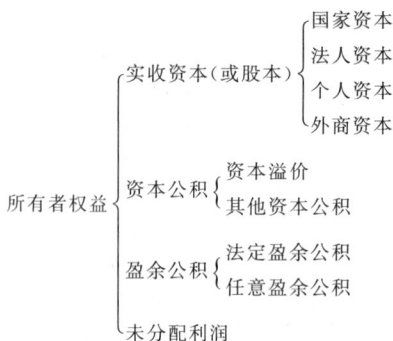

图 1-3　所有者权益的分类

盈余公积是指公司按照规定从净利润中提取的各种积累资金。盈余公积的提取实际上是企业对当期实现的净利润向投资者分配的一种限制。企业提取的盈余公积可以用于弥补亏损、扩大生产经营或者转增资本。盈余公积分为法定盈余公积和任意盈余公积两类。

未分配利润是指企业留待以后年度进行分配的历年结存的利润。

(三)反映经营成果的会计要素

经营成果是企业在一定时期从事生产经营活动所取得的最终成果,是资金运动显著变动状态的主要体现。反映经营成果的会计要素包括以下三项:

1. 收入

收入是指企业在日常活动中形成的、会导致所有者权益增加的、与所有者投入资本无关的经济利益的总流入。

(1)收入的特征

①收入是在日常活动中形成的。

日常活动是指企业为完成其经营目标所从事的经常性活动以及与之相关的活动,如工业企业的产品生产和销售活动,商品流通企业的商品购销活动,金融企业的存贷款业务等。然而,有些交易或事项虽然也能为企业带来经济利益,但不属于企业的日常活动,则其流入的经济利益不能确认为收入,而应当计入利得。如企业出售固定资产并不是其经营目标,也不属于企业的日常活动,因而出售固定资产取得的净收益属于利得,而不是收入。

②收入应当会导致企业经济利益的流入,该流入不包括所有者投入的资产。

收入应当会导致企业经济利益的流入,从而导致资产的增加或负债的减少,或两者兼而有之。

③收入最终会导致所有者权益的增加。

与收入相关的经济利益的流入最终会导致所有者权益增加,不会导致所有者权益增加的经济利益的流入不符合收入的定义,不应确认为收入。

【例 1-5】 企业出售和出租固定资产或无形资产的收入以及出售不需要的材料的收入是否应确认为企业的收入?

出售固定资产、无形资产并非企业的日常活动,这种偶发性的收入不应确认为收入,而应作为营业外收入来确认。而出租固定资产、无形资产在实质上属于让渡资产使用权,其收入属于企业的收入,应将其确认为其他业务收入。出售不需要的材料的收入属于企业日常活动中的收入,因此也属于企业的收入,将其确认为其他业务收入。

（2）收入的分类

根据企业所从事的日常活动的内容,企业的收入可以分为销售商品收入、提供劳务收入和让渡资产使用权收入。销售商品收入是指企业通过销售商品实现的收入,如制造企业生产并销售产品、商业企业销售商品等实现的收入;提供劳务收入是指企业通过提供劳务实现的收入,如咨询公司提供咨询服务实现的收入;让渡资产使用权收入是指企业通过让渡资产使用权实现的收入,如租赁公司出租资产实现的收入。

根据重要性要求,企业的收入可以分为主营业务收入和其他业务收入。以工业企业为例,主营业务收入是指企业销售商品、提供劳务等主营业务实现的收入;其他业务收入是指企业除主营业务活动以外的其他经营活动实现的收入,如出租固定资产、出租无形资产、出租包装物和商品、销售材料等实现的收入。

收入的分类如图1-4所示。

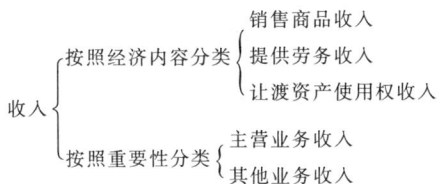

图1-4　收入的分类

2. 费用

费用是指企业在日常活动中发生的、会导致所有者权益减少的、与向所有者分配利润无关的经济利益的总流出。

（1）费用的特征

①费用是在日常活动中形成的。

费用定义中日常活动的界定与收入定义中涉及的日常活动相一致。例如,企业因日常活动所发生的销售成本、职工薪酬、折旧费、无形资产摊销等则属于费用。然而,有些交易或事项虽然也能导致企业经济利益的流出,但不属于企业的日常活动,则其流出的经济利益不属于费用,而应当计入损失。例如,企业出售固定资产发生的净损失属于损失,而不是费用。

②费用会导致经济利益的流出,该流出不包括向所有者分配的利润。

费用会导致经济利益的流出,从而导致资产的减少或负债的增加,或两者兼而有之。

③费用最终会导致所有者权益的减少。

与费用相关的经济利益的流出最终会导致所有者权益的减少,不会导致所有者权益减少的经济利益的流出不符合费用的定义,不应确认为费用。

【例1-6】　企业处置固定资产发生的净损失,是否应确认为企业的费用?

处置固定资产而发生的净损失,虽然会导致所有者权益减少和经济利益的流出,但不属于企业的日常活动,因此不应确认为企业的费用,而应确认为营业外支出。

（2）费用的分类

费用按照与收入的配比关系可以分为营业成本和期间费用两大类。

营业成本是指企业销售商品或者提供劳务的成本。营业成本应当与销售商品或者提供劳务而取得的收入进行配比。营业成本又分为主营业务成本和其他业务成本；它们是与主营业务收入和其他业务收入相对应的一组概念。

期间费用是指企业本期发生的、不能直接或间接归入营业成本，而是直接计入当期损益的各项费用。期间费用包括销售费用、管理费用和财务费用。它是随着时间推移而发生的与当期产品的管理和产品销售直接相关，而与产品的产量、产品的制造过程无直接关系的费用，即容易确定其发生的期间，却难以判别其所应归属的产品，不能列入产品制造成本，而应在发生的当期从损益中扣除。

费用的分类如图1-5所示。

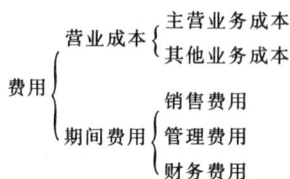

$$费用 \begin{cases} 营业成本 \begin{cases} 主营业务成本 \\ 其他业务成本 \end{cases} \\ 期间费用 \begin{cases} 销售费用 \\ 管理费用 \\ 财务费用 \end{cases} \end{cases}$$

图1-5　费用的分类

3. 利润

利润是指企业在一定会计期间的经营成果。利润包括收入减去费用后的净额、直接计入当期利润的利得和损失。

根据我国《企业会计准则》的规定，企业的利润一般包括营业利润、利润总额和净利润。

营业利润是指营业收入减去营业成本、营业税金及附加、销售费用、管理费用、财务费用、资产减值损失，加上公允价值变动收益（减损失），再加上投资收益（减损失）后的金额。其中，营业成本是企业主营业务和其他业务所发生的与收入直接配比的成本总额；营业税金及附加是企业经营活动发生的应由营业收入负担的消费税、营业税、资源税、城市维护建设税和教育费附加等相关税费；资产减值损失是企业计提各项资产减值准备所形成的损失；公允价值变动收益（或损失）是企业交易性金融资产等公允价值变动形成的应计入当期损益的利得（或损失）；投资收益（或损失）是企业确认的投资产生的收益（或损失）。

利润总额是指营业利润加上营业外收入、减去营业外支出后的金额。其中，营业外收入是企业发生的应直接计入当期利润的利得，包括非流动资产处置利得、非货币性资产交换利得、债务重组利得、政府补助利得、盘盈利得、捐赠利得等；营业外支出是企业发生的应直接计入当期利润的损失，包括非流动资产处置损失、非货币性资产交换损失、债务重组损失、非常损失、公益性捐赠支出、盘亏损失等。

净利润是指利润总额减去所得税费用后的金额。

二、企业会计等式

会计等式是反映会计要素之间平衡关系的计算公式，是各种会计核算方法的理论基础。它解释了会计要素之间的内在联系。从形式上看，会计等式反映了会计对象的具体内容,即各项会计要素之间的内在联系。从实质上看,会计等式揭示了会计主体的产权关系、基本财务状况和经营成果。由于会计要素分为资产负债表要素和利润表要素,所以也相应有不同的会计等式。

(一)资产＝负债＋所有者权益

任何形式的企业,无论其规模大小,要进行正常的生产经营活动,都必须拥有一定数量和结构的资产,这是企业从事生产经营活动的物质基础和基本前提。这些资产分布在企业生产经营活动的各个方面,表现为不同的存在形态,如货币资金、原材料、机器设备、房屋及建筑物等。而企业用于生产经营活动的资产,都是借助于一定的来源渠道取得的,资产来源于所有者的投入资本和债权人的借入资金及其在生产经营中所产生的效益。归属于所有者的部分形成了所有者权益,归属于债权人的部分形成了债权人权益(即企业的负债),两者统称为权益。如此,资产和权益之间就存在着相互依存的关系,即资产不能离开权益而存在,权益也不能离开资产而存在;没有无权益的资产,也没有无资产的权益。权益代表资产的来源,而资产则是权益的存在形态,资产和权益实际上是企业资本的两个不同方面或两种不同的表现形式。因此二者之间客观上存在着必然相等的关系,即从数量上来看,有一定数额的资产,必然有同等数额的权益;反之亦然。在企业的生产经营过程中,从任何一个时点来看,资产与权益之间永远保持着这种数量上的平衡关系。我们可用公式将资产与权益的关系表示如下:

$$资产＝权益＝债权人权益＋所有者权益$$

即: $$资产＝负债＋所有者权益$$

这是最基本的会计等式,通常称为第一会计等式。它反映了企业在任一时点所拥有的资产以及债权人和所有者对企业资产要求权的基本状况,表明了资产与负债、所有者权益之间的基本关系。它实际上反映了企业资金的相对静止状态,故也称为静态会计等式。它是会计的基本等式,也是复式记账法、试算平衡和编制资产负债表的理论基础,在会计核算中占有极为重要的地位。

(二)经济业务对会计等式的影响

企业在生产经营过程中,每天都会发生多种多样、错综复杂的经济业务,从而引起各会计要素的增减变动,但并不影响会计等式的平衡关系。具体表现如下:

1. 对“资产＝负债＋所有者权益”等式的影响

下面通过分析甲有限责任公司(以下简称甲公司)2013 年 1 月发生的几项经济业务,说明经济业务对“资产＝负债＋所有者权益”等式的影响。

(1)资产和负债要素同时等额增加。

【例 1-7】 甲公司从银行取得借款 100 000 元。

这项经济业务使企业的银行存款即资产增加了 100 000 元,同时因为借入款项,所以负债增加了 100 000 元,等式两边同时增加 100 000 元,并不改变等式的平衡关系。

(2)资产和负债要素同时等额减少。

【例 1-8】 甲公司用银行存款归还所欠 B 公司的货款 20 000 元。

这项经济业务使企业的银行存款即资产减少 20 000 元,同时应付账款即负债也减少 20 000 元,并不改变等式的平衡关系。

(3)资产和所有者权益要素同时等额增加。

【例 1-9】 甲公司收到所有者追加的投资 500 000 元,款项存入银行。

这项经济业务使企业的银行存款即资产增加了 500 000 元,同时因为收到投资,所以所有者权益增加了 500 000 元,等式两边同时增加 500 000 元,并不改变等式的平衡关系。

(4)资产和所有者权益要素同时等额减少。

【例 1-10】 某投资者收回投资 500 000 元,甲企业以银行存款支付。

这项经济业务使企业的银行存款即资产减少了 500 000 元,同时因为收回投资,所以所有者权益减少了 500 000 元,等式两边同时减少 500 000 元,并不改变等式的平衡关系。

(5)资产要素内部项目等额有增有减,负债和所有者权益要素不变。

【例 1-11】 1 月 15 日,甲公司用银行存款 80 000 元购买一台设备,设备已交付使用。

这项经济业务使企业的固定资产增加了 80 000 元。同时银行存款减少了 80 000 元,企业的资产内部发生增减变动,但资产总额不变,并不改变等式的平衡关系。

(6)负债要素内部项目等额有增有减,资产和所有者权益要素不变。

【例 1-12】 甲公司向银行借入 100 000 元直接用于归还拖欠的货款。

这项经济业务使企业的应付账款减少了 100 000 元,同时短期借款增加了 100 000 元,即企业的负债内部发生增减变动,但负债总额不变,并不改变等式的平衡关系。

(7)所有者权益要素内部项目等额有增有减,资产和负债要素不变。

【例 1-13】 甲公司经批准同意以资本公积 100 000 元转增实收资本。

这项经济业务使企业的资本公积减少了 100 000 元,同时实收资本增加了 100 000 元,即企业的所有者权益内部发生增减变动,但所有者权益总额不变,并不改变等式的平衡关系。

(8)负债要素减少,所有者权益要素等额增加,资产要素不变。

【例 1-14】 甲公司将应偿还给乙企业的账款 100 000 元,转作乙企业对本企业的投资,即企业的所有者权益增加,负债减少,权益总额不变,并不改变等式的平衡关系。

2.经济业务变化对"资产＝权益"等式的影响

(1)经济业务的发生引起资产与权益同时等额增加,增加金额相等,变动后等式仍保持平衡。

此时属于资产增加的同时负债或所有者权益增加。

(2)经济业务的发生引起等式左边即资产内部的项目此增彼减,增减的金额相同,变动后资产的总额不变,等式仍保持平衡。

此时属于资产内部项目有增有减。

(3)经济业务的发生引起等式右边即权益的内部项目此增彼减,增减的金额相同,变动后等式右边总额不变,等式仍保持平衡。

此时属于负债或所有者权益内部项目有增有减,或者负债增加、所有者权益减少,或者负债减少、所有者权益增加。

在实际工作中,企业每天发生的经济业务要复杂得多,但无论其引起会计要素如何变动,都不会破坏资产与权益的等式关系。

三、收入－费用＝利润

企业经营的目的是获取收入,实现盈利。企业在取得收入的同时,也必然要发生相应的费用。通过收入与费用的比较,才能确定企业一定时期的盈利水平。企业一定时期所获得的收入扣除所发生的各项费用后的余额,即为利润。用公式表示为:

$$收入－费用＝利润$$

这个会计等式是对会计基本等式的补充和发展,称为第二会计等式。它表明了企业在一定会计期间经营成果与相应的收入和费用之间的关系,说明了企业利润的实现过程。它实际上反映的是企业资金运动的绝对运动形式,故也称为动态会计等式。收入、费用和利润之间的上述关系,是编制利润表的基础。

在实际工作中,由于收入不包括处置固定资产净收益、固定资产盘盈、出售无形资产净收益等,费用不包括处置固定资产净损失,自然灾害损失等,所以,收入扣除费用,经过相关利得和损失调整后,才得到利润。

四、会计等式之间的勾稽关系

"资产＝负债＋所有者权益"反映的是资金运动的静态状况,"收入－费用＝利润"反映的是资金运动的动态状况。运动是绝对的,静止是相对的,但运动的结果最终要以相对静止的形式表现出来。因此,资金运动的动态状况最后必然反映到各项静态会计要素的变化上,从而使两个会计等式之间建立起勾稽关系。也就是说,企业在一定时期内取得的经营成果能够对资产和所有者权益产生影响;收入可导致企业资产增加或负债减少,最终会导致所有者权益增加;费用可导致企业资产减少或负债增加,最终会导致所有者权益减少。所以,一定时期的经营成果必然影响一定时点的财务状况。把一定会计期间的六个会计要素联系起来,就可得到以下公式:

$$资产＝负债＋所有者权益＋(收入－费用)$$
即:
$$资产＝负债＋所有者权益＋利润$$

五、会计要素的计量

会计计量是为了将符合确认条件的会计要素登记入账并列报于财务报表中,从而确定其金额的过程。企业应当按照规定的会计计量属性进行计量,确定相关金额。会计计量属性是会计要素金额的确定基础,主要包括历史成本、重置成本、可变现净值、现值和公允价值。

(一)历史成本

历史成本,又称实际成本,是指取得或制造某项财产物资时所实际支付的现金或其他等价物。在历史成本计量下,资产按照其购置时支付的现金或者现金等价物的金额,或者按照购置资产时所付出的对价的公允价值计量。负债按照其因承担现时义务而实际收到的款项或者资产的金额，或者承担现时义务的合同金额，或者按照日常活动中为偿还负债预期需要支付的现金或者现金等价物的金额计量。

采用历史成本计量，要求对企业资产、负债和所有者权益等项目的计量，应当基于经济业务的实际交易成本，而不考虑随后市场价格变动的影响。

【例1-15】 某一小规模纳税人购买不需要安装的设备一台，价款100万元，增值税17万元，另支付运输费0.25万元，包装费0.05万元。以上款项均以银行存款支付。则该固定资产应按历史成本计量，其金额为117.3(100＋17＋0.25＋0.05)万元。

（二）重置成本

重置成本，又称现行成本，是指按照当前市场条件，重新取得同样一项资产所需支付的现金或现金等价物。在重置成本计量下，资产按照现在购买相同或者类似资产所需支付的现金或者现金等价物的金额计量；负债按照现在偿还该项债务所需支付的现金或者现金等价物的金额计量。

重置成本是现在时点的成本，它强调站在企业主体角度，以投入到某项资产上的价值作为重置成本。在实务中，重置成本多应用于盘亏固定资产的计量等业务。

【例1-16】 企业在年末财产清查中，发现一台全新设备未入账，其同类固定资产的市场价为20 000元，则企业对这台设备按重置成本20 000元入账。

（三）可变现净值

可变现净值，是指在正常生产经营过程中，预计售价减去进一步加工成本和预计销售费用以及相关税费后的净值。在可变现净值计量下，资产按照其正常对外销售所能收到现金或者现金等价物的金额扣减该资产至完工时估计将要发生的成本、估计的销售费用以及相关税费后的金额计量。

可变现净值是在不考虑资金时间价值的情况下，计量资产在正常经营过程中可带来的预期净现金的流入或流出。可变现净值通常应用于存货资产减值情况下的后续计量。不同资产的可变现净值确定方法有所不同。

【例1-17】 甲企业期末A商品的账面价值为100万元，该批商品市场销售价为90万元(不考虑增值税)，估计销售过程中需要发生销售费用等相关税费10万元(不考虑增值税)。则A商品按可变现净值为80(90－10)万元。

（四）现值

现值，是指对未来现金流量以恰当的折现率进行折现后的价值，是考虑资金时间价值的一种计量属性。在现值计量下，资产按照预计持续使用和最终处置中所产生的未来净现金流入量的折现金额计量，负债按照预计期限内需要偿还的未来净现金流出量的折现金额计量。

在会计计量中使用现值的目的在于尽可能地捕捉和反映各种不同类型的未来现金流量之间的经济差异。现值通常用于非流动资产可收回金额和以摊余成本计量的金融资产价值的确定等。

【例1-18】 企业采用分期付款的方式购买某项资产,总金额300万元,未来三年每年年末支付100万元。假定折现率为10%,那么按现值计算该资产的总价值为248.69(300÷3×2.486 9,2.486 9为年现金值系数)万元。

(五)公允价值

公允价值,是指在公平交易中,熟悉情况的交易双方自愿进行资产交换或者债务清偿的金额。在公允价值计量下,资产和负债按照在公平交易中,熟悉情况的交易双方自愿进行资产交换或者债务清偿的金额计量。

公允价值强调独立于企业主体之外,站在市场的角度以交易双方达成的市场价格作为公允价值,是对资产和负债以当前情况为依据进行价值计量的结果。公允价值主要应用于交易性金融资产、可供出售金融资产的计量等。

【例1-19】 某企业持有B上市公司股票100万股,公司将其作为交易性金融资产处理。2013年12月31日,该股票在证券交易市场的成交价格为每股25元。则该交易性金融资产按公允价值入账的价值为2 500万元。

企业在对会计要素进行计量时,一般应采用历史成本;采用重置成本、可变现净值、现值、公允价值计量的,应当保证所确定的会计要素金额能够可靠计量。

第二章

会计核算的具体内容与一般要求

第一节 会计核算的具体内容

会计核算的内容是指特定主体的资金运动,包括资金的投入、资金的循环与周转、资金的退出三个阶段。资金在上述三个阶段的运动,又是通过一系列的经济业务事项来进行的。这里,经济业务事项包括经济业务和经济事项两类。经济业务又称经济交易,是指企业与其他单位或个人之间发生的各种经济利益的交换,如商品销售等。经济事项是指在企业内部发生的具有经济影响的各类事件,如计提折旧等。经济业务事项具体包括以下内容:

一、款项和有价证券的收付

款项作为支付手段的货币资金,主要包括库存现金、银行存款以及其他视同库存现金和银行存款使用的外埠存款、银行汇票存款、银行本票存款、信用卡存款、信用证存款和各种备用金等。有价证券是指表示一定财产拥有权或支配权的证券,如国库券、股票、企业债券等。款项和有价证券是流动性最强的资产。如果在款项和有价证券的收付环节出现问题,不仅使企业款项和有价证券受损,而且更直接影响到企业货币资金的供应,从而影响企业生产经营活动。各企业必须按照国家统一的会计制度的规定,及时、如实地核算款项和有价证券的收付及结存,保证企业货币资金的流通性、安全性,提高货币资金的使用效率。

二、财物的收发、增减和使用

财物是财产物资的简称,企业的财物是企业进行生产经营活动所需且具有实物形态的经济资源,一般包括原材料、燃料、包装物、低值易耗品、在产品、库存商品等流动资产,以及房屋、建筑物、机器、设备、设施、运输工具等固定资产。这些物资在企业资产总额中往往占有很大比重。财物的收发、增减和使用,是会计核算中的经常性业务,也是发挥会计在控制和降低成本、保证财物安全完整、防止资产流失等职能作用的重要方面。因此,各企业必须加强对财物收发、增减和使用环节的核算,维护企业正常的生产经营秩序。

三、债权债务的发生和结算

债权是企业收取款项的权利,一般包括各种应收和预付款项等。债务则是指由于过去的交易、事项形成的企业需要以资产或劳务等偿付的现时义务,一般包括各项借款、应付款项、预收款项以及应交款项等。债权和债务是企业在日常生产经营和业务活动中大量发生的经济业务事项。债权债务的发生和结算，涉及了本企业与其他单位或有关方面的经济利益，关系着企业自身的资金周转，影响着企业的生产经营活动和业务活动，因此，各企业必须及时、真实、完整地核算本企业的债权债务，防止在债权债务环节发生非法行为。

四、资本的增减

资本是投资者为开展生产经营活动而投入的资金。会计上的资本，专指所有者权益中的投入资本。资本的利益关系人比较明确，用途也基本定向。资本增减的业务一般都应以具有法律效力的合同、协议、董事会决议等为依据，各单位必须以国家统一的会计制度的规定和具有法律效力的文书为依据进行资本的核算。

五、收入、支出、费用和成本的核算

收入是指企业在销售商品、提供劳务及让渡资产使用权等日常活动中所形成的经济利益的总流入。支出是企业实际发生的各项开支以及在正常生产经营活动以外的支出和损失。费用是指企业为销售商品、提供劳务等日常活动所发生的经济利益的流出。成本是指企业为生产产品、提供劳务而发生的各种耗费，是按一定的产品或劳务对象所归集的费用，是对象化了的费用。收入、支出、费用、成本都是计算和判断企业经营成果及其盈亏状况的主要依据。各企业应当重视对收入、支出、成本、费用核算的管理，按照国家统一的会计制度的规定，正确核算收入、支出、费用和成本。

六、财务成果的计算和处理

财务成果主要是指企业在一定时期内通过从事生产经营活动在财务上所取得的结果，具体表现为盈利或亏损。财务成果的计算和处理一般包括利润的计算、所得税的计算和交纳、利润分配或亏损弥补等。财务成果的计算和处理，涉及所有者、国家等方面的利益，因此，各单位必须按照国家统一的会计制度和其他法规制度的规定，正确对财务成果进行计算和处理。

七、需要办理会计手续、进行会计核算的其他事项

需要办理会计手续、进行会计核算的其他事项，也应该按照国家统一的会计制度规定办理会计手续、进行会计核算。

第二节 │ 会计核算的一般要求

根据《会计法》和国家统一的会计制度的规定，企业在进行会计核算时应遵循以下一般要求：

第一，各单位必须按照国家统一的会计制度的规定，进行会计核算。会计的核算方法

和步骤：①设置会计科目和账户；②复式记账；③填制会计凭证；④登记会计账簿；⑤进行成本计算；⑥财产清查；⑦编制财务会计报告。

在现行的会计制度中，对企业会计科目和账户的设置、复式记账、会计凭证的填制、会计账簿的登记、成本的计算方法、财产清查以及财务会计报告的编制等均做了具体的规定，企业应当根据本企业的实际情况，确定应设置的会计科目和账户，确定成本计算方法等。企业可以对统一会计制度规定的会计科目进行适当的调整，在规定的范围内选择会计处理方法和程序，但不得违背国家统一会计制度的规定。

第二，各单位必须根据实际发生的经济业务事项进行会计核算，编制财务会计报告。实际发生的经济业务事项是会计核算的依据，是保证会计信息真实性和可靠性的基础。各单位只能以实际发生的真实的经济业务事项为对象，通过记录经济业务事项的真实情况，据以编制财务会计报告。计划的或将要发生的经济业务事项不得作为会计核算的依据。虚假的经济业务事项更不能作为会计核算的依据。

第三，各单位发生的各项经济业务事项应当在依法设置的会计账簿中统一登记、核算，不得违反《会计法》和国家统一的会计制度的规定私设会计账簿登记、核算。

第四，各单位对会计凭证、会计账簿、财务会计报告和其他会计资料应当建立档案，妥善保管。财政部制定发布的《会计档案管理办法》，对会计凭证、会计账簿、财务会计报告和其他会计资料的保管归档等做出了具体的规定，企业单位应当按照这些规定进行会计档案的管理。

第五，使用电子计算机进行会计核算的，其软件及其生成的会计凭证、会计账簿、财务会计报告和其他会计资料，也必须符合国家统一的会计制度的规定。

根据《会计法》的规定，财政部制定并发布了《会计电算化管理办法》《会计核算软件基本功能规范》等一系列相关的法规，对会计核算软件的使用、软件生成的会计资料、电子计算机代替手工记账、电算化会计档案保管等会计电算化工作做出了明确而具体的规定。

第六，会计记录的文字应当使用中文。根据《会计法》的规定，我国境内的企事业单位的会计记录所使用的文字为中文。民族自治地区，会计记录可以同时使用当地通用的一种民族文字，中华人民共和国境内的外商投资企业、外国企业和其他外国组织的会计记录可以同时使用一种外国文字。

第三章

会计科目和账户

第一节 │ 会计科目

一、会计科目的概念

会计科目是指对会计要素的具体内容进行分类核算的项目。会计要素是对会计对象的基本分类,资产、负债、所有者权益、收入、费用和利润这六大会计要素是会计核算和监督的内容,而这六大会计要素对于纷繁复杂的企业经济业务的反映又显得过于粗略。因此,为了满足经济管理及有关各方对会计信息的质量要求,必须对会计要素进行细化。即采用一定的形式,对每一个会计要素所反映的具体内容进一步进行分门别类的划分,设置会计科目。

会计科目是进行各项会计记录和提供各项会计信息的基础,在会计核算中具有重要作用。主要表现在:

(1)会计科目是进行复式记账的基础。复式记账要求每一笔经济业务同时在两个或两个以上相互联系的账户中进行登记,用以反映资金运动的来龙去脉。

(2)会计科目是编制记账凭证的基础。会计凭证是确定所发生的经济业务应登记何种科目以及分门别类登记账簿的凭据。

(3)会计科目为成本核算与财产清查提供了前提条件。通过会计科目的设置,有助于成本核算,使各种成本计算成为可能;而通过账面记录与实际结存的核对,又为财产清查、保证账实相符提供了必备条件。

(4)会计科目为编制财务报表提供了方便。财务报表是提供会计信息的主要手段,为了保证会计信息的质量,财务报表中的许多项目与会计科目是一致的,并根据会计科目的本期发生额或余额填列。

二、会计科目的分类

会计科目按其所提供信息的详细程度及其统驭关系不同,分为总分类科目和明细分类科目。

总分类科目是对会计要素具体内容进行总括分类、提供总括信息的会计科目。如"应收账款""应付账款""原材料"等。明细分类科目是对总分类科目做进一步分类,提供更详细、更具体的会计信息的科目。如"应收账款"科目按债务人名称或姓名设置明细分类科目,反映应收账款的具体对象;"应付账款"科目按债权人名称或姓名设置明细分类科目,反映应付账款的具体对象;"原材料"科目按原材料及材料的类别、品种和规格等设置明细分类科目,反映各种原材料的具体构成内容。对于明细分类科目较多的总分类科目,可在总分类科目与明细分类科目之间设置二级或多级科目。

总分类科目概括地反映会计对象的具体内容,明细分类科目详细地反映会计对象的具体内容。总分类科目对明细分类科目具有统驭和控制作用,而明细分类科目是对其所属的总分类科目的补充和说明。总分类科目和明细分类科目的关系见表 3-1。

表 3-1   总分类科目和明细分类科目的关系

总分类科目(一级科目)	明细分类科目	
	二级科目	三级科目
生产成本	基本生产成本	××产品 ××产品
	辅助生产成本	××产品 ××产品

会计科目按其所归属的会计要素不同,分为资产类、负债类、共同类、所有者权益类、成本类、损益类等六大类科目。资产类科目是指用于核算资产增减变化,提供资产类项目会计信息的会计科目。负债类科目是指用于核算负债增减变化,提供负债类项目会计信息的会计科目。共同类科目是指可能具有资产性质、也可能具有负债性质的科目,其性质取决于科目核算的结果,当其核算结果出现借方余额时,作为资产科目;当其核算结果出现贷方余额时,作为负债科目。所有者权益类科目是指用于核算所有者权益增减变化,提供所有者权益类项目会计信息的会计科目。成本类科目是指用于核算成本的发生和归集情况,提供成本类项目会计信息的会计科目。损益类科目是指用于核算收入、费用的发生或归集,提供一定期间损益类项目会计信息的会计科目。

会计要素是对会计对象的基本分类,会计科目是指对会计要素的具体内容进行分类核算的项目,是进行会计核算和提供会计信息的基础,是对资金运动第三层次的划分。会计对象三个层次之间的关系如图 3-1 所示。

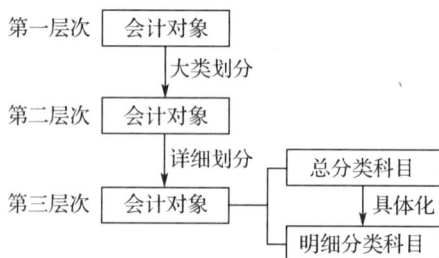

图 3-1 会计对象三个层次

我国新发布的《企业会计准则应用指南》就是按照上述分类进行划分的。根据《企业会计准则应用指南》,一般工商企业所使用的主要会计科目见表 3-2。

表 3-2　　　　　　　　　　　　　　会计科目表

编号	会计科目名称	编号	会计科目名称
	一、资产类	2221	应交税费
1001	库存现金	2231	应付利息
1002	银行存款	2232	应付股利
1012	其他货币资金	2241	其他应付款
1101	交易性金融资产	2401	递延收益
1121	应收票据	2501	长期借款
1122	应收账款	2502	应付债券
1123	预付账款	2701	长期应付款
1131	应收股利	2702	未确认融资费用
1132	应收利息	2711	专项应付款
1221	其他应收款	2801	预计负债
1231	坏账准备	2901	递延所得税负债
1401	材料采购		三、所有者权益类
1402	在途物资	4001	实收资本
1403	原材料	4002	资本公积
1404	材料成本差异	4101	盈余公积
1405	库存商品	4103	本年利润
1406	发出商品	4104	利润分配
1407	商品进销差价	4201	库存股
1408	委托加工物资		四、成本类
1411	周转材料	5001	生产成本
1471	存货跌价准备	5101	制造费用
1501	持有至到期投资	5201	劳务成本
1502	持有至到期投资减值准备	5301	研发支出
1503	可供出售金融资产	5401	工程施工
1151	长期股权投资	5402	工程结算
1512	长期股权投资减值准备		五、损益类
1521	投资性房地产	6001	主营业务收入
1531	长期应收款	6051	其他业务收入
1532	未实现融资收益	6061	汇兑损益
1601	固定资产	6101	公允价值变动损益
1602	累计折旧	6111	投资收益
1603	固定资产减值准备	6301	营业外收入
1604	在建工程	6401	主营业务成本
1605	工程物资	6402	其他业务成本
1606	固定资产清理	6403	营业税金及附加
1611	未担保余值	6601	销售费用
1701	无形资产	6602	管理费用
1702	累计摊销	6603	财务费用
1703	无形资产减值准备	6701	资产减值损失
1711	商誉	6711	营业外支出
1801	长期待摊费用	6801	所得税费用
1811	递延所得税资产	6901	以前年度损益调整
1901	待处理财产损溢		
	二、负债类		
2001	短期借款		
2101	交易性金融负债		
2101	应付票据		
2202	应付账款		
2203	预收账款		
2211	应付职工薪酬		

三、会计科目的设置原则

会计科目作为反映会计要素的构成及其变化情况,为投资者、债权人、企业经营管理者等提供会计信息的重要手段,在其设置过程中应努力做到科学、合理、适用并遵循下列原则:

第一,合法性原则。为了保证会计信息的可比性,国家财政部门对企业所使用的会计科目都做出了较为具体的规定。企业应当按照国家财政部门制定的会计制度法规中规定的会计科目,设置对本企业适用的会计科目。对于国家统一会计制度规定的会计科目,企业在不影响会计核算要求、财务报表指标的汇总以及对外提供统一的财务报表的前提下,可以根据自身的生产经营特点,自行增设、减少或合并某些会计科目。

第二,相关性原则。会计科目的设置,是企业分类核算经济业务的基础,也是生成会计信息的基础,设置会计科目应提供有关各方所需要的会计信息,满足企业有关方面对其财务报告的要求。因此,企业必须考虑会计信息的使用者对本企业会计信息的需要,考虑会计信息相关性的要求,设置对本企业适用的会计科目。同时,企业也应当考虑本企业内部管理的要求,考虑强化内部经营管理和内部控制对会计信息的要求,为企业提高内部管理水平提供信息支持。

第三,实用性原则。企业的组织形式、所处行业、经营内容及业务种类等不同,在会计科目的设置上也应有所区别。会计核算的目的在于客观真实地反映企业经营活动情况,提供会计信息。因此,企业在合法性的基础上,应根据企业自身特点,设置符合企业实际情况的会计科目。对于本企业的重要的经济业务,可以按照重要性原则的要求,对会计科目进行细分,设置更为具体的会计科目,以细化对经济业务的核算;对于一些不重要或不经常发生的经济业务,可以对其会计科目进行适当的归并。对于会计科目的名称,在不违背会计科目适用原则的基础上,可以结合本企业的实际情况,设置本企业特有的会计科目。

第二节 | 账　户

一、账户的概念

会计科目只是对会计对象具体内容进行分类的项目或名称,还不能进行具体的会计核算。为了全面、序时、连续、系统地反映和监督会计要素的增减变动,还必须设置账户。账户是用于分类反映会计要素增减变动情况及其结果的载体。设置账户是会计核算的重要方法之一。

账户是用来记录会计科目所反映经济业务内容的工具,它是根据会计科目进行设置的。账户以会计科目作为它的名称,同时又具备一定的格式,即结构。会计科目是对会计对象的具体内容进行分类,但它只有分类的名称而没有一定的格式,还不能把发生的经济业务连续、系统地记录下来,以取得经营管理所需的信息资料。因此,还必须根据规定的会计科目来设置账户,利用账户来记账,有利于分门别类、连续系统地记录和反映各项经济业务,以及由此而引起的有关会计要素具体内容的增减变化及其结果。

二、账户的分类

账户可以根据多种标准进行分类。根据其所提供信息的详细程度及其统驭关系,账户分为总分类账户和明细分类账户。

总分类账户又称为一级账户,简称总账。它是根据总分类会计科目设置的,是提供总括分类核算资料指标的账户,在总分类账户中只使用货币计量单位反映经济业务。它可以提供概括核算资料和指标,是对明细分类账户资料的综合反映。总分类账户以下的账户称为明细分类账户。

明细分类账户简称明细账。它是根据明细分类科目设置的,明细账提供详细核算资料和指标,是对其总账资料的具体化和补充说明。对于明细账的核算,除用货币计量反映经济业务外,必要时还需用实物计量或劳动量计量单位从数量和时间上进行反映,以满足经营管理的需要。

总账和明细账的核算内容相同,都是核算和反映同一事物,只不过在反映内容的详细程度上有所不同。总账反映总括情况,明细账反映具体详细情况。两者相互补充,相互制约,相互核对。总账统驭和控制明细账,是明细账的统驭账户。明细账从属于总账,是总账的从属账户。

根据账户所反映的经济内容,可将其分为资产类账户、负债类账户、所有者权益类账户、成本类账户和损益类账户。

根据账户与财务报表的关系,账户可以分为资产负债表账户和利润表账户。资产负债表账户是指为资产负债表的编制提供资料的账户。资产负债表账户包括资产类账户、负债类账户和所有者权益类账户,分别与资产负债表中这三类项目相对应,如库存现金账户、固定资产账户、应付账款账户、股本账户等。利润表账户是指为利润表的编制提供资料的账户,包括收入类账户与费用类账户。

三、账户的基本结构

账户是用来记录经济业务的,因为登记入账的金额不能带有"＋"或"－"符号,以防止有人改动入账金额,所以账户结构就解决了金额增加或减少的入账问题。账户有三个作用:一是分门别类地记载各项经济业务;二是提供日常会计核算的资料和数据;三是为编制财务报表提供依据。

为此,账户不但要有明确的核算内容,而且还应该具有一定的格式,即结构。账户记载的各项经济业务所引起的会计要素数量上的变动,不外乎是增加和减少两种情况。为了全面、清楚地反映和监督这种变化,在每一账户上都应当分开登记数量的增加和数量的减少,这就形成了账户的基本结构。账户的基本结构包括如下内容:

(1)账户分为左方、右方两个方面。

(2)一方登记增加,另一方登记减少。

（3）账户的名称，即会计科目。

（4）日期和摘要，即记载经济业务的日期和概括说明经济业务的内容。

（5）增加方和减少方的金额及余额。

（6）凭证号数，即说明记载账户记录的依据。

在会计实务中，账户是根据以上基本内容来设置账簿格式的，为了说明上的方便，上述账户的基本结构，通常简化为"T型"账户，T型账户见表3-3。

表3-3　　　　　　　　　T型账户

左方	右方

T型账户分左右两方，分别用来记录经济业务发生所引起的会计要素的增加额和减少额。增加额和减少额相抵的差额，形成账户的余额，余额按其表现的不同时间，分为期初余额和期末余额。为此，通过账户记录的金额可以提供期初余额、本期增加额、本期减少额和期末余额四个会计核算指标。本期增加额是指在一定时期内（月、季、年）记入账户增加金额的合计数，也叫本期增加发生额。本期减少额是指在一定时期内（月、季、年）记入账户减少金额的合计数，也叫本期减少发生额。本期发生额是一个动态指标，用于说明资产或权益的增减变动情况。本期增加发生额与本期减少发生额相抵以后的差额，叫期末余额。余额是一个静态指标，它说明资产或权益在某一时日增减变动的结果。本期的期末余额就是下一个会计期间的期初余额。上述四项金额的关系为：

本期期初余额＋本期增加发生额－本期减少发生额＝本期期末余额

本期增加发生额和本期减少发生额是记在账户的左方还是右方，账户的余额反映在左方还是右方，取决于账户的性质和类型。由于所使用的记账方法不同，账户左右两方具体反映的内容也不相同。

四、账户与会计科目的联系和区别

账户和会计科目两个概念，人们常常将它们等同起来使用。这说明两者之间存在着密切的联系，有相同的一面；它们之所以是两个概念，说明两者存在着差别。账户与会计科目是既有联系、又有区别的两个不同的概念。

会计科目和账户所反映的会计对象的具体内容是相同的，两者口径一致，性质相同，都体现对会计要素具体内容的分类。会计科目是账户的名称，也是设置账户的依据；账户则是根据会计科目来设置的，账户是会计科目的具体运用。因此，会计科目的性质决定了账户的性质，账户的分类和会计科目的分类一样，可分为资产类账户、负债类账户、所有者权益类账户、收入类账户、费用类账户、利润类账户等。按会计科目提供核算资料的详细程度分类，相应地分为总分类账户和明细分类账户等。会计科目和账户对会计对象的经济内容分类的方法和分类的用途及分类的结果是完全相同的。如"固定资产"科目与"固定资产"账户核算的内容、范围完全相同。没有会计科目,账户便失去了设置的依据;没有账户,会计科目就无法发挥作用。

会计科目与账户的区别在于:会计科目仅仅是账户的名称,不存在结构;而账户则具有一定的格式和结构。会计科目仅说明反映的经济内容是什么;而账户不仅说明反映的经济内容是什么,而且还系统地反映和控制其增减变化及结余情况。会计科目的主要作用是开设账户和填制凭证;而账户的作用主要是提供某一具体会计对象的会计资料,为编制财务报表所运用。

在实际工作中,账户和会计科目这两个概念已不存在严格区别,往往是通用的。

第四章

复式记账

第一节 | 复式记账法

企业的经济业务必然会引起会计要素发生增减变动,账户能够全面、系统地反映与各会计要素有关项目的增减变动及结果,但如何将发生的经济业务记录到有关的账户中,这就需要采用一定的记账方法。所谓记账方法,简单地说,就是在账簿中登记经济业务的方法。按其记录经济业务方式的不同,记账方法可以分为单式记账法和复式记账法。

一、单式记账法

单式记账法是指对发生的每一项经济业务,只在一个账户中进行登记的记账方法。在单式记账法下,通常只登记库存现金、银行存款的收付金额以及债权债务的结算金额,一般不登记实物的收付金额。例如,用现金 2 000 元支付工人工资,该业务发生后,会计记账只在"库存现金"账户中登记现金减少 2 000 元,并不登记该笔现金用于何处;又如,用银行存款 10 000 元购买一批材料,业务发生后,只在"银行存款"账户中记录银行存款减少 10 000 元,而对购入材料这一业务,却不在相关的账户中记录。单式记账法记账手续简单,但是由于它没有一套完整的账户体系,账户之间不能形成相互对应和平衡的关系,所以不能全面系统地反映各会计要素的增减变动情况以及经济业务的来龙去脉,也不便于检查账户记录的正确性和完整性,因而是一种不够科学的记账方法。因此,这种记账方法已成为历史,目前实践中已不再应用。

二、复式记账法

复式记账法以资产与权益平衡关系作为记账基础,对于每一笔经济业务,都要在两个或两个以上相互联系的账户中进行登记,系统地反映资金运动变化结果。复式记账法克服了单式记账法的缺点。例如,上述用银行存款 10 000 元购买一批材料的业务,业务发生后,一方面在"银行存款"账户中记录银行存款减少 10 000 元,另一方面在"原材料"账户中记录材料增加 10 000 元,这样登记的结果能够清楚地反映一项经济业务的来龙去脉,即资金从何处来,又往何处去。其记录结果如图 4-1 所示。

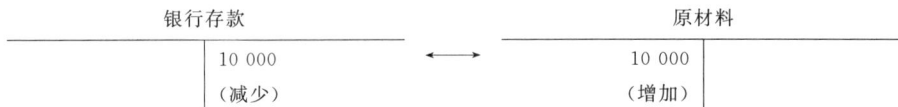

银行存款		原材料
10 000	←→	10 000
(减少)		(增加)

图 4-1

复式记账法与单式记账法相比,具有以下两个明显的特点:

(1)对于发生的每一项经济业务,都要在两个或两个以上互相联系的账户中同时登记。这样,通过账户记录不仅可以全面、清晰地反映出经济业务的来龙去脉,而且还能通过会计要素的增减变动,全面、系统地反映经济活动的过程和结果。

(2)由于每项经济业务发生后,都要以相等的金额在有关账户中进行登记,因此,可以对账户记录的结果进行试算平衡,以便检查账户记录的正确性。

正是因为复式记账法具有以上特点,所以其被公认为是一种科学的记账方法,为世界各国所广泛采用。我国过去采用的复式记账法主要有借贷记账法、增减记账法和收付记账法。收付记账法是以"收"和"付"作为记账符号的一种复式记账方法,曾经主要用于金融企业以及非营利组织或单位。增减记账法是以"增"和"减"作为记账符号的一种复式记账方法,曾经主要用于商品流通企业。实践证明,收付记账法和增减记账法各有其缺陷,而最科学的方法是借贷记账法。借贷记账法是目前世界各国普遍采用的一种复式记账方法,它同样也是在我国应用最广泛的一种记账方法,我国1992年颁布的《企业会计准则》中明确规定中国境内的所有企业都采用借贷记账法。

第二节 借贷记账法

一、借贷记账法的概念

借贷记账法是指以"借"和"贷"为记账符号的一种复式记账方法。借贷记账法是建立在"资产＝负债＋所有者权益"会计等式的基础上,以"有借必有贷,借贷必相等"作为记账规则,反映会计要素的增减变动情况的一种复式记账法。

二、借贷记账法的记账符号

记账符号,是会计上用来表示发生的经济业务所涉及的金额应该记入有关账户的左方金额栏还是右方金额栏的符号。借贷记账法以"借"和"贷"为记账符号,分别作为账户的左方和右方。

借贷记账法起源于十三世纪的意大利。"借""贷"两字的含义,最初是从借贷资本家的角度来解释的,借贷资本家把收进的存款记在贷主的名下,表示债务;把付出的放款记在借主的名下,表示债权。当时,借贷二字反映的是债权、债务的变化。后来,随着借贷记账法在非借贷领域的广泛应用以及会计方法的改进,借贷二字已失去了原有的含义,而演变成纯粹的记账符号,成为会计上的专门术语,用来标明记账方向。"借"表示账户中左方金额栏,"贷"表示账户中右方金额栏,"借"和"贷"二字成了单纯表示记账方向的一种记账符号。至于"借"表示增加还是"贷"表示增加,则取决于账户的性质及结构,还取决于借贷记账法在六大会计要素中的运用。例如,资产类账户登记借方金额,表示该账户金额增加,登记贷方金额,表示该账户金额减少,即资产类账户"借"表示增加,"贷"表示减少。负债类账户登记贷方金额,表示该账户金额增加,登记借方金额,表示该账户金额减少,即负债类账户"贷"表示增加,"借"表示减少。

三、借贷记账法下的账户结构及运用

在借贷记账法下,账户的基本结构是:左方为借方,右方为贷方。但哪一方登记增加,哪一方登记减少,则取决于账户所反映的经济内容的性质。其简化的账户格式如图 4-2 所示。

借方	账户名称	贷方

图 4-2

(一)资产类账户结构及运用

资产类账户的借方表示增加,贷方表示减少,期初期末余额一般在借方。即当资产类账户发生增加额时,登记在该账户的借方,发生减少额时,登记在该账户的贷方。具体账户结构如图 4-3 所示。

借方	资产类账户	贷方
期初余额		
本期增加发生额	本期减少发生额	
本期发生额合计	本期发生额合计	
期末余额		

图 4-3

资产类账户的期末余额计算公式如下:

资产类账户期末余额＝期初余额＋本期借方发生额(增加额)－本期贷方发生额(减少额)

【例 4-1】 假定某企业的原材料账户期初余额为 300 000 元,本期购入 100 000 元,本期发出 200 000 元,则原材料账户的期末余额计算如下:

原材料账户期末余额＝300 000＋100 000－200 000＝200 000(元)

(二)权益类账户结构及运用

负债类账户和所有者权益类账户统称为权益类账户。权益类账户的结构与资产类账户的结构恰好相反,权益类账户的贷方表示增加,借方表示减少,期初、期末余额一般在贷方。即当权益类账户发生增加额时,登记在该账户的贷方,发生减少额时,登记在该账户的借方,余额一般出现在账户的贷方。其账户结构如图 4-4 所示。

借方	权益类账户	贷方
	期初余额	
本期减少发生额	本期增加发生额	
本期发生额合计	本期发生额合计	
	期末余额	

图 4-4

权益类账户的期末余额计算公式如下:

权益类账户期末余额＝期初余额＋本期贷方发生额(增加额)－本期借方发生额(减少额)

【**例4-2**】　假定某企业应付账款的期初余额为50 000元,本期贷方发生额40 000元,本期借方发生额20 000元,则应付账款账户的期末余额计算如下:

应付账款账户期末余额＝50 000＋40 000－20 000＝70 000(元)

(三)收入类账户结构及运用

企业在从事生产经营活动中,通过销售产品或提供劳务可以取得各项收入,但同时也必然发生各种成本费用。企业的收入将导致企业利润的增加,最终将引起所有者权益的增加。因此,收入类账户的结构与权益类账户结构相似,即收入类账户的增加额记在账户贷方,减少额记在账户借方,平时的余额记在账户的贷方。但与权益类账户不同的是,收入是企业在一定期间取得的经营业绩,不应留存到下一会计期间,应当在当期予以结转,以便下一会计期间的收入账户金额能够反映下一会计期间的实际收入状况,期末要将全部余额转入"本年利润"账户的贷方,以便结算本期利润。因此,收入类账户一般无期末余额。其账户结构如图4-5所示。

借方	收入类账户	贷方
本期减少或转销发生额	本期增加发生额	
本期发生额合计	本期发生额合计	
	期末余额(一般无期末余额)	

图 4-5

(四)费用(成本)类账户结构及运用

费用是为了取得收入而发生的,在计算利润时将其从收入总额中抵减掉,而成本是对象化了的费用。因此,费用(成本)类账户的结构与资产类账户结构相同,与收入类账户结构相反,即借方登记费用(成本)的增加额,贷方登记费用(成本)的减少额,平时余额在借方,期末余额转销后一般无余额,如果有余额,则期末余额在借方。费用(成本)类账户结构如图4-6所示。

借方	费用(成本)类账户	贷方
本期增加发生额	本期减少或转销发生额	
本期发生额合计	本期发生额合计	
期末余额(一般无期末余额)		

图 4-6

为了总括说明借贷记账法下各类账户的结构,我们用图4-7概括如下:

借方	账　　户	贷方
费用类账户增加	费用类账户减少	
资产类账户增加	资产类账户减少	
负债类账户减少	负债类账户增加	
收入类账户减少	收入类账户增加	
所有者权益类账户减少	所有者权益类账户增加	

图 4-7

（五）账户结构总结

（1）对每一个账户来说,期初余额只可能在账户的一方:借方或贷方,反映资产或负债或所有者权益的期初金额。

（2）如果期末余额与期初余额的方向相同,说明账户的性质未变;如果期末余额与期初余额的方向相反,则说明账户的性质已发生改变。例如,"应收账款"是资产类账户,期初余额一般在借方,反映期初尚未收回的账款。如果应收账款期末余额仍在借方,则反映期末尚未收回的账款,仍为资产性质的账户;如果期末余额出现在贷方,说明本期多收了,多收部分就转化成预收账款,变成负债性质的账户了。类似的情况在很多账户中都存在,如"应付账款""预收账款""预付账款"等反映往来账款的账户以及"待处理财产损溢"等双重性账户,应根据它们的期末余额方向来确定其性质,如果是借方余额,就是资产类账户;相反,如果是贷方余额,则是负债类账户。

（3）对于收入、费用类账户,由于这类账户的本期发生额在期末结账时都要转入利润类账户,所以一般无期初、期末余额。

四、借贷记账法的记账规则

借贷记账法的记账规则是:有借必有贷,借贷必相等。即对每一笔经济业务,都要在两个或两个以上相互联系的账户中以借方和贷方相等的金额进行登记。具体来说,就是指对每一项经济业务,如果在一个账户中登记了借方,必须同时在另一个或几个账户中登记贷方;或者反过来说,在一个账户中登记了贷方,必须在另一个或几个账户中登记借方;并且登记在借方和贷方的金额总额必须相等。

运用借贷记账法的记账规则登记经济业务时,一般按以下步骤进行:

首先,分析经济业务中所涉及的账户名称,并判断账户的性质;其次,判断账户中所涉及的资金数量是增加还是减少;最后,根据账户的结构确定记入账户的方向。下面举例说明借贷记账法的记账规则:

【例 4-3】 华源公司 2013 年 4 月发生以下经济业务:

（1）4 月 5 日,华源公司获得卡卡公司追加投资 80 000 元,存入开户银行。

该经济业务属于资产和所有者权益同时增加的业务,这项业务使华源公司的资产类账户"银行存款"增加 80 000 元,同时使所有者权益类账户"实收资本"增加 80 000 元,恰好是会计等式两边的金额同增。"银行存款"账户属于资产类账户,增加记入账户借方。"实收资本"账户属于所有者权益类账户,增加记入账户贷方。登记入账的结果如图 4-8 所示。

借方	实收资本	贷方		借方	银行存款	贷方
	期初余额 300 000				期初余额 200 000	
	①80 000		←→		①80 000	

图 4-8

（2）4 月 10 日,华源公司向供应单位购入原材料一批,价值 40 000 元,货款暂欠,材料已验收入库。

该经济业务属于资产和负债同时增加的业务,这项经济业务的发生,使华源公司的"原材料"账户增加 40 000 元,同时"应付账款"账户增加 40 000 元。"原材料"账户属于资产类账户,增加记入账户借方。"应付账款"账户属于负债类账户,增加记入账户贷方。该业务引起会计等式两边同增,登记入账的结果如图 4-9 所示。

借方	应付账款	贷方		借方	原材料	贷方
	期初余额 80 000				期初余额 60 000	
	② 40 000		←→		② 40 000	

图 4-9

(3)4 月 20 日,华源公司以银行存款支付所欠购原材料款项 40 000 元。

该经济业务属于资产和负债同时减少的业务,这项业务,使华源公司的资产类账户"银行存款"减少 40 000 元,应记入账户的贷方,同时使负债类账户"应付账款"减少 40 000 元,应记入账户的借方。这项业务引起会计等式两边同减,登记入账的结果如图 4-10 所示。

借方	银行存款	贷方		借方	应付账款	贷方
	期初余额 200 000					期初余额 80 000
	① 80 000	③ 40 000	←→		③ 40 000	② 40 000

图 4-10

(4)按法定程序减少注册资本 100 000 元,用银行存款向所有者支付。

该经济业务属于资产和所有者权益同时减少的业务。涉及资产类账户中的"银行存款"账户和所有者权益类账户中的"实收资本"账户。"银行存款"账户和"实收资本"账户各减少 100 000 元。根据资产和所有者权益的账户结构原理,资产的减少登记在贷方,所有者权益的减少登记在借方。因此,该经济业务的处理是同时以相同的 100 000 元分别登记"银行存款"账户的贷方和"实收资本"账户的借方。登记入账的结果如图 4-11 所示。

借方	银行存款	贷方		借方	实收资本	贷方
	期初余额 200 000					期初余额 300 000
	① 80 000	③ 40 000				① 80 000
		④ 100 000	←→		④ 100 000	

图 4-11

(5)4 月 25 日,华源公司支付银行存款 90 000 元购入生产用设备一台。

该经济业务属于一项资产增加、另一项资产减少的业务。这项业务使华源公司的"固定资产"增加了 90 000 元,同时造成"银行存款"减少 90 000 元,二者都属于资产类账户,应记入"固定资产"账户的借方和"银行存款"账户的贷方。登记入账的结果如图 4-12 所示。

借方	银行存款	贷方		借方	固定资产	贷方
期初余额 200 000				期初余额 400 000		
① 80 000	③ 40 000					
	④ 100 000					
	⑤ 90 000	←→		⑤ 90 000		

图 4-12

(6)4 月 27 日,前购货所欠的应付账款 60 000 元到期,但公司暂无款支付,向银行借入短期借款 60 000 元用于归还前欠货款。

该经济业务属于一项负债增加、另一项负债减少的业务。其中"短期借款"增加,记入账户贷方,"应付账款"减少,记入账户借方,仍然是有借必有贷,借贷必相等。登记入账的结果如图4-13所示。

借方	短期借款	贷方		借方	应付账款	贷方
	期初余额 50 000				期初余额 80 000	
				③ 40 000	② 40 000	
	⑥ 60 000	←→		⑥ 60 000		

图 4-13

(7)以盈余公积 80 000 元向所有者分配利润。

该经济业务属于一项负债增加、一项所有者权益减少的业务。该经济业务的发生,引起所有者权益减少 80 000 元,负债增加 80 000 元。涉及负债类账户中的"应付股利"账户和所者权益类账户中的"盈余公积"账户,"应付股利"账户增加 80 000 元,"盈余公积"账户减少 80 000 元。该经济业务应以 80 000 元相等的金额分别记入"应付股利"账户的贷方和"盈余公积"账户的借方。登记入账的结果如图 4-14 所示。

借方	应付股利	贷方		借方	盈余公积	贷方
					期初余额 200 000	
	⑦ 80 000	←→		⑦ 80 000		

图 4-14

(8)经批准将企业原发行的 20 000 元应付债券转为实收资本。

该经济业务的发生,引起负债和所有者权益的变动,属于一项负债减少、一项所有者权益增加的业务。涉及负债类账户中的"应付债券"账户和所有者权益类账户中的"实收资本"账户,"应付债券"账户减少 20 000 元,"实收资本"账户增加 20 000 元。根据账户结构原理,负债的减少登记在借方,所有者权益的增加登记在贷方。因此,对该经济业务的处理应是以 20 000 元相等的金额分别登记"应付债券"账户的借方和"实收资本"账户的贷方。登记入账的结果如图 4-15 所示。

借方	实收资本	贷方		借方	应付债券	贷方
		期初余额 300 000				期初余额 30 000
④ 100 000		① 80 000				
		⑧ 20 000	⟵⟶	⑧ 20 000		

图 4-15

（9）经批准企业用盈余公积 70 000 元转增资本。

该经济业务的发生，引起的是所有者权益内部项目的变动，属于一项所有者权益减少、另一项所有者权益增加的业务。涉及所有者权益类账户中的"盈余公积"和"实收资本"两个账户，"盈余公积"账户减少 70 000 元，"实收资本"账户增加 70 000 元。根据所有者权益类账户结构原理，所有者权益的增加，记入账户贷方，所有者权益的减少，记入账户借方。因此，对该经济业务的处理是以相同的金额 70 000 元记入"盈余公积"账户的借方和"实收资本"账户的贷方。登记入账的结果如图 4-16 所示。

借方	实收资本	贷方		借方	盈余公积	贷方
		期初余额 300 000				期初余额 200 000
④ 100 000		① 80 000				
		⑧ 20 000				⑦ 80 000
		⑨ 70 000	⟵⟶	⑨ 70 000		

图 4-16

从上述例子可以看出，在借贷记账法下，无论何种类型的经济业务，其处理都是"有借必有贷，借贷必相等"。

在上述的每一笔经济业务中，所涉及的账户只有一个借方账户和一个贷方账户，但实际的经济业务远比这复杂，有可能同时涉及一个账户的借方和几个账户的贷方，或者是一个账户的贷方和几个账户的借方，或者是多个账户的借方和多个账户的贷方。无论一笔经济业务有多么复杂，在借贷记账法下，都遵循同样的"有借必有贷，借贷必相等"的记账规则。当一笔经济业务涉及一个账户的借方和几个账户的贷方时，那么就应该使该借方账户的金额等于该贷方的几个账户的金额之和，使借贷两方的金额相等。反过来，一笔经济业务涉及一个账户的贷方和几个账户的借方时，也应该使贷方账户的金额与借方的几个账户的金额之和相等。

【例 4-4】 华源公司购入原材料一批，价格 50 000 元，以银行存款支付 30 000 元，余款尚未支付，材料已验收入库。

这笔经济业务所涉及的账户有资产类账户中的"原材料"账户和"银行存款"账户，负债类账户中的"应付账款"账户。"原材料"账户增加 50 000 元，"银行存款"账户减少 30 000 元，"应付账款"账户增加 20 000 元。资产类账户，增加记入账户借方，减少记入账户贷方；负债类账户，增加记入账户贷方，减少记入账户借方。我们这里所涉及的三个账户中，"原材料"账户的增加应记入借方；"银行存款"账户的减少应记入贷方；"应付账款"账户的增加应该记入贷方。因此，借方有一个账户，贷方有两个账户。在处理时，应使记入借方"原材料"账户的金额等于记入贷方的"银行存款"账户和"应付账款"账户的金额之和,即"原材料"账户借方登记 50 000 元,"银行存款"账户贷方登记 30 000 元,"应付账款"账户贷方登记 20 000 元,借贷两方金额相等。其具体结果如图 4-17 所示。

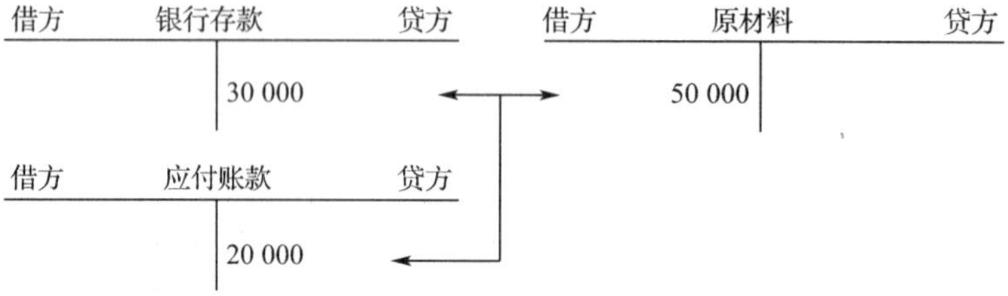

图 4-17

【例 4-5】 红光厂 6 月 20 日,收到李明投入的资本,其中 50 000 元是货币资金,款项已存入银行,另外 30 000 元系钢材且已验收入库。

这项经济业务涉及"银行存款""原材料"两个资产类账户以及"实收资本"一个所有者权益类账户,三者的金额均增加,根据账户结构原理,资产类账户的增加记入账户借方,所有者权益类账户的增加记入账户贷方。因此,这项业务应记入"银行存款"账户借方 50 000 元,"原材料"账户借方 30 000 元,同时记入"实收资本"账户贷方 80 000 元。其具体结果如图 4-18 所示。

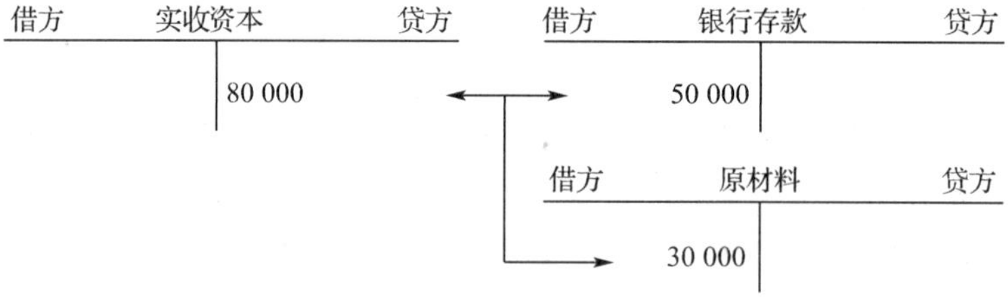

图 4-18

从上述例子可以看出,在借贷记账法下,无论经济业务怎样复杂,均可概括为以下四种类型:

(1)资产与权益同时增加,总额增加;

(2)资产与权益同时减少,总额减少;

(3)资产内部有增有减,总额不变;

(4)权益内部有增有减,总额不变。

无论哪一种类型的经济业务,都将以相等的金额记入有关账户的借方,同时记入有关账户的贷方,并遵循"有借必有贷,借贷必相等"的记账规则,如图 4-19 所示。

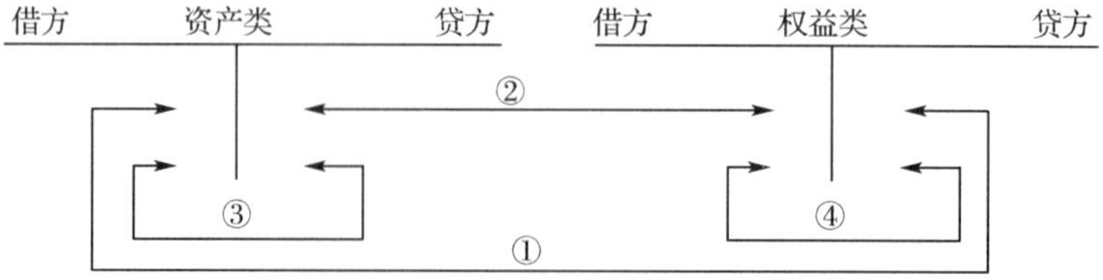

图 4-19

　　从以上例子可见,采用借贷记账法记录经济业务时,有关账户在客观上形成一种应借应贷的相互关系,这种账户间形成的应借应贷的对应关系,称为账户间的对应关系;发生应借应贷关系的账户称为对应账户,且互为对应账户。如【例 4-3】中的业务 1 的"银行存款"的对应账户为"实收资本",二者形成对应关系;业务 3 的"银行存款"与"应付账款"互为对应账户。

五、借贷记账法的试算平衡

　　试算平衡是指根据"资产＝负债＋所有者权益"的恒等关系以及借贷记账法的记账规则,检查和验证所有账户记录是否正确的一种方法。在实际工作中,一般在期末结账前,必须进行试算平衡,只有试算平衡,才能结账。试算平衡有发生额试算平衡法和余额试算平衡法。

(一)发生额试算平衡法

　　发生额试算平衡法是根据本期所有账户的借方发生额合计等于贷方发生额合计的关系,检验本期发生额记录是否正确的方法。其公式为:

所有账户本期借方发生额合计＝所有账户本期贷方发生额合计

　　由于借贷记账法对每项经济业务的记录都是按照"有借必有贷,借贷必相等"的记账规则进行的,这样就使得每项经济业务的借方发生额和贷方发生额一定相等,而且一个会计主体一定时期内的全部账户的借方发生额合计与贷方发生额合计也一定相等。

　　根据【例 4-3】华源公司 4 月份发生的 9 笔经济业务,可以编制如表 4-1 所示的发生额试算平衡表。

表 4-1　　　　　　　　　　　本期发生额试算平衡表

2013 年 4 月 30 日

会计科目	本期发生额	
	借方	贷方
银行存款	①80 000	③40 000;④100 000;⑤90 000
原材料	②40 000	
固定资产	⑤90 000	
应付账款	③40 000;⑥60 000	②40 000
应付股利		⑦80 000
短期借款		⑥60 000
应付债券	⑧20 000	
实收资本	④100 000	①80 000;⑧20 000;⑨70 000
盈余公积	⑦80 000;⑨70 000	
合　　计	580 000	580 000

(二)余额试算平衡法

　　余额试算平衡法是运用会计等式,根据本期所有账户的借方余额合计等于所有账户的贷方余额合计的关系,检验本期所有账户期末余额计算是否正确的方法。根据余额时

间的不同,又分为期初余额平衡和期末余额平衡两类,其公式为:

所有账户的借方期初余额合计＝所有账户的贷方期初余额合计

所有账户的借方期末余额合计＝所有账户的贷方期末余额合计

根据"资产＝负债＋所有者权益"的恒等关系,运用借贷记账法在账户中记录经济业务的结果,各项资产余额合计必然等于各项负债和所有者权益的余额合计。在借贷记账法下,资产账户的余额体现在账户的借方,负债和所有者权益账户的余额体现在账户的贷方,因此,所有账户的借方余额合计与所有账户的贷方余额合计必然相等。

【例 4-6】 现在假定华源公司 2013 年 4 月有关账户的期初余额如表 4-2 所示。根据表 4-1 和前述 9 笔经济业务,可编制如表 4-3 所示的余额试算平衡表。

表 4-2　　　　　　　　华源公司 2013 年 4 月有关账户的期初余额

会计科目	期初余额	
	借方	贷方
银行存款	200 000	
原材料	60 000	
固定资产	400 000	
应付账款		80 000
应付股利		
短期借款		50 000
应付债券		30 000
实收资本		300 000
盈余公积		200 000
合　计	660 000	660 000

表 4-3　　　　　　　　　　余额试算平衡表

2013 年 4 月 30 日

会计科目	期初余额		期末余额	
	借方	贷方	借方	贷方
银行存款	200 000		50 000	
原材料	60 000		100 000	
固定资产	400 000		490 000	
应付账款		80 000		20 000
应付股利				80 000
短期借款		50 000		110 000
应付债券		30 000		10 000
实收资本		300 000		370 000
盈余公积		200 000		50 000
合　计	660 000	660 000	640 000	640 000

实际工作中,余额试算平衡通过编制试算平衡表进行,其一般格式如表 4-4 所示。表 4-4 列示的是华源公司 4 月份的试算平衡情况。

表 4-4

试算平衡表

2013 年 4 月 30 日

会计科目	期初余额		本期发生额		期末余额	
	借方	贷方	借方	贷方	借方	贷方
银行存款	200 000		80 000	230 000	50 000	
原材料	60 000		40 000		100 000	
固定资产	400 000		90 000		490 000	
应付账款		80 000	100 000	40 000		20 000
应付股利				80 000		80 000
短期借款		50 000		60 000		110 000
应付债券		30 000	20 000			10 000
实收资本		300 000	100 000	170 000		370 000
盈余公积		200 000	150 000			50 000
合 计	660 000	660 000	580 000	580 000	640 000	640 000

在编制试算平衡表时,应注意以下几点:

(1)必须保证所有账户的余额均已记在试算平衡表中。会计等式是对会计要素整体而言的,缺少任何一个账户的余额,都会造成期初或期末借方余额合计与贷方余额合计不相等。

(2)如果试算平衡表借贷不相等,账户记录肯定有错误,应认真查找,直到实现平衡为止。

(3)即便实现了有关三栏的平衡关系,并不能说明账户记录绝对正确,因为有些错误并不会影响借贷双方的平衡关系。例如:①漏记某项经济业务,将使本期借贷双方的发生额等额减少,借贷仍然平衡;②重记某项经济业务,将使本期借贷双方的发生额等额虚增,借贷仍然平衡;③某项经济业务记错有关账户,借贷仍然平衡;④某项经济业务在账户记录中,颠倒了记账方向,借贷仍然平衡;⑤借方或贷方发生额中,偶然发生多记少记情况并相互抵销,借贷仍然平衡;等等。

因此,在编制试算平衡表之前,应认真核对有关账户记录,以消除以上错误。

第三节 | 会计分录

企业日常发生大量的经济业务,如果按照经济业务逐笔记入账户,不但工作量大,而且也易发生差错,进而影响到企业所提供的会计信息的正确性。因此,在实务工作中,为了保证账户记录的正确性和便于事后检查,在把经济业务记入账户之前,要采用一种专门的方法来确定各项经济业务正确的账户对应关系,即确定经济业务涉及的账户及其借贷方向和金额,这种方法就是编制会计分录。

一、会计分录的概念

会计分录简称分录,是指按照复式记账法的要求,对每项经济业务在记账凭证中列示出应借、应贷的账户名称及其金额的一种记录。在实务中,会计分录是在记账凭证上登记的。一笔会计分录主要包括三个要素:会计科目、记账方向、金额。

二、会计科目的对应关系

会计科目的对应关系,是指按照借贷记账法的记账规则记录经济业务时,在两个或两个以上有关科目之间形成的应借、应贷相互对应的关系。

在借贷记账法下,发生的每项经济业务,都要记录在一个或几个科目的借方与另一个或几个科目的贷方。对每项经济业务记录所形成的这种"借"记科目和"贷"记科目之间的联系,称为会计科目(账户)的对应关系。通过会计科目(账户)的对应关系,可以了解经济业务的内容和资金运动的来龙去脉。

例如,企业从银行提取现金 10 000 元,由于现金增加,按借贷记账法应记入"库存现金"科目借方,银行存款减少,按借贷记账法应记入"银行存款"科目贷方。在该项经济业务中,"库存现金"和"银行存款"科目形成应借、应贷的关系,即科目的对应关系。

三、会计分录的分类

会计分录按所涉及的账户的数量多少,可分为简单会计分录和复合会计分录两种。

(一)简单会计分录

简单会计分录,指涉及的账户数量只有两个,也就是一个账户的借方与另一个账户的贷方发生对应关系的会计分录,即一借一贷的会计分录。这种会计分录下的会计科目间的对应关系十分清晰,容易理解和掌握。

(二)复合会计分录

复合会计分录,指涉及的账户数量多于两个,也就是一个账户的借方与另外几个账户的贷方、几个账户的借方与另外一个账户的贷方、几个账户的借方与另外几个账户的贷方发生对应关系的会计分录,即一借多贷、一贷多借和多借多贷的会计分录。企业编制复合会计分录,可以全面、集中地反映经济业务的全貌,简化记账手续,提高工作效率。但是不能把几项业务合并编制复合会计分录。

四、会计分录的编制步骤

编制会计分录,应按以下步骤进行:

(1)理解经济业务事项,找出所涉及的会计科目及其金额。

(2)所涉及的会计科目是资产(费用、成本)还是负债(收入)。

(3)确定所涉及的会计科目,是核算增加金额还是核算减少金额。

(4)确定应借、应贷账户是否正确,借贷方金额是否相等。如果出现错误,需要进一步更正。

【例 4-7】 仍以前面【例 4-3】华源公司 2013 年 4 月的经济业务为例,编制如下会计分录:

(1)借:银行存款　　　　　　　　　　　　　　　　　　　　80 000

　　　贷:实收资本　　　　　　　　　　　　　　　　　　　　　　80 000

（2）借：原材料　　　　　　　　　　　　　　　　　　40 000

　　　　贷：应付账款　　　　　　　　　　　　　　　　　40 000

（3）借：应付账款　　　　　　　　　　　　　　　　　　40 000

　　　　贷：银行存款　　　　　　　　　　　　　　　　　40 000

（4）借：实收资本　　　　　　　　　　　　　　　　　100 000

　　　　贷：银行存款　　　　　　　　　　　　　　　　100 000

（5）借：固定资产　　　　　　　　　　　　　　　　　90 000

　　　　贷：银行存款　　　　　　　　　　　　　　　　90 000

（6）借：应付账款　　　　　　　　　　　　　　　　　60 000

　　　　贷：短期借款　　　　　　　　　　　　　　　　60 000

（7）借：盈余公积　　　　　　　　　　　　　　　　　80 000

　　　　贷：应付股利　　　　　　　　　　　　　　　　80 000

（8）借：应付债券　　　　　　　　　　　　　　　　　20 000

　　　　贷：实收资本　　　　　　　　　　　　　　　　20 000

（9）借：盈余公积　　　　　　　　　　　　　　　　　70 000

　　　　贷：实收资本　　　　　　　　　　　　　　　　70 000

上述会计分录都是一借一贷的会计记录，是简单会计分录。

【例 4-8】　以前面【例 4-4】华源公司 2013 年 4 月的经济业务为例，编制如下会计分录：

借：原材料　　　　　　　　　　　　　　　　　　　　50 000

　　贷：银行存款　　　　　　　　　　　　　　　　　　30 000

　　　　应付账款　　　　　　　　　　　　　　　　　　20 000

【例 4-9】　华源公司以银行存款偿还到期的短期借款 4 000 元，同时支付借款利息 150 元。

此笔经济业务涉及的账户是资产类账户中的"银行存款"账户、负债类账户中的"短期借款"账户以及费用类账户中的"财务费用"账户。"银行存款"减少了 4 150 元，记入该账户贷方；"短期借款"减少了 4 000 元，记入该账户借方；借款利息是一项财务费用，增加了 150 元，应记入"财务费用"账户的借方。会计分录如下：

借：短期借款　　　　　　　　　　　　　　　　　　　4 000

　　财务费用　　　　　　　　　　　　　　　　　　　　150

　　贷：银行存款　　　　　　　　　　　　　　　　　　4 150

【例 4-8】和【例 4-9】的分录都是复合会计分录，都涉及两个以上的账户。【例 4-8】是一借多贷的分录，【例 4-9】是一贷多借的分录，它们借方和贷方的金额合计是相等的，符合借贷记账法的记账规则。

复合会计分录，可以分解为几笔简单会计分录，其结果相同。

【例4-8】分录可以分解为：

借：原材料　　　　　　　　　　　　　　　　　　　30 000
　　贷：银行存款　　　　　　　　　　　　　　　　　　　　30 000
借：原材料　　　　　　　　　　　　　　　　　　　20 000
　　贷：应付账款　　　　　　　　　　　　　　　　　　　　20 000

【例4-9】分录可以分解为：

借：短期借款　　　　　　　　　　　　　　　　　　4 000
　　贷：银行存款　　　　　　　　　　　　　　　　　　　　4 000
借：财务费用　　　　　　　　　　　　　　　　　　　150
　　贷：银行存款　　　　　　　　　　　　　　　　　　　　150

因为复合分录更为简单明了，所以实际工作中一般不做分解。

为了简明反映经济业务的内容，保持账户对应关系的清晰性，应避免编制多借多贷的会计分录。但是，少数复杂和特殊经济业务，客观上就是一种多借多贷的账户对应关系。

无论是简单会计分录还是复合会计分录，其编制步骤都是相同的，编制会计分录时，应认真分析经济业务所涉及的账户类型、金额的增减，确定应借应贷的方向和金额。就会计核算的全部过程来看，编制会计分录是会计工作中的基础性工作，它贯穿于每个会计循环的始终。会计分录出现了错误，必然会影响到全部的会计数据资料和信息，所以必须正确地编制会计分录，为账簿记录、财务会计报告的正确性提供基础保障。

第四节　总分类账户与明细分类账户的平行登记

账户按其所归属的会计要素的不同可以分为资产类、负债类、所有者权益类、成本类、损益类五大类账户。账户按其提供信息的详细程度及其统驭关系的不同，可以分为总分类账户和明细分类账户。总分类账户，是指根据总分类科目设置的，用于对会计要素具体内容进行总括分类核算的账户，又称为一级账户，简称总账账户或总账，为了保持会计信息的一致性、可比性，目前总分类账户一般根据国家统一的会计制度的有关规定设置。明细分类账户，是指根据明细分类科目设置的，用于对会计要素具体内容进行明细分类核算的账户，简称明细账。明细分类账户也可进一步分为二级明细账、三级明细账等。

一、总分类账户与明细分类账户的关系

（一）总分类账户对明细分类账户具有统驭控制作用

总分类账户提供的总括核算资料是对有关明细分类账户资料的综合；明细分类账户所提供的明细核算资料是对其总分类账户资料的具体化。因此，总分类账户对明细分类账户起着统驭控制作用。

（二）明细分类账户对总分类账户具有补充说明作用

总分类账户是对会计要素各项目增减变化的总反映，提供总括的资料；而明细分类

账户反映的是会计要素各项目增减变化的详细情况,提供了某一具体方面的详细资料,有些明细分类账户还可以提供实物数量指标和劳动量指标等。因此,明细分类账户对总分类账户具有补充说明的作用。

（三）总分类账户与其对应的明细分类账户在总金额上应当相等

由于总分类账户与其对应的明细分类账户是根据相同的依据来进行平行登记的,所反映的经济内容是相同的,其总金额必然相等。比如"原材料"总分类账户与其对应的"燃料""辅助材料"等明细分类账户都反映了单位原材料的收发结存情况,因此,"原材料"总分类账户的金额与其对应的"燃料""辅助材料"等明细分类账户的总金额应当相等。

二、总分类账户与明细分类账户的平行登记

虽然总分类账户与明细分类账户存在统驭与被统驭的关系,但在账务处理上是平行关系,应当进行平行登记,以便于进行账户核对,并确保核算资料的正确、完整。所谓平行登记,是指对所发生的每一项经济业务都要以会计凭证为依据,一方面要记入有关总分类账户,另一方面也要记入有关总分类账户对应的明细分类账户的方法。通过总分类账户与其对应的明细分类账户的平行登记,便于账户核对和检查,纠正错误和遗漏。平行登记的要点如下:

（1）依据相同。对于发生的经济业务事项,要依据相同的会计凭证,一方面要在有关的总分类账户中登记,另一方面要在该总分类账户对应的明细分类账户中登记。

（2）借贷方向相同。对于发生的每一项经济业务,记入总分类账户和其对应的明细分类账户的方向必须相同。如果总分类账户登记在借方,那么明细分类账户也应该登记在借方;相反,如果总分类账户登记在贷方,那么明细分类账户也应该登记在贷方。

（3）会计期间相同。对于发生的每一项经济业务,在记入总分类账户和明细分类账户过程中,可以有先有后,但必须在同一会计期间全部登记入账。即一项经济业务发生后,必须在总分类账户进行总括登记的同一会计期间,在其对应的明细分类账户中进行明细分类登记。

（4）金额相等。对于发生的每一项经济业务,记入总分类账户的金额必须等于对应的明细分类账户的金额之和。进而,总分类账户本期发生额与明细分类账户本期发生额合计相等;总分类账户期初余额与明细分类账户期初余额合计相等;总分类账户期末余额与明细分类账户期末余额合计相等。

下面以"原材料"账户和"应付账款"账户为例,说明总分类账户与明细分类账户的平行登记。

【例4-10】　乙公司2013年7月1日"原材料"和"应付账款"两个总分类账户及其对应的明细分类账户期初余额的有关资料如下:

"原材料"总分类账户有借方余额40 000元,其对应的明细分类账户余额如下:

名称	重量	单价	金额
甲材料	400 千克	60 元/千克	24 000 元
乙材料	200 千克	80 元/千克	16 000 元
合计			40 000 元

"应付账款"总分类账户有贷方余额 32 000 元,其对应的明细分类账户余额如下:

名称	金额
A 公司	20 000 元
B 公司	12 000 元
合计	32 000 元

该公司 7 月份发生下列经济业务:

(1)7 月 2 日,从 A 公司购入甲材料 400 千克,单价 60 元/千克,价款 24 000 元,乙材料 400 千克,单价 80 元/千克,价款 32 000 元。材料已验收入库,货款尚未支付。编制如下会计分录:

借:原材料——甲材料　　　　　　　　　　　　　　　　　24 000
　　　　——乙材料　　　　　　　　　　　　　　　　　32 000
　贷:应付账款——A 公司　　　　　　　　　　　　　　　　　56 000

(2)7 月 6 日,车间从仓库领用原材料一批,其中甲材料 600 千克,单价 60 元/千克,价款 36 000 元,乙材料 300 千克,单价 80 元/千克,价款 24 000 元。编制如下会计分录:

借:生产成本　　　　　　　　　　　　　　　　　　　　　60 000
　贷:原材料——甲材料　　　　　　　　　　　　　　　　　36 000
　　　　——乙材料　　　　　　　　　　　　　　　　　24 000

(3)7 月 12 日,从 B 公司购入材料一批,其中甲材料 200 千克,单价 60 元/千克,价款 12 000 元,乙材料 400 千克,单价 80 元/千克,价款 32 000 元。材料已验收入库,货款尚未支付。编制如下会计分录:

借:原材料——甲材料　　　　　　　　　　　　　　　　　12 000
　　　　——乙材料　　　　　　　　　　　　　　　　　32 000
　贷:应付账款——B 公司　　　　　　　　　　　　　　　　　44 000

(4)7 月 20 日,以银行存款偿还欠 A 公司的货款 40 000 元,偿还欠 B 公司的货款 48 000 元。编制如下会计分录:

借:应付账款——A 公司　　　　　　　　　　　　　　　　　40 000
　　　　——B 公司　　　　　　　　　　　　　　　　　48 000
　贷:银行存款　　　　　　　　　　　　　　　　　　　88 000

根据上述资料,在"原材料"和"应付账款"的总分类账户及其对应的明细分类账户中进行平行登记,有关步骤如下:首先,将月初余额分别记入"原材料"和"应付账款"总分类账户及其对应的明细分类账户,在"原材料"的明细分类账户中,还需要登记各种材料的数量和单价。然后,根据经济业务发生的先后顺序和编制的会计记录,依次在"原材料"和"应付账款"两个总分类账户和其对应的明细分类账户中进行平行登记,并计算出各账户的本期发生额和期末余额。有关"原材料""应付账款"总分类账户和其对应的明细分类账户的登记结果如表 4-5 至表 4-10 所示。

表 4-5   **总分类账户**

会计科目:原材料

2013年		凭证号数	摘要	对方科目	借方	贷方	借或贷	余额
月	日							
7	1		月初余额				借	40 000
	2	(1)	购入	应付账款	56 000		借	96 000
	6	(2)	生产领用	生产成本		60 000	借	36 000
	12	(3)	购入	应付账款	44 000		借	80 000
7	31		本月合计		100 000	60 000	借	80 000

表 4-6   **原材料明细分类账户**

明细科目:甲材料   数量单位:千克

2013年		凭证号数	摘要	借方			贷方			余额		
月	日			数量	单价	金额	数量	单价	金额	数量	单价	金额
7	1		月初余额							400	60	24 000
	2	(1)	购入	400	60	24 000				800	60	48 000
	6	(2)	生产领用				600	60	36 000	200	60	12 000
	12	(3)	购入	200	60	12 000				400	60	24 000
7	31		本月合计	600		36 000	600		36 000	400	60	24 000

表 4-7   **原材料明细分类账户**

明细科目:乙材料   数量单位:千克

2013年		凭证号数	摘要	借方			贷方			余额		
月	日			数量	单价	金额	数量	单价	金额	数量	单价	金额
7	1		月初余额							200	80	16 000
	2	(1)	购入	400	80	32 000				600	80	48 000
	6	(2)	生产领用				300	80	24 000	300	80	24 000
	12	(3)	购入	400	80	32 000				700	80	56 000
7	31		本月合计	800		64 000	300		24 000	700	80	56 000

表 4-8   **总分类账户**

会计科目:应付账款

2013年		凭证号数	摘要	对方科目	借方	贷方	借或贷	余额
月	日							
7	1		月初余额				贷	32 000
	2	(1)	购入材料	原材料		56 000	贷	88 000
	12	(3)	购入材料	原材料		44 000	贷	132 000
	20	(4)	偿还货款	银行存款	88 000		贷	44 000
7	31		本月合计		88 000	100 000	贷	44 000

表 4-9　　　　　　　　　　　　　应付账款明细分类账户

明细科目：A 公司

2013 年		凭证号数	摘要	借方	贷方	借或贷	余额
月	日						
7	1		月初余额			贷	20 000
	12	（1）	购入材料		56 000	贷	76 000
	20	（4）	偿还货款	40 000		贷	36 000
7	31		本月合计	40 000	56 000	贷	36 000

表 4-10　　　　　　　　　　　　应付账款明细分类账户

明细科目：B 公司

2013 年		凭证号数	摘要	借方	贷方	借或贷	余额
月	日						
7	1		月初余额			贷	12 000
	12	（3）	购入材料		44 000	贷	56 000
	20	（4）	偿还货款	48 000		贷	8 000
7	31		本月合计	48 000	44 000	贷	8 000

从上述总分类账户和其对应的明细分类账户记录可以看出，在平行登记下，"原材料"和"应付账款"总分类账户的期初余额、本期借方发生额、本期贷方发生额以及期末余额，都分别与其对应的明细分类账户的期初余额之和、本期借方发生额之和、本期贷方发生额之和以及期末余额之和相等。这样，总分类账户对明细分类账户的统驭作用，明细分类账户对总分类账户的补充作用就一目了然了。

因总分类账户与其对应的明细分类账户的本期发生额及余额的必然相等关系，期末可以对总分类账户和其对应的明细分类账户进行核对和检查，以便发现和纠正错误。通常这种核对是通过编制"总分类账户与明细分类账户发生额及余额对照表"进行的，其格式和内容如表 4-11 所示，该表列示了【例 4-10】中"原材料"和"应付账款"两个总分类账户与明细分类账户的对照情况。

表 4-11　　　　　　　　总分类账户与明细分类账户发生额及余额对照表

会计科目	期初余额		本期发生额		期末余额	
	借方	贷方	借方	贷方	借方	贷方
原材料	40 000		100 000	60 000	80 000	
甲材料	24 000		36 000	36 000	24 000	
乙材料	16 000		64 000	24 000	56 000	
应付账款		32 000	88 000	100 000		44 000
A 公司		20 000	40 000	56 000		36 000
B 公司		12 000	48 000	44 000		8 000

从表 4-11 中可以看出,"原材料"总分类账户的期初余额 40 000 元,等于明细分类账户"甲材料"的期初余额 24 000 元加上"乙材料"的期初余额 16 000 元;本期借方发生额 100 000 元,等于"甲材料"借方发生额 36 000 元加上"乙材料"借方发生额 64 000 元;本期贷方发生额 60 000 元,等于"甲材料"贷方发生额 36 000 元加上"乙材料"贷方发生额 24 000 元;期末余额 80 000 元,等于"甲材料"期末余额 24 000 元与"乙材料"期末余额 56 000 元之和。同样,"应付账款"总分类账户与其对应的明细分类账户的期初余额、本期借方、贷方发生额和期末余额之和也分别相等。通过这样的相互核对,我们可以确定上述账户登记是正确的。

第 五 章

主要经济业务的核算

工业企业的主要经济业务包括筹集资金、供应过程、生产过程、销售过程和利润的形成与分配等。

第一节 | 筹集资金的核算

一、企业筹资阶段的主要任务

企业从事正常的生产经营活动,必须要拥有一定数量的资金。企业筹集资金的渠道主要有两条:一是向投资人筹集,二是向债权人借入。

二、投资者投入资金的核算

资本是投资者为了开展生产经营活动而投入的资金。会计上的资本专指所有者投入的资本。为了反映和监督投资者投入资本的增减变动情况,企业必须按照国家统一的会计制度的规定进行实收资本的核算,真实地反映所有者投入企业资本的状况,维护所有者各方在企业的权益。除股份有限公司外,其他各类企业均应通过"实收资本"账户核算,股份有限公司应通过"股本"账户核算。

一般情况下,企业的实收资本应相对固定不变,但在某些特定情况下,实收资本也可能发生增减变化。我国企业法人登记管理条例中规定,除国家另有规定外,企业的注册资金应当与实收资本相一致,当实收资本比原注册资金增加或减少的幅度超过20%时,应持资金使用证明或者验资证明,向原登记主管机关申请变更登记。如擅自改变注册资金或抽逃资金,将会受到工商行政管理部门的处罚。

(一)接受投资

接受投资是企业资本增加的过程,一般企业增加资本主要有三个途径:接受投资者追加投资、资本公积转增资本和盈余公积转增资本。

需要注意的是,由于资本公积和盈余公积均属于所有者权益,用其转增资本时,如果是独资企业,直接结转即可,如果是股份公司或有限责任公司,应该按照原投资者各出资比例相应增加各投资者的出资额。

实收资本(或股本)是指企业按照章程规定或合同、协议约定,接受投资者投入企业的资本。实收资本(或股本)的构成比例或股东的股份比例,是确定所有者在企业所有者权益中份额的基础,也是企业进行利润分配或股利分配的主要依据。

我国《公司法》规定,股东可以用货币出资,也可以用实物、知识产权、土地使用权等可以用货币估价并可以依法转让的非货币财产作价出资,但是,法律、行政法规规定不得作为出资的财产除外。企业应当对作为出资的非货币财产评估作价,核实财产,不得高估或者低估作价。法律、行政法规对评估作价有规定的,从其规定。不论以何种方式出资,投资者如在投资过程中违反投资合约或协议约定,不按规定如期缴足出资额,企业可以依法追究投资者的违约责任。

1. 设置会计账户

为了核算企业筹集资金的过程,应设置"实收资本""资本公积"等账户来反映筹资时所有者权益的增加;设置"银行存款""固定资产"等账户来反映筹资时资产的增加。

(1)"实收资本"账户

"实收资本"账户,是用来核算按照企业章程的规定,投资者投入企业的资本(股本)。该账户贷方登记企业实际收到的投资者投入的资本数;借方登记企业按法定程序报经批准减少的注册资本数,期末贷方余额,反映企业实有的资本或股本数额。

(2)"资本公积"账户

"资本公积"账户,是用来核算企业取得的资本公积。该账户的贷方登记企业取得的资本溢价的金额;借方登记资本公积的减少数;期末贷方余额,表示企业资本公积的实际结存数额。

(3)"固定资产"账户

"固定资产"账户,用来核算企业固定资产的原价。该账户的借方登记不需要经过建造、安装即可使用的固定资产增加的原始价值;贷方登记固定资产减少的原始价值。期末借方余额,反映企业期末固定资产的账面原值。

(4)"银行存款"账户

"银行存款"账户,用来核算企业存入银行或其他金融机构的各种存款。该账户是一个资产类账户,其借方登记投资人货币资金投资或存入的款项,贷方登记提取或支出的存款。期末余额在借方,表示企业存在银行或其他金融机构的款项。

2. 接受现金资产投资的账务处理

(1)除股份有限公司以外的公司接受货币资金投资,应该按照实际收到或者存入企业开户银行的金额借记"银行存款"账户,按照双方约定的份额贷记"实收资本"账户,两者之间差额应当记入"资本公积——资本溢价"账户。

【**例 5-1**】　甲公司(有限责任公司)收到 A 公司投资 350 000 元,款项存入银行。

这项经济业务的发生,一方面使甲公司的银行存款增加 350 000 元,另一方面甲公司收到 A 公司的投资也增加 350 000 元。因此,这项经济业务涉及"银行存款"和"实收资本"两个账户。银行存款增加是资产的增加,应记入"银行存款"账户的借方;甲公司收到 A 公司投资的增加是甲公司所有者权益的增加,应记入"实收资本"账户的贷方。这项业务应编制如下会计分录:

借：银行存款	350 000
贷：实收资本	350 000

【例5-2】 甲、乙、丙共同投资设立A公司（有限责任公司），注册资本为2 000 000元，甲、乙、丙持股比例分别为55%、25%和20%。按照公司章程规定，甲、乙、丙投入资本分别为1 100 000元、500 000元和400 000元。A公司已如期收到各投资者一次缴足的款项。不考虑其他因素，A公司会计分录为：

借：银行存款	2 000 000	
贷：实收资本——甲		1 100 000
——乙		500 000
——丙		400 000

【例5-3】 A公司（有限责任公司）为扩大经营规模，经批准，A公司注册资本增加到2 500 000元，并引入第四位投资者丁加入。按照投资协议，丁需缴入现金850 000元，同时享有该公司20%的股份。A公司已收到丁的现金投资。不考虑其他因素，A公司会计分录为：

借：银行存款	850 000
贷：实收资本——丁	500 000
资本公积——资本溢价	350 000

(2)股份有限公司发行股票，在溢价发行的情况下，企业发行股票取得的收入，按照发行收入借记"银行存款"账户，股票面值部分作为股本增加，贷记"股本"账户，超出面值的溢价收入应作为资本公积(股本溢价)，贷记"资本公积——股本溢价"账户。

【例5-4】 B公司（股份有限公司）发行普通股10 000 000股，每股面值1元，每股发行价格5元。假定股票发行成功，股款50 000 000元已经全部收到，不考虑发行过程中的税费等因素。B公司会计分录为：

借：银行存款	50 000 000
贷：股本	10 000 000
资本公积——股本溢价	40 000 000

发行股票支付的手续费、佣金等发行费用，如股票溢价发行的，从发行股票的溢价中抵扣；股票发行没有溢价或溢价金额不足以抵扣支付发行费用的部分，应将不足以抵扣支付的发行费用的部分冲减"盈余公积"和"未分配利润"。

【例5-5】 接【例5-4】，如果B公司（股份有限公司）发行过程中又支付税费、手续费、佣金共2 000 000元。B公司会计分录为：

借：银行存款	48 000 000
贷：股本	10 000 000
资本公积——股本溢价	38 000 000

3. 接受非现金资产投资的账务处理

企业接受以固定资产、原材料、无形资产等方式投入的资本，应按照投资合同或协议约定价值确认接受的非现金资产的价值(如投资合同或协议约定价值不公允的除外)，并确定在注册资本中应该享有的份额。借记相应的资产类账户等，按照应享有的份额贷记

"实收资本"或"股本"账户,两者之间差额记入"资本公积——资本(股本)溢价"账户。

【例 5-6】　大华公司(有限责任公司)收到甲公司作为投资投入的设备一台,该设备所确认的价值为 60 000 元(假设不产生溢价)。

这项经济业务的发生,一方面使大华公司的固定资产增加 60 000 元,另一方面大华公司收到甲公司的投资也增加 60 000 元。因此,这项经济业务涉及"固定资产"和"实收资本"两个账户。固定资产增加是资产的增加,应记入"固定资产"账户的借方,大华公司收到甲公司投资的增加是所有者权益的增加,应记入"实收资本"账户的贷方。这项业务应编制如下会计分录:

借:固定资产　　　　　　　　　　　　　　　　　　60 000
　　贷:实收资本　　　　　　　　　　　　　　　　　　60 000

(二)实收资本(股本)的减少

1. 除股份有限公司外的公司实收资本减少的账务处理

企业因某些原因需要减少实收资本,或者投资者因为某些原因需要撤出投资的。应按注销的注册资本,借记"实收资本"账户,按照实际支付的金额贷记"银行存款"等账户,差额记入"资本公积"账户。

2. 股份有限公司股本减少的账务处理

股份有限公司采用收购本公司股票方式减资的,按股票面值和注销股数计算的股票面值总额冲减股本,按注销库存股的账面余额与所冲减股本的差额冲减股本溢价,股本溢价不足冲减的,应冲减"盈余公积"和"利润分配——未分配利润"账户。如果购入股票支付的价款低于面值总额的,所注销库存股的账面余额与所冲减股本的差额作为增加股本溢价处理。

"库存股"属于所有者权益类账户,是股份有限公司减资时,核算回购自己的股票和注销的股份金额特定的账户。借方登记回购本公司股票成本,贷方登记回购本公司股票注销股票成本,余额在借方,表示所有者权益减少。若注销库存股,则期末无余额。

【例 5-7】　A 公司 2010 年 12 月 31 日的股本为 100 000 000 股,每股面值为 1 元,资本公积(股本溢价)30 000 000 元,盈余公积 40 000 000 元。经股东大会批准,A 公司以银行存款回购本公司股票 20 000 000 股并注销。假定 A 公司按每股 2 元回购股票,不考虑其他因素,A 公司的会计处理如下:

(1)回购本公司股票时:

借:库存股　　　　　　　　　　　　　　　　　　40 000 000
　　贷:银行存款　　　　　　　　　　　　　　　　　40 000 000
库存股成本 = 20 000 000 × 2 = 40 000 000(元)

(2)注销本公司股票时:

借:股本　　　　　　　　　　　　　　　　　　　20 000 000
　　资本公积——股本溢价　　　　　　　　　　　20 000 000
　　贷:库存股　　　　　　　　　　　　　　　　　　40 000 000
应冲减的资本公积 = 20 000 000 × 2 − 20 000 000 × 1 = 20 000 000(元)

三、借入资金核算

企业的借款主要包括短期借款和长期借款。

短期借款是指企业用来维持正常的生产经营而从银行或其他金融机构等外单位借入的、还款期限在一年以内或超过一年但在一个经营周期内的各种借款。

长期借款是指企业从银行或其他金融机构借入的期限在一年以上(不含一年)的借款。我国股份制企业的长期借款主要是从金融机构借入的各项长期性借款,如从各专业银行、商业银行取得的借款;除此之外,还包括从财务公司、投资公司等金融企业借入的款项。

(一)设置会计账户

(1)"短期借款"账户,用来核算企业从银行或其他金融机构等借入的期限在一年以下(含一年)的各种借款。该账户是一个流动负债账户,企业借入的各种短期借款,表明流动负债的增加,应记入"短期借款"账户的贷方;归还借款时,表明流动负债的减少,应记入"短期借款"账户的借方。期末余额在贷方,表示期末尚未归还的短期借款的本金。

(2)"长期借款"账户,用来核算企业借入的期限在一年以上(不含一年)的各种借款。该账户贷方登记企业借入的各种长期借款数(包括本金和利息);借方登记各种长期借款归还数(包括本金和利息)。期末贷方余额表示企业尚未归还的长期借款本金和利息数。

(3)"财务费用"账户,用来核算企业为筹集资金发生的利息和手续费。该账户借方登记企业借入资金所应负担的利息;贷方登记企业收到的存款利息。期末余额转入"本年利润"账户。

(4)"应付利息"账户,用来核算企业为借入资金发生的应付未付的利息。该账户贷方登记企业借入资金应付未付的利息;借方登记企业支付的利息。期末余额在贷方表示尚未归还的借款的利息。

(二)利息计算

利息计算方法分为单利计算和复利计算,一般情况下单利计算适用于短期借款,复利计算适用于长期借款。

单利计算:只计算未偿还本金负担的利息,未偿还利息不再计算利息。其计算公式如下:

$$应计利息＝本金×利率×期限$$

(1)月利率＝年利率÷12。

(2)日利率＝月利率÷30＝年利率÷360。

(3)利率表示:年利率％、月利率‰、日利率‰。

(4)期限计算:年对年、月对月、天数按实际公历天数计算。天数计算采用"留头去尾或去头留尾"。值得注意的是,利率的采用与期限必须一致。

复利计算:不但未偿还本金需要计算负担的利息,而且未偿还的利息也需要计算负担的利息。其计算公式如下:

$$应计利息＝未偿还的本息合计×利率×期限$$

期限为 1,即为 1 年或 1 个月或 1 天

或
$$应计利息＝本金×(1＋利率)^n－本金×(1＋利率)^{n-1}$$

(1) n 代表期限。

(2) 本金 $×(1＋利率)^n$ 代表到第 n 期时本息合计。

(3) 本金 $×(1＋利率)^{n-1}$ 代表到第 $(n-1)$ 期时本息合计。

(三)短期借款的账务处理

1. 短期借款借入和归还的账务处理

企业从银行或其他金融机构取得短期借款时,借记"银行存款"账户,贷记"短期借款"账户。

企业短期借款到期偿还本金时,借记"短期借款"账户,贷记"银行存款"账户。

2. 计提短期借款利息以及支付利息的账务处理

企业的短期借款利息一般采用月末预提的方式进行核算。短期借款利息属于筹资费用,应记入"财务费用"账户。企业应当在资产负债表日按照计算确定的短期借款利息费用,借记"财务费用"账户,贷记"应付利息"账户。实际支付利息时,如果支付的是已经计提的利息,借记"应付利息"账户,贷记"银行存款"账户。如果支付的是尚未计提的利息,借记"财务费用"账户,贷记"银行存款"账户。

【例 5-8】　A 股份有限公司于 2010 年 1 月 1 日向银行借入一笔生产经营用短期借款,共计 120 000 元,期限为 9 个月,年利率为 4%。根据与银行签署的借款协议,该项借款的本金到期后一次归还;利息分月预提,按季支付。A 股份有限公司的有关会计处理如下:

(1)1 月 1 日,借入短期借款:

借:银行存款　　　　　　　　　　　　　　　　　　　　120 000

　　贷:短期借款　　　　　　　　　　　　　　　　　　　　120 000

(2)1 月末,计提 1 月份应付利息:

借:财务费用　　　　　　　　　　　　　　　　　　　　　400

　　贷:应付利息　　　　　　　　　　　　　　　　　　　　　400

本月应计提的利息金额＝120 000×4%÷12＝400(元)

2 月末计提 2 月份利息费用的处理与 1 月份相同。

(3)3 月末支付第一季度银行借款利息:

借:财务费用　　　　　　　　　　　　　　　　　　　　　400

　　应付利息　　　　　　　　　　　　　　　　　　　　　800

　　贷:银行存款　　　　　　　　　　　　　　　　　　　1 200

第二、三季度的会计处理同上。

(4)10 月 1 日,偿还银行借款本金:

借:短期借款　　　　　　　　　　　　　　　　　　　　120 000

　　贷:银行存款　　　　　　　　　　　　　　　　　　　　120 000

(四)长期借款的账务处理

企业应设置"长期借款"账户核算长期借款的借入、归还等情况。该账户可按照贷款单位和贷款种类设置明细账,分别通过"本金""利息调整"等账户进行明细核算。该账户贷方登记长期借款增加额;借方登记长期借款减少额。借入长期借款时,本金与实际收到偿还金额的差额,记入"长期借款——利息调整"账户。期末余额在贷方,表示企业期末尚未归还的长期借款。

按照付息方式与本金的偿还方式,可将长期借款分为分期付息到期还本长期借款和到期一次还本付息长期借款。

1. 长期借款借入和归还的账务处理

企业借入长期借款,应按实际收到的金额,借记"银行存款"账户,贷记"长期借款——本金"账户。如存在差额,还应记入"长期借款——利息调整"账户。

企业归还长期借款的本金时,按应归还的金额,借记"长期借款——本金"账户,贷记"银行存款"账户,若存在"长期借款——利息调整"账户,也要同时结转。

2. 计提长期借款利息以及支付利息的账务处理

长期借款发生的利息费用应当在资产负债表日按照实际利率法计算确定,实际利率与合同利率差异较小的,也可以采用合同利率计算确定利息费用。

长期借款利息应当按照权责发生制原则的要求,按期计提并计入购建固定资产的成本(资本化的借款费用)或确认为当期发生的费用。同时记入"应付利息"或者"长期借款——应计利息"账户,其中如果是分期付息到期还本的长期借款,使用"应付利息"账户,如果是到期一次还本付息的长期借款,使用"长期借款——应计利息"账户。

(1)如果长期借款用于购建固定资产的,在固定资产尚未达到预定可使用状态前,所发生的应当资本化的利息支出数,记入"在建工程"账户;固定资产达到预定可使用状态后发生的利息支出,以及按规定不予资本化的利息支出,则应该将其费用化并计入当期损益。

(2)如果长期借款费用化的利息支出发生在筹建期间,则记入"管理费用"账户;发生在生产经营期间的,记入"财务费用"账户。

【例 5-9】 A 企业为增值税一般纳税人,于 2013 年 11 月 30 日从银行借入资金 4 000 000 元,借款期限为 3 年,年利率为 8.4%(到期一次还本付息,不计复利)。所借款项已存入银行。A 企业用该借款于当日购买不需安装的设备一台,价款 3 000 000 元,增值税税额 510 000 元(增值税可以抵扣),另支付运杂费及保险等费用 100 000 元,设备已于当日投入使用。A 企业应编制如下会计分录:

(1)取得借款时:

借:银行存款	4 000 000
贷:长期借款——本金	4 000 000

(2)支付设备款和运杂费、保险费时:

借:固定资产	3 100 000
应交税费——应交增值税(进项税额)	510 000
贷:银行存款	3 610 000

【例5-10】　A企业于2013年12月31日计提长期借款利息。该企业应编制如下会计分录：

借：财务费用　　　　　　　　　　　　　　　　28 000
　　贷：长期借款——应计利息　　　　　　　　　　28 000

2013年12月31日计提的长期借款利息＝4 000 000×8.4%÷12＝28 000(元)

2014年1月至2016年10月，月末预提利息分录同上。

【例5-11】　2016年11月30日，A企业偿还该笔银行借款本息，该企业的有关会计分录如下：

借：财务费用　　　　　　　　　　　　　　　　28 000
　　长期借款——本金　　　　　　　　　　　　　4 000 000
　　　　　　　——应计利息　　　　　　　　　　　980 000
　　贷：银行存款　　　　　　　　　　　　　　　5 008 000

第二节　供应过程的核算

一、材料采购成本核算

供应过程是生产的准备过程，主要是采购生产所需的材料。企业动用货币资金买回各种材料，形成储备以供生产之需，将来随着生产的耗费再不断补充各种材料。企业应严格按照企业的生产采购计划采购材料，以免造成超储积压和生产用料不足，给生产经营造成不良后果。

工业企业材料采购成本包括：

(1)买价，指进货发票所开列的货款金额。

(2)运杂费，包括运输费、装卸费、包装费、保险费、仓储费等。

(3)运输途中的合理损耗，指企业与供应或运输部门所签订的合同中规定的合理损耗或必要的自然损耗。

(4)入库前的挑选整理费用，指购入的材料在入库前需要挑选整理而发生的费用，包括挑选过程中所发生的工资、费用支出和必要的损耗，但要扣除下脚残料的价值。

(5)购入材料负担的税金(如进口关税、进口货物消费税等)和其他费用等。

二、设置的账户

(一)"在途物资"账户

"在途物资"账户，用来核算企业采购各种尚未入库的材料的实际成本。该账户的借方登记外购材料的实际采购成本(包括买价和采购费用)；贷方登记已验收入库材料的实际成本。月末余额在借方，表示企业已经收到发票、账单付款等采购业务，但尚未到达或尚未验收入库的在途材料的采购成本。

(二)"原材料"账户

"原材料"账户,用来核算企业库存的各种材料的增减变动及其结余情况。该账户借方登记已验收入库材料的实际成本;贷方登记发出材料的实际成本;月末余额在借方,表示企业库存的各种材料的实际成本。

(三)"应付账款"账户

"应付账款"账户,用来核算企业因购买材料、商品和接受劳务供应等而应付未付给供应单位的款项,属于负债类账户。该账户的贷方登记因购买材料、商品或接受劳务供应等而发生的应付未付的款项;借方登记已经支付或已开出承兑商业汇票抵付的应付款项;月末余额在贷方,表示尚未支付的应付账款。

(四)"应付票据"账户

"应付票据"账户,用来核算企业购买材料、商品和接受劳务供应等开出承兑的商业汇票(包括商业承兑汇票和银行承兑汇票),属于负债类账户。该账户贷方登记企业已开出承兑的汇票或以承兑汇票抵付的货款;借方登记收到银行付款通知后实际支付的款项;月末余额在贷方,表示尚未到期的商业汇票的票面余额。

(五)"预付账款"账户

"预付账款"账户,用来核算企业按照购货合同规定预付给供应单位的款项。该账户借方登记按照合同规定预付给供应单位的货款和补付的款项;贷方登记收到所购货物的货款和退回多付的款项;期末借方余额,表示企业预付的款项;期末贷方余额,表示企业尚未补付的款项。

(六)"应交税费"账户

"应交税费"账户,用来核算企业按照税法规定计算应交纳的各种税费。企业应在"应交税金"科目下设置"应交增值税"明细科目。在"应交增值税"明细账中,应设置"进项税额""销项税额"等专栏进行明细核算。企业采购物资时,应按可抵扣的增值税额,借记本账户;销售物资或提供应税劳务时,按营业收入和应收取的增值税额,贷本账户;月末,"应交税费——应交增值税"账户如为贷方余额,则为企业尚未交纳的增值税,如为借方余额,则为企业多交的或尚未抵扣的增值税。

三、主要经济业务的核算

【例5-12】 甲公司从W企业购入A材料1 000千克,买价40 000元,增值税6 800元,对方代垫运费500元,款项尚未支付,材料已验收入库。

分析:该业务使原材料增加,应付账款增加,应交税费减少。原材料属于资产类账户,其增加记入借方,应交税费和应付账款均属于负债类账户,增加记入贷方,减少记入借方。该业务应编制如下会计分录:

采购付款时:

借:在途物资——A 材料　　　　　　　　　　　　　　　　　40 500

　　应交税费——应交增值税(进项税额)　　　　　　　　　6 800

　　贷:应付账款——W 企业　　　　　　　　　　　　　　　　　　47 300

验收入库时:

借:原材料——A 材料　　　　　　　　　　　　　　　　　　40 500

　　贷:在途物资——A 材料　　　　　　　　　　　　　　　　　40 500

【例 5-13】 甲公司用银行存款归还 W 企业的货款。

分析:该业务使银行存款减少,应付账款减少。银行存款属于资产类账户,其减少记入贷方;应付账款属于负债类账户,其减少记入借方。该业务应编制如下会计分录:

借:应付账款——W 企业　　　　　　　　　　　　　　　　　47 300

　　贷:银行存款　　　　　　　　　　　　　　　　　　　　　　47 300

【例 5-14】 根据合同规定,甲公司向本地 Y 企业预付货款 30 000 元用于采购 B 材料。

分析:该业务使预付账款增加,银行存款减少。预付账款和银行存款均属于资产类账户,其增加记入借方,减少记入贷方。该业务应编制如下会计分录:

借:预付账款——Y 企业　　　　　　　　　　　　　　　　　30 000

　　贷:银行存款　　　　　　　　　　　　　　　　　　　　　　30 000

【例 5-15】 甲公司购入 C 材料 5 000 千克,买价 300 000 元,增值税 51 000 元,材料已验收入库,企业开出商业汇票支付货款。

分析:该业务使原材料增加,应付票据增加,应交税费减少。原材料属于资产类账户,其增加记入借方,应交税费和应付票据均属于负债类账户,增加记入贷方,减少记入借方。该业务应编制如下会计分录:

采购付款时:

借:在途物资——C 材料　　　　　　　　　　　　　　　　　300 000

　　应交税费——应交增值税(进项税额)　　　　　　　　　51 000

　　贷:应付票据　　　　　　　　　　　　　　　　　　　　　　351 000

验收入库时:

借:原材料——C 材料　　　　　　　　　　　　　　　　　300 000

　　贷:在途物资——C 材料　　　　　　　　　　　　　　　　　300 000

【例 5-16】 甲公司上述票据到期支付票款。

分析:该业务使银行存款减少,应付票据减少。银行存款属于资产类账户,其减少记入贷方;应付票据属于负债类账户,其减少记入借方。该业务应编制如下会计分录:

借:应付票据　　　　　　　　　　　　　　　　　　　　　　351 000

　　贷:银行存款　　　　　　　　　　　　　　　　　　　　　　351 000

四、采购材料发生共同费用的计算分配

企业采购材料共同发生的运输费、保险费等费用,可按合理的标准(按重量、体积、价值的标准),进行合理计算并分配各自材料负担的运输费、保险费等费用。

【例5-17】　甲公司从乙企业购入A、B两种材料：其中，A材料1 000千克，买价40 000元，增值税6 800元；B材料3 000千克，买价60 000元，增值税10 200元，对方代垫运费4 000元，款项尚未支付，材料已验收入库。

首先按重量标准分配A、B材料应负担的运费：

分配率＝运费÷重量之和＝4 000÷(1 000＋3 000)＝1(元/千克)

A材料负担运费＝重量×分配率＝1 000×1＝1 000(元)

B材料负担运费＝重量×分配率＝3 000×1＝3 000(元)

借：原材料——A材料	41 000
——B材料	63 000
应交税费——应交增值税(进项税额)	17 000
贷：应付账款——乙企业	121 000

第三节　生产过程的核算

产品生产是工业企业生产经营过程的主要业务，也是会计核算的中心环节。生产过程是产品制造企业经营活动的中心环节，它既是产品的制造过程，也是劳动力、劳动对象和劳动资料的消耗过程。工业企业的产品生产过程，同时也是生产耗费过程。企业为了生产产品，要耗费各种材料，支付职工薪酬，发生固定资产磨损以及其他费用，简称料工费。企业的生产费用，不论发生在何处，都要归集、分配到一定种类的产品上，形成产品生产的制造成本。所以，企业生产过程应该掌握的主要账户是"生产成本"和"制造费用"账户。

工业企业要进行产品生产，首先要投入各种材料。材料的消耗，一方面使企业的材料存货减少了，应记入"原材料"账户的贷方；另一方面应按照材料的领用部门及用途记入有关成本费用账户的借方。生产车间耗用原材料，能分清产品品种的，直接记入"生产成本——××产品"账户的借方；生产车间一般耗用、管理部门耗用、专项工程耗用以及专设销售机构耗用，则分别记入"制造费用""管理费用""在建工程"及"销售费用"账户的借方。

一、费用与制造成本

企业在生产经营过程中所发生的各项费用，按其经济用途分类，可分为直接材料、直接人工工资、制造费用和期间费用。

1. 直接材料

直接材料是指为生产产品而耗用的原材料、辅助材料、备品备件、外购半成品、燃料、动力、包装物、低值易耗品以及其他直接材料。

2. 直接人工工资

直接人工工资是指企业直接从事产品生产人员的工资、奖金、津贴和补贴及福利费等薪酬。

3. 制造费用

制造费用是指企业各生产单位为组织和管理生产所发生的各项间接费用。包括各生产单位管理人员的薪酬、折旧费、机物料消耗、办公费、水电费、保险费、劳动保护费等。

4. 期间费用

期间费用是指企业在生产经营过程中发生的销售费用、管理费用和财务费用。

(1)销售费用,是指企业在销售商品和材料、提供劳务过程中发生的各项费用,包括保险费、包装费、展览费和广告费、商品维修费、预计产品质量保证损失、运输费、装卸费等以及为销售本企业商品而专设的销售机构(含销售网点、售后服务网点等)的职工薪酬、业务费、折旧费等经营费用。企业发生的与专设销售机构相关的固定资产修理费用等后续支出,应在发生时计入销售费用。

(2)管理费用,是指企业为管理和组织企业生产经营活动而发生的各项费用。包括企业在筹建期间发生的开办费、董事会和行政管理部门在企业的经营管理中发生的或者应由企业统一负担的公司经费(包括行政管理部门职工薪酬、物料消耗、低值易耗品摊销、办公费和差旅费等)、工会经费、董事会费(包括董事会成员津贴、会议费和差旅费等)、聘请中介机构费、咨询费(含顾问费)、诉讼费、业务招待费、房产税、车船税、土地使用税、印花税、技术转让费、矿产资源补偿费、研究费用、排污费等。企业生产车间(部门)和行政管理部门等发生的固定资产修理费用等后续支出,应在发生时计入管理费用。

(3)财务费用,是指企业为筹集生产经营所需资金而发生的各项费用。

二、设置的账户

(一)"生产成本"账户

"生产成本"账户,用来核算企业进行工业性生产,包括生产各种产品(如产成品、自制半成品、提供劳务等)、自制材料、自制工具、自制设备等所发生的各项生产费用。该账户借方登记为制造产品直接发生的材料、燃料、职工薪酬等直接费用及制造费用;贷方登记生产完工并已验收入库的产品、自制半成品等实际成本;期末借方余额,表示尚未加工完成的各项在产品的成本。

(二)"制造费用"账户

"制造费用"账户,用来核算企业为生产产品和提供劳务而发生的各项间接费用。包括生产车间管理人员的职工薪酬、折旧费、办公费、水电费、机物料消耗、劳动保护费、季节性和修理期间的停工损失等。应当注意的是,企业行政管理部门为组织和管理生产经营活动而发生的各项管理费用,不构成产品制造成本的内容,不在本账户中核算,而应作为期间费用,在另设置的"管理费用"账户中核算。该账户的借方登记各项间接费用的发生数;贷方登记分配计入有关的成本计算对象的间接费用;期末,除季节性生产企业外,该账户借方归集的间接费用,都应按照适当的分配标准分配给各有关的成本计算对象,从其贷方转出,期末应无余额。

(三)"库存商品"账户

"库存商品"账户,用来核算企业库存中各种商品入库、发出等增减变动情况的账户。

借方登记已经验收入库商品的成本;贷方登记发出商品的成本;期末借方余额,表示库存商品成本。

三、费用核算的一般程序

制造企业生产过程的核算,主要有两项内容:

(1)归集、分配一定时期内企业生产过程中发生的各项费用,如材料、工资及职工的福利费、折旧费、修理费等各项费用;

(2)按一定种类的产品汇总各项费用,最终计算出各种产品的制造成本。

费用核算的一般程序如图5-1所示。

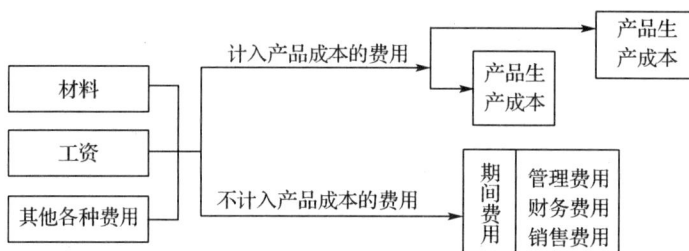

图 5-1 费用核算的一般程序

四、费用归集的方法与会计处理

(一)材料费用的归集和分配

企业在生产过程中,必然要消耗材料。生产部门需要材料时,应该填制有关的领料凭证,向仓库办理领料手续。期末会计部门根据领料凭证编制领料汇总表,根据汇总表进行会计处理。

【例 5-18】 某公司根据当月领料凭证,编制领料汇总表,见表 5-1。

表 5-1　　　　　　　　　　　　　　领料汇总表

用途	A 材料			B 材料			金额合计
	数量	单价	金额	数量	单价	金额	
制造产品耗用							
甲产品	5 000	20	100 000				100 000
乙产品				4 000	12	48 000	48 000
制造部门耗用				100	12	1 200	1 200
合计	5 000	20	100 000	4 100	12	49 200	149 200

借:生产成本——甲产品　　　　　　　　　　　　　　　　　　　100 000

　　　　　　——乙产品　　　　　　　　　　　　　　　　　　　 48 000

　　制造费用　　　　　　　　　　　　　　　　　　　　　　　　 1 200

　贷:原材料——A 材料　　　　　　　　　　　　　　　　　　　100 000

　　　　　　——B 材料　　　　　　　　　　　　　　　　　　　 49 200

（二）职工薪酬的归集和分配

职工薪酬是指企业支付给劳动者的劳动报酬,包括工资、奖金和津贴。在我国,企业职工除了按规定取得工资外,还可以享受一定的福利待遇,如享受公费医疗,接受困难补助等。

为了正确计算产品成本,确定当期损益,企业必须组织职工薪酬的核算,正确地归集和分配职工薪酬。为核算职工薪酬,会计上应设置和运用"应付职工薪酬"账户。

"应付职工薪酬"账户,用来核算企业应付职工的各种薪酬,包括:(1)职工工资、奖金和津贴及补贴等;(2)职工福利费;(3)医疗保险费、养老保险费、失业保险金、工伤保险金和生育保险费等社会保险费;(4)住房公积金;(5)工会经费和职工教育经费;(6)非货币性福利;(7)其他职工薪酬。该账户的借方登记实际支付给职工薪酬以及代扣款项的数额;贷方登记已分配计入有关成本费用项目的职工的数额,该账户期末贷方余额,表示应付未付的职工薪酬。

【例 5-19】　某企业 6 月份根据考勤记录和产量记录计算职工的工资如下:

生产工人工资:	
生产甲产品的工人工资	36 500
生产乙产品的工人工资	23 500
小计	60 000
车间人员工资	18 000
行政管理人员工资	42 000
合计	120 000

根据以上资料编制如下会计分录:

借:生产成本——甲产品	36 500
——乙产品	23 500
制造费用	18 000
管理费用	42 000
贷:应付职工薪酬——工资	120 000

【例 5-20】　开出现金支票一张,支付本月工资 120 000 元,应编制如下会计分录:

借:应付职工薪酬——工资	120 000
贷:银行存款	120 000

【例 5-21】　某企业下设一所职工食堂,每月根据在岗职工数量及岗位分布情况相关历史经验数据等计算需要补贴食堂的金额,从而确定企业每期因职工食堂而需要承担的福利费金额。根据国家规定的计提标准计算,本月应向社会保险经办机构交纳职工基本养老保险费。6 月,职工福利费和社会保险费共计 16 800 元。其中:生产甲产品的工人负担福利费 5 110 元,生产乙产品的工人负担福利费 3 290 元,车间人员负担福利费 2 520元,行政管理人员负担福利费 5 880 元。

根据以上资料,编制如下会计分录:

借:生产成本——甲产品	5 110
——乙产品	3 290
制造费用	2 520
管理费用	5 880
贷:应付职工薪酬——福利费	16 800

(三)制造费用的归集与分配

制造费用是企业为生产产品和提供劳务而发生的各项间接费用,包括车间管理人员的职工薪酬、折旧费、办公费、水电费、劳动保护费等。企业通过按月设置"制造费用"账户将这些费用归集在一起,月末转入"生产成本"账户。生产多种产品的企业,还需要选用一定的分配标准在各种产品之间进行分配。

【例5-22】 以现金购买车间办公用品280元。

办公用品属于消耗物品,可以视同材料一样,用盘存办法来确定已耗用的数量和金额并作为费用。但它一般为数不大,因此可采用简略办法,在购入时直接作为费用处理。该业务的会计分录如下:

借:制造费用	280
贷:库存现金	280

【例5-23】 以银行存款支付车间水电费5 800元。

水电费属于车间最常见的费用,在支付时直接作为费用处理。该业务的会计分录如下:

借:制造费用	5 800
贷:银行存款	5 800

【例5-24】 企业月末结转本月制造费用,根据甲、乙产品的生产工时比例分配制造费用,甲、乙产品的生产工时分别为30 000工时和20 000工时。

本月发生的制造费用共为27 800元(可通过登记制造费用账户来计算制造费用本月发生额)。

表5-2　　　　　　　　　　制造费用

借方		贷方
例5-18	1 200	
例5-19	18 000	
例5-21	2 520	
例5-22	280	
例5-23	5 800	
借方金额合计	27 800	

编制制造费用分配表见表5-3。

表 5-3   制造费用分配表

分配对象		生产工时	分配率	分配金额
生产成本	甲产品	30 000	0.6	16 680
	乙产品	20 000	0.4	11 120
合计		50 000	1	27 800

注:工时分配率＝每个产品所用的工时÷总工时合计×100%
甲产品负担制造费用＝制造费用×甲产品分配率＝27 800×60%＝16 680(元)
乙产品负担制造费用＝制造费用×乙产品分配率＝27 800×40%＝11 120(元)

根据表 5-3,编制制造费用分配的会计分录如下:

借:生产成本——甲产品   16 680
　　　　　　——乙产品   11 120
　贷:制造费用   27 800

(四)完工产品的核算

生产成本明细分类账将期初在产品成本和本期发生的材料费用、人工费用和制造费用等生产费用,在期末没有在产品的情况下,归集到某一产品上的生产费用的合计数,即该产品的本月完工产品的制造成本;在期末产品全部未完工的情况下,归集到某一产品上的生产费用的合计数,全部为本月在产品的制造成本;在期末既有完工产品又有在产品的情况下,则需采用一定的方法将归集到某一产品上的生产费用的合计数,在完工产品与在产品之间进行分配。其计算公式如下:

月初在产品成本＋本月生产费用＝本月完工产品成本＋月末在产品成本

或　　　本月完工产品成本＝月初在产品成本＋本月生产费用－月末在产品成本

【例 5-25】某企业本月完工甲产品 3 000 件,乙产品 1 000 件,均已验收入库。其中月末在产品甲产品 500 件,乙产品 200 件。甲、乙产品月初、月末在产品成本资料见表5-4、表 5-5。

表 5-4   期初在产品成本资料   单位:元

产品名称	直接材料	直接人工	制造费用	合计
甲产品	26 000	5 000	2 000	33 000
乙产品	10 000	4 000	1 200	15 200
合计	36 000	9 000	3 200	48 200

表 5-5   期末在产品成本资料   单位:元

产品名称	直接材料	直接人工	制造费用	合计
甲产品	30 000	5 600	2 600	38 200
乙产品	12 000	4 200	1 800	18 000
合计	42 000	9 800	4 400	56 200

产品成本计算过程如下：

甲产品完工产品成本＝33 000＋（100 000＋36 500＋5 110＋16 680）－38 200

＝153 090（元）

乙产品完工产品成本＝15 200＋（48 000＋23 500＋3 290＋11 120）－18 000

＝83 110（元）

上述计算过程是通过"生产成本明细分类账"进行的，具体见表5-6、表5-7。

表5-6   　　　　　　　　　　生产成本明细分类账

产品名称：甲产品   　　　　　　　　　　　　　　　　　　单位：元

年		凭证号数	摘　要	直接材料	直接人工	制造费用	合　计
月	日						
			期初在产品成本	26 000	5 000	2 000	33 000
			原材料费用	100 000			100 000
			生产工人职工薪酬		41 610		41 610
			车间制造费用			16 680	16 680
			合计	126 000	46 610	18 680	191 290
			本月完工产品成本	96 000	41 010	16 080	153 090
			期末余额	30 000	5 600	2 600	38 200

表5-7   　　　　　　　　　　生产成本明细分类账

产品名称：乙产品   　　　　　　　　　　　　　　　　　　单位：元

年		凭证号数	摘　要	直接材料	直接人工	制造费用	合　计
月	日						
			期初在产品成本	10 000	4 000	1 200	15 200
			原材料费用	48 000			48 000
			生产工人职工薪酬		26 790		26 790
			车间制造费用			11 120	11 120
			合计	58 000	30 790	12 320	101 110
			本月完工产品成本	46 000	26 590	10 520	83 110
			期末余额	12 000	4 200	1 800	18 000

根据表5-6和表5-7的资料，编制如下会计分录：

借：库存商品——甲产品   　　　　　　　　　　　　　　153 090

　　　　　　——乙产品   　　　　　　　　　　　　　　83 110

　　贷：生产成本——甲产品   　　　　　　　　　　　　　153 090

　　　　　　　——乙产品   　　　　　　　　　　　　　83 110

第四节 销售过程的核算

企业生产出来的产品只有销售出去,其价值才会实现。在销售过程中,企业一方面按照销售合同的规定出售产品,向客户收取货款;另一方面,销售过程还会发生一定的销售费用。此外,产品销售后,还要按照规定计算交纳营业税金及附加。将销售产品的生产成本、营业税金及附加与销售收入对比,进而确定企业的主营业务利润。

一、销售收入与销售成本

(一)销售收入

收入是指企业在销售商品、提供劳务及让渡资产使用权等日常活动中所形成的经济利益的总流入,包括主营业务收入和其他业务收入。

1. 主营业务收入

主营业务收入是指企业为完成其经营目标而在从事的日常活动中所得的收入。主营业务收入是企业的重要业务收入,是企业收入的主要来源,应重点加以核算。因此,企业应设置"主营业务收入"账户,核算主营业务形成的收入;设置"主营业务成本"账户,核算为取得主营业务收入所发生的相关成本;设置"营业税金及附加"账户,核算应负担的价内流转税及应交纳的有关费用,如消费税、营业税、资源税、城市维护建设税、教育费附加等。

2. 其他业务收入

其他业务收入是指除主营业务以外的其他日常活动,如企业销售材料、出租包装物和商品、出租固定资产、出租无形资产等。

通过设置"其他业务收入"和"其他业务成本"账户,分别核算属于企业非主营业务形成的收入和发生的相关成本、费用等。

(二)销售成本

销售成本是指已销售产品的生产成本。《企业会计制度》规定,对于销售商品而发生的营业费用,应当作为期间费用,直接计入当期损益,不构成销售成本的内容。

二、设置的账户

为了正确反映销售过程核算的内容,企业应设置和运用以下账户:

(一)"主营业务收入"账户

"主营业务收入"账户,用来核算企业在销售产品、提供劳务及让渡资产使用权等日常活动中所产生的收入。该账户贷方登记企业销售产品(包括产成品、自制半成品等)或让渡资产使用权所实现的收入;借方登记发生的销售退回和转入"本年利润"账户的收入,期末将本账户的余额结转后,该账户应无余额。

（二）"其他业务收入"账户

"其他业务收入"账户，用来核算企业其他业务所取得的收入。该账户的贷方登记企业获得其他业务收入，借方登记期末结转到"本年利润"账户已实现的其他业务收入，结转后该账户应无余额。

（三）"应收账款"账户

"应收账款"账户，用来核算企业因销售商品、产品、提供劳务等，应向购货单位或接受劳务单位收取的款项。不单独设置"预收账款"账户的企业，预收账款也在本账户核算。该账户借方登记经营收入发生的应收款和已转作坏账损失又收回的应收款，以及代购货单位垫付的包装费、运杂费等；贷方登记实际收到的应收款项和企业将应收款改用商业汇票结算而收到承兑的商业汇票，以及转作坏账损失的应收账款。月末借方余额表示应收但尚未收回的款项。

（四）"应收票据"账户

"应收票据"账户，用来核算企业因销售商品等而收到的商业汇票。该账户借方登记企业收到的应收票据；贷方登记票据到期收回的票面金额和持未到期票据向银行贴现的票面金额；月末借方余额表示尚未到期的应收票据金额。

（五）"预收账款"账户

"预收账款"账户，用来核算企业按照合同规定向购货单位预收的款项，属于负债类账户。该账户的贷方登记预收购货单位的款项和购货单位补付的款项；借方登记向购货单位发出商品销售实现的款项和退回多付的款项。该账户月末余额一般在贷方，表示预收购货单位的款项。

（六）"主营业务成本"账户

"主营业务成本"账户，用来核算企业因销售商品、提供劳务或让渡资产使用权等日常活动而发生的实际成本。该账户的借方登记已售商品、提供各种劳务等的实际成本；贷方登记当月发生销售退回的商品成本和期末转入"本年利润"账户的当期销售产品成本，期末结转后该账户应无余额。

（七）"营业税金及附加"账户

"营业税金及附加"账户，用来核算企业日常活动应负担的税金及附加。包括营业税、消费税、城市维护建设税、资源税、土地增值税及教育费附加等。该账户借方登记按照规定计算应由企业负担的税金及附加；贷方登记企业收到的先征后返的消费税、营业税等原记入本账户的各种税金，以及期末转入"本年利润"账户中的营业税金及附加。期末结转后本账户应无余额。

（八）"其他业务成本"账户

"其他业务成本"账户，用来核算企业其他业务所发生的各项支出。包括为获得其他业务收入而发生的相关成本、费用等。该账户的借方登记其他业务所发生的各项成本，贷方登记期末结转到"本年利润"账户的其他业务成本,结转以后该账户应无余额。

(九)"销售费用"账户

"销售费用"账户,用来核算企业在销售商品过程中所发生的费用,包括运输费、装卸费、包装费、保险费、展览费和广告费,以及为销售本企业商品而专设的销售机构(含销售网点、售后服务网点等)的职工工资及福利费、类似工资性质的费用、业务费等经营费用。该账户的借方登记发生的各种销售费用;贷方登记转入"本年利润"账户的销售费用;期末结转后该账户应无余额。

三、主要经济业务的核算

【例 5-26】 甲公司销售给 X 公司 A 产品 500 件,增值税专用发票所列的单价为 200元/件,价款为 100 000 元,增值税额为 17 000 元,款项尚未收到。

企业销售产品,款项尚未收到,使公司的应收账款增加,应记入"应收账款"账户的借方;贷款虽未收到,但销售已经实现,使销售收入增加,应记入"主营业务收入"账户的贷方。该业务应编制如下会计分录:

借:应收账款——X 公司　　　　　　　　　　　　　　　117 000
　　贷:主营业务收入　　　　　　　　　　　　　　　　　　100 000
　　　　应交税费——应交增值税(销项税额)　　　　　　　　17 000

【例 5-27】 甲公司销售给 Y 公司 B 产品 300 件,每件售价 500 元,价款为 150 000元,增值税额为 25 500 元,货款共计 175 500 元。对方以商业汇票结算。

企业销售产品收到延期付款的商业汇票金额,应记入"应收票据"账户的借方,该业务应编制如下会计分录:

借:应收票据——Y 公司　　　　　　　　　　　　　　　175 500
　　贷:主营业务收入　　　　　　　　　　　　　　　　　　150 000
　　　　应交税费——应交增值税(销项税额)　　　　　　　　25 500

【例 5-28】 甲公司预收 Z 企业货款 50 000 元。

企业预收货款,使公司预收货款增加,应记入"预收账款"账户的贷方;同时使银行存款增加,应记入"银行存款"账户的借方,该业务应编制如下会计分录:

借:银行存款　　　　　　　　　　　　　　　　　　　　50 000
　　贷:预收账款　　　　　　　　　　　　　　　　　　　　50 000

【例 5-29】 甲公司销售一批不需用的材料,共 500 千克,单价为每千克 40 元,价款为20 000 元,增值税额为 3 400 元,共 23 400 元,货款已经收到。

企业销售不需用的材料,使其他业务收入增加,应记入"其他业务收入"账户的贷方,该业务应编制如下会计分录:

借:银行存款　　　　　　　　　　　　　　　　　　　　23 400
　　贷:其他业务收入　　　　　　　　　　　　　　　　　　20 000
　　　　应交税费——应交增值税(销项税额)　　　　　　　　3 400

【例 5-30】 以银行存款支付应由本公司负担的销售产品运输费 30 000 元。应编制如下会计分录：

企业支付运输费,使销售费用增加,应记入"销售费用"账户的借方,该业务应编制如下会计分录：

借：销售费用　　　　　　　　　　　　　　　　　　　　　30 000
　　贷：银行存款　　　　　　　　　　　　　　　　　　　　　30 000

【例5-31】　月末,甲公司结转本月已销售产品的成本。A产品500件的销售成本为50 000元,B产品300件的销售成本为66 000元。结转已销产品的成本,使销售成本增加,应记入"主营业务成本"账户的借方,同时使库存产成品减少,应记入"库存商品"账户的贷方。该业务应编制如下会计分录：

借：主营业务成本——A产品　　　　　　　　　　　　　　50 000
　　　　　　　　　　——B产品　　　　　　　　　　　　　　66 000
　　贷：库存商品——A产品　　　　　　　　　　　　　　　　50 000
　　　　　　　　　——B产品　　　　　　　　　　　　　　　66 000

【例5-32】　月末甲公司结转已销材料的成本12 000元。

企业结转已销材料的成本,使其他业务的费用增加,应记入"其他业务成本"账户的借方,同时使原材料减少,应记入"原材料"账户的贷方。该业务应编制如下会计分录：

借：其他业务成本　　　　　　　　　　　　　　　　　　　12 000
　　贷：原材料　　　　　　　　　　　　　　　　　　　　　12 000

【例5-33】　甲公司月末应交城市维护建设税3 150元,并以银行存款上交。

企业应交的城市维护建设税,使营业税金及附加增加,应记入"营业税金及附加"账户的借方,同时使得应交税费增加,应记入"应交税费"的贷方;因上交税金使公司负债减少,应记入"应交税费"账户的借方;以银行存款上交税金,使银行存款减少,应记入"银行存款"账户的贷方。该业务应编制如下会计分录：

借：营业税金及附加　　　　　　　　　　　　　　　　　　3 150
　　贷：应交税费——应交城市维护建设税　　　　　　　　　　3 150
借：应交税费——应交城市维护建设税　　　　　　　　　　3 150
　　贷：银行存款　　　　　　　　　　　　　　　　　　　　3 150

第五节　利润形成与分配的核算

一、利润形成的核算

(一)净利润的组成

利润是企业一定会计期间的经营成果,是企业一定会计期间内实现的收入减去费用后的净额,包括营业利润、利润总额和净利润。净利润,是指利润总额减去所得税费用后的金额。

净利润的计算公式如下：

$$净利润＝利润总额－所得税费用$$
$$利润总额＝营业利润＋营业外收入－营业外支出$$
$$营业利润＝营业收入－营业成本－营业税金及附加－销售费用－管理费用－$$
$$财务费用－资产减值损失＋公允价值变动收益＋投资收益$$

1. 营业利润

营业利润是指主营业务收入减去主营业务成本和营业税金及附加,减去销售费用、管理费用、财务费用、资产减值损失,加上公允价值变动收益(减损失)、投资收益(减损失)后的金额。

2. 投资收益

投资收益是指企业对外投资所取得的收益,减去发生的投资损失和计提的投资减值准备后的净额。

3. 营业外收入和营业外支出

营业外收入和营业外支出是指企业发生的与其生产经营活动无直接关系的各项收入和各项支出。

营业外收入主要包括非流动资产处置利得、盘盈利得、捐赠利得、确实无法支付而按照规定程序经批准后转作营业外收入的应付款项、政府补助、罚款净收入、债务重组收益、非货币性资产交换收益等。其中,非流动资产处置利得包括固定资产处置利得和无形资产出售利得。固定资产处置利得,是指企业出售固定资产取得的价款或报废固定资产的材料价款和变价收入等,扣除处置固定资产的账面价值、清理费用、处置相关税费后的净收益;无形资产出售利得,是指企业出售无形资产取得的价款,扣除出售无形资产的账面价值、处置相关税费后的净收益。

营业外支出包括固定资产盘亏、处置固定资产净损失、处置无形资产净损失、债务重组损失、盘亏损失、罚款支出、非货币性资产交换损失、捐赠支出、非常损失等。

4. 盘盈利得

盘盈利得主要指在对现金等的清查盘点中盘盈的现金等,报经批准后计入营业外收入的金额。

捐赠利得,指企业接受捐赠产生的利得。

5. 利润总额

利润总额是指营业利润加上营业外收入、减去营业外支出的金额。

6. 所得税费用

所得税费用是指企业应计入当期损益的所得税费用。它是企业按照税法规定,就其生产经营所得和其他所得计算并交纳的企业所得税。

(二)设置的账户

1. "本年利润"账户

"本年利润"账户,用来核算企业实现的净利润(或发生的净亏损)。该账户贷方登记未从"主营业务收入""其他业务收入""营业外收入"以及"投资收益(投资净收益)"等账户的转入数,借方登记期末从"主营业务成本""营业税金及附加""其他业务成本""销售费用""管理费用""财务费用""营业外支出""所得税费用"以及"投资收益(投资净损失)"等账户的转入数。年度终了,应将本年收入和支出相抵后结出本年实现的净利润,转入"利润分配"账户,贷记"利润分配——未分配利润";如为净亏损,做相反的会计分录,结转后该账户应无余额。

2."投资收益"账户

"投资收益"账户,用来核算企业对外投资取得的收益或发生的损失。该账户的贷方登记取得的投资收益的转出数,期末结转后的该账户应无余额。

3."营业外收入"账户

"营业外收入"账户,用来核算企业发生的与企业生产经营无直接关系的各项收入。该账户的贷方登记企业发生的各项营业外收入;借方登记期末转入"本年利润"账户的营业外收入;期末结转后应无余额。

4."营业外支出"账户

"营业外支出"账户,用来核算企业发生的与企业生产经营无直接关系的各项支出。该账户借方登记企业发生的各项营业外支出;贷方登记期末转入"本年利润"账户的营业外支出数;期末结转后该账户应无余额。

5."所得税费用"账户

"所得税费用"账户,用来核算企业按规定从本期损益中减去的所得税。该账户的借方登记企业按税法规定的应纳税所得计算的应纳所得税额;贷方登记企业会计期末转入"本年利润"账户的所得税额。结转后该账户应无余额。

(三)利润形成的会计处理

【例5-34】　企业从其他单位分得投资利润10 000元,存入银行。

借:银行存款　　　　　　　　　　　　　　　　　　　10 000
　贷:投资收益　　　　　　　　　　　　　　　　　　　　　10 000

【例5-35】　企业收到罚没款15 000元,存入银行。

借:银行存款　　　　　　　　　　　　　　　　　　　15 000
　贷:营业外收入　　　　　　　　　　　　　　　　　　　　15 000

【例5-36】　在财产清查中发现,企业因火灾原因造成盘亏A材料一批,实际成本2 100元,经批准计入营业外支出。

借:营业外支出　　　　　　　　　　　　　　　　　　　2 100
　贷:待处理财产损溢——待处理流动资产损溢　　　　　　　2 100

【例5-37】　假设企业期末有如下资料:"主营业务收入"账户贷方余额275 000元,"其他业务收入"账户贷方余额30 000元,"营业外收入"账户贷方余额9 000元,"投资收益"账户贷方余额6 000元,转入"本年利润"账户的贷方。应做如下会计分录:

借：主营业务收入	275 000
其他业务收入	30 000
营业外收入	9 000
投资收益	6 000
贷：本年利润	320 000

【例 5-38】　假设企业期末有如下资料："主营业务成本"账户借方余额 116 000 元，"销售费用"账户借方余额 30 000 元，"营业税金及附加"账户借方余额 3 150 元，"管理费用"账户借方余额 5 000 元，"财务费用"账户借方余额 1 800 元，"其他业务成本"账户借方余额 12 000 元，"营业外支出"账户借方余额 2 100 元，转入"本年利润"账户的借方。会计分录如下：

借：本年利润	170 050
贷：主营业务成本	116 000
销售费用	30 000
营业税金及附加	3 150
管理费用	5 000
财务费用	1 800
其他业务成本	12 000
营业外支出	2 100

【例 5-39】　企业利润总额＝320 000－170 050＝149 950 元。不考虑企业利润调整因素。假设企业全年应纳税所得额为 149 950 元，按税法规定 25％的税率计算应纳所得税额。

计算应纳所得税额：

应纳税额＝149 950×25％＝37 487.50(元)

借：所得税费用	37 487.50
贷：应交税费——应交所得税	37 487.50

【例 5-40】　企业将所得税费用 37 487.50 元转入"本年利润"账户的借方。会计分录如下：

借：本年利润	37 487.50
贷：所得税费用	37 487.50

企业净利润＝149 950－37 487.50＝112 462.50(元)

二、利润分配的核算

(一)利润分配的原则

企业当年实现的净利润，加上年初未分配利润(或减去年初未弥补亏损)和其他转入后的余额，为可供分配的利润。

企业可供分配的利润，按下列顺序分配：

(1)提取法定盈余公积。

(2)提取任意盈余公积。

(3)向投资者分配利润。

(二)提取盈余公积

盈余公积是指企业按照《公司法》规定从当年实现净利润中提取的企业公积金。公司制企业的盈余公积包括法定盈余公积和任意盈余公积。

企业应设置"盈余公积"科目,用于核算盈余公积的提取和使用等增减变动情况,并在"盈余公积"科目下设置"法定盈余公积"和"任意盈余公积"明细科目,分别核算对盈余公积的提取和使用情况。具体包括提取法定盈余公积、提取任意盈余公积、盈余公积补亏、盈余公积转增资本和以盈余公积发放的现金股利或利润。

盈余公积的使用情况有三种:

(1)盈余公积补亏。盈余公积弥补亏损时,没有特殊的限制,只要金额足够就可以弥补。

(2)盈余公积转增资本。盈余公积转增资本时,转增之后盈余公积不得低于注册资本的 25%。

(3)用盈余公积发放现金股利或利润。按照《公司法》有关规定,公司制企业应该按照净利润(减去用于弥补以前年度亏损额,下同)的 10% 提取法定盈余公积。非公司制企业法定盈余公积的提取比例可超过净利润的 10%。法定盈余公积累计额达到注册资本的 50% 时可以不再提取。

公司制企业可根据股东大会的决议提取任意盈余公积,非公司制企业经类似权力机构批准,也可提取任意盈余公积,法定盈余公积和任意盈余公积的区别在于其各自计提的依据不同,前者以国家的法律法规为依据,后者由企业的权力机构自行决定。

企业按规定提取法定盈余公积时,应借记"利润分配——提取法定盈余公积"账户,同时贷记"盈余公积——法定盈余公积"账户。

(三)设置的账户

1."利润分配"账户

"利润分配"账户,用来核算企业利润的分配(或亏损的弥补)和历年分配(或弥补)后的积存余额。该账户的借方登记按规定实际分配的利润数或年终时从"本年利润"账户的贷方转来的全年亏损总额;贷方登记年终时从"本年利润"账户借方转来的全年实现的净利润总额;年终贷方余额表示历年积存的未分配利润,如为借方余额,则表示历年积存的未弥补亏损。

"利润分配"总账应设置如下明细账进行核算:

(1)未分配利润

(2)提取法定盈余公积

(3)应付现金股利

(4)盈余公积补亏

(5)提取任意盈余公积

2."盈余公积"账户

"盈余公积"账户,核算企业从净利润中提取的盈余公积。该账户的贷方登记提取盈余公积数;借方登记盈余公积的支出数,包括弥补亏损、转增资本、分配红利等;期末贷方余额,反映企业提取的盈余公积余额。

3."应付股利"账户

"应付股利"账户,用来核算应分配给投资者的现金股利或利润。该账户贷方登记企业确定应付给投资者的利润;借方登记实际支付的利润。期末贷方余额表示企业尚未支付的利润。

(四)利润分配业务的账务处理

【例 5-41】　年终决算时,将"本年利润"账户借贷方的差额(净利润)112 462.50 元转入"利润分配——未分配利润"明细分类账户的贷方。

借:本年利润　　　　　　　　　　　　　　　　　112 462.50
　贷:利润分配——未分配利润　　　　　　　　　　　　112 462.50

【例 5-42】　企业根据规定按净利润的 10% 提取法定盈余公积,假定企业净利润为112 462.50 元。

应提取的法定盈余公积=112 462.50×10%=11 246.25(元)

借:利润分配——提取法定盈余公积　　　　　　　　11 246.25
　贷:盈余公积　　　　　　　　　　　　　　　　　　　11 246.25

【例 5-43】　企业按照批准的利润分配方案,向投资者分配现金股利 8 000 元。

借:利润分配——应付现金股利　　　　　　　　　　8 000
　贷:应付股利　　　　　　　　　　　　　　　　　　　8 000

【例 5-44】　年终决算时,将"利润分配"账户中各明细分类账户的借方分配数合计19 246.25 元(其中:提取法定盈余公积 11 246.25 元、应付现金股利 8 000 元)结转到"利润分配——未分配利润"明细分类账户的借方。

借:利润分配——未分配利润　　　　　　　　　　　19 246.25
　贷:利润分配——提取法定盈余公积　　　　　　　　11 246.25
　　　　　　——应付现金股利　　　　　　　　　　　8 000.00

第六章

其他经济业务的核算

第一节 | 款项和有价证券的收付

款项是作为支付手段的货币资金,主要包括库存现金、银行存款及视同现金和银行存款的其他货币资金。有价证券是表示一定财产的拥有权或支配权的证券,主要包括国库券、股票、企业债券和其他债权等。款项和有价证券是流动性最强的资产。款项和有价证券的收付直接影响企业货币资金的供应,从而影响企业的生产经营活动,因此必须及时、如实地办理相关手续,进行会计核算。

一、现金和银行存款

按照国家有关规定,凡是独立核算的单位都必须在当地银行开设账户,除按照规定的限额保留库存现金外,超过限额的现金必须存入银行;除了在规定的范围内可以使用现金直接支付外,在经营过程中所发生的一切货币收支业务,都必须通过银行存款账户进行转账结算。

为了总括地反映企业库存现金的收入、支出和结存情况,企业应当设置"库存现金"账户,借方登记库存现金的增加,贷方登记库存现金的减少,期末余额在借方,反映企业实际持有的库存现金的金额。同时,为了总括地反映企业存款、取款以及各种收支转账业务的结算,企业应当设置"银行存款"账户。

(一)提现的账务处理

企业从银行提取现金,库存现金增加,银行存款减少,应借记"库存现金"账户,贷记"银行存款"账户。

【例6-1】 2013年12月14日,企业从其在建设银行开设的基本存款账户中提取现金90 000元,以备发放工资,编制如下会计分录:

借:库存现金   90 000
 贷:银行存款   90 000

(二)存款的账务处理

企业将现金存入银行,银行存款增加,库存现金减少,应借记"银行存款"账户,贷记"库存现金"账户。

【例6-2】　企业将当日超过备用限额的5 400元送存银行。编制如下会计分录：

借：银行存款　　　　　　　　　　　　　　　　　　　　　　5 400

　　贷：库存现金　　　　　　　　　　　　　　　　　　　　　　5 400

二、其他货币资金

其他货币资金是指企业除现金、银行存款以外的其他货币资金，主要包括银行汇票存款、银行本票存款、信用卡存款、信用保证金存款、存出投资款和外埠存款等。

为了反映和监督其他货币资金的收支和结存情况，企业应当设置"其他货币资金"账户，借方登记其他货币资金的增加数，贷方登记其他货币资金的减少数，期末余额在借方，反映企业实际持有的其他货币资金。本账户应按照其他货币资金的种类设置各种明细账户进行明细核算。

【例6-3】　公司向银行申请办理10 000元银行本票，已办妥。

借：其他货币资金——银行本票　　　　　　　　　　　　　10 000

　　贷：银行存款　　　　　　　　　　　　　　　　　　　　10 000

【例6-4】　公司用上述银行本票购买办公用品10 000元。

借：管理费用　　　　　　　　　　　　　　　　　　　　　10 000

　　贷：其他货币资金——银行本票　　　　　　　　　　　　10 000

【例6-5】　企业10月8日存入证券公司银行存款100 000元，准备购买股票。

借：其他货币资金——存出投资款　　　　　　　　　　　　100 000

　　贷：银行存款　　　　　　　　　　　　　　　　　　　　100 000

【例6-6】　11月2日委托证券公司买入A公司股票，支出89 000元。

借：交易性金融资产　　　　　　　　　　　　　　　　　　89 000

　　贷：其他货币资金——存出投资款　　　　　　　　　　　89 000

三、交易性金融资产

交易性金融资产主要是指企业在近期内出售而持有的金融资产，如企业以赚取差价为目的从二级市场购入的股票、债券、基金等。为了核算交易性金融资产的取得、现金股利或利息的收取、处置等业务，企业应当设置"交易性金融资产""公允价值变动损益""投资收益"等科目。

"交易性金融资产"账户核算企业为交易目的所持有的债券投资、股票投资、基金投资等交易性金融资产。借方登记交易性金融资产的取得成本、资产负债表日其公允价值高于账面余额的差额等；贷方登记资产负债表日其公允价值低于账面余额的差额，以及企业出售交易性金融资产时结转的账面价值。企业应当按照交易性金融资产的类别和品种，分别设置"成本""公允价值变动"等明细账户进行核算。

"公允价值变动损益"账户属于损益类账户，核算企业交易性金融资产等公允价值变动而形成的应计入当期损益的利得或损失，贷方登记资产负债表日企业持有的交易性金融资产等的公允价值高于账面余额的差额。

"投资收益"账户属于损益类账户，核算企业持有交易性金融资产等期间所取得的投资收益以及处置交易性金融资产等实现的投资收益或投资损失。贷方登记企业出售交易性金融资产等实现的投资收益;借方登记企业出售交易性金融资产等发生的投资损失。

(一)取得交易性金融资产的账务处理

企业在取得交易性金融资产时,应当将取得金融资产的公允价值作为初始确认金额,记入"交易性金融资产——成本"账户。实际支付的价款中包含的已宣告但尚未发放的现金股利或已到付息期但尚未领取的债务利息,应单独确认为"应收股利"或"应收利息"。

【例6-7】 某公司于2011年1月1日购入乙公司股票10 000股,并将其划分为交易性金融资产。该股票每股面值1元,每股市价10.2元(其中包含已宣告但尚未发放的现金股利每股0.2元)。购入时实际支付价款102 000元。购入时该公司应编制如下会计分录:

借:交易性金融资产——成本　　　　　　　　　　　　　100 000
　应收利息　　　　　　　　　　　　　　　　　　　　　2 000
　　贷:银行存款　　　　　　　　　　　　　　　　　　　102 000

(二)交易性金融资产的现金股利或利息

企业持有交易性金融资产期间,对被投资单位宣告发放的现金股利或企业在计息日按相应的利率计算的利息收入,应当确认为应收款项,记入"应收股利"或"应收利息"账户,并计入投资收益。

【例6-8】 2010年1月8日,甲公司购入丙公司发行的公司债券,该笔债券于2009年1月1日发行,面值为1 000万元,票面利率为5%,债券利息按年支付。甲公司将其划分为交易性金融资产,支付价款为1 050万元(其中包含已宣告但尚未发放的债券利息50万元)。2010年2月5日,甲公司收到债券利息50万元。甲公司应编制如下会计分录:

(1)2010年1月8日,购入丙公司的公司债券:

借:交易性金融资产——成本　　　　　　　　　　　　10 000 000
　应收利息　　　　　　　　　　　　　　　　　　　　500 000
　　贷:银行存款　　　　　　　　　　　　　　　　　10 500 000

(2)2010年2月5日,甲公司收到该笔债券利息50万元:

借:银行存款　　　　　　　　　　　　　　　　　　　500 000
　　贷:应收利息　　　　　　　　　　　　　　　　　　500 000

(3)2010年12月31日,确认该债券的利息收入:

借:应收利息　　　　　　　　　　(10 000 000×5%)500 000
　　贷:投资收益　　　　　　　　　　　　　　　　　　500 000

(4)2011年2月10日,甲公司收到债券利息:

借:银行存款　　　　　　　　　　　　　　　　　　　500 000
　　贷:应收利息　　　　　　　　　　　　　　　　　　500 000

(三)交易性金融资产的期末计量

资产负债表日,交易性金融资产应当按照公允价值计量,公允价值与账面余额之间的差额计入当期损益。企业应当在资产负债表日按照交易性金融资产公允价值与其账面余额的差额,借记或贷记"公允价值变动损益"账户。

【例 6-9】 假定 2010 年 6 月 30 日,甲公司购买的该笔债券的市价为 1 200 万元;2010 年 12 月 31 日,甲公司购买的该笔债券的市价为 1 150 万元。甲公司在 2010 年 6 月 30 日 和 2010 年 12 月 31 日应编制如下会计分录:

(1)2010 年 6 月 30 日,确认该笔债券的公允价值变动损益

借:交易性金融资产——公允价值变动　　　　　　　　　 2 000 000

　贷:公允价值变动损益　　　　　　　　　　　　　　　　　　 2 000 000

(2)2010 年 12 月 31 日,确认该笔债券的公允价值变动损益

借:公允价值变动损益　　　　　　　　　　　　　　　　　 500 000

　贷:交易性金融资产——公允价值变动　　　　　　　　　　　 500 000

在本例中,2010 年 6 月 30 日,该笔债券的公允价值为 1 200 万元,账面余额为 1 000 万元,差额应记入"公允价值变动损益"账户的贷方;2010 年 12 月 31 日,该笔债券的公允价值为 1 150 万元,而账面余额为 1 200 万元,公允价值小于账面余额 50 万元,应记入"公允价值变动损益"账户的借方。

(四)出售交易性金融资产的账务处理

出售交易性金融资产时,应当将出售时取得的价款与其出售时账面余额之间的差额确认为当期投资收益;同时将已记入"公允价值变动损益"账户的金额转入"投资收益"账户中。

企业应按实际收到的金额,借记"银行存款"等账户,按该金融资产的账面余额,贷记或借记"投资收益"账户。同时,将该金融资产的公允价值变动转出,借记或贷记"公允价值变动损益"账户,贷记或借记"投资收益"账户。

【例 6-10】 假定 2011 年 3 月 15 日,甲公司出售了所持有的丙公司的公司债券,售价为 1 100 万元。甲公司应编制如下会计分录:

借:银行存款　　　　　　　　　　　　　　　　　　　 11 000 000

　投资收益　　　　　　　　　　　　　　　　　　　　 500 000

　贷:交易性金融资产——成本　　　　　　　　　　　　　 10 000 000

　　　　　　　　　——公允价值变动　　　　　　　　　　 1 500 000

同时

借:公允价值变动损益　　　　　　　　　　　　　　　 1 500 000

　贷:投资收益　　　　　　　　　　　　　　　　　　　　 1 500 000

企业出售交易性金融资产时,应将原根据该金融资产公允价值变动确认的公允价值变动损益转出,即出售交易性金融资产时,应将"公允价值变动损益"账户的贷方余额 150 万元转出,借记"公允价值变动损益"账户,贷记"投资收益"账户。

(五)购买和出售交易性金融资产发生的交易费用的账务处理

交易性金融资产在购买或者处置时发生的交易费用冲减投资收益,借记"投资收益"账户,贷记"银行存款"账户。

【例 6-11】 假如该公司 2011 年 1 月 1 日购入乙公司股票时发生相关手续费 20 000 元，已用银行存款支付。该公司应编制如下会计分录：

借：投资收益　　　　　　　　　　　　　　　　　　　20 000
　　贷：银行存款　　　　　　　　　　　　　　　　　　20 000

第二节　财产物资的收发、增减和使用

财产物资是企业进行生产经营活动所需且具有实物形态的经济资源，一般包括原材料、库存商品等流动资产，以及房屋、建筑物、机器设备、运输工具、无形资产等非流动资产。

一、原材料成本核算

（一）入库原材料的账务处理

1. 实际成本法

材料用实际成本法核算时，材料的收发及存结，无论总分类核算还是明细分类核算，均按照实际成本计价。使用的会计账户有"原材料""在途物资"等，"原材料"账户的借方、贷方及余额均以实际成本计价，不存在成本差异的计算与结转问题。但采用实际成本法核算，反映不出材料成本是节约还是超支，从而不能反映和考核物资采购业务的经营成果。因此，这种方法通常适用于材料收发业务较少的企业。在实务工作中，对于材料收发业务较多并且计划成本资料较为健全、准确的企业，一般可以采用计划成本法进行材料收发的核算。

用实际成本法核算原材料成本在前面已经讲过，不再重复。

2. 计划成本法

材料采用计划成本法核算时，材料的实际采购成本的确定原则与实际成本法相同，但"原材料"科目核算入库、发出业务均按照计划成本计价。计划成本法下企业应设置的会计科目有"原材料""材料采购""材料成本差异"等。

"原材料"账户借方登记入库材料的计划成本，贷方登记发出材料的计划成本，期末余额在借方，反映企业库存材料的计划成本。

"材料采购"账户借方登记材料的实际成本，贷方登记入库材料的计划成本。借方大于贷方表示超支，从本账户贷方转入"材料成本差异"账户的借方；贷方大于借方表示节约，从本账户借方转入"材料成本差异"账户的贷方；期末一般为借方余额，反映企业在途物资的采购成本。

"材料成本差异"账户核算材料实际成本与计划成本的差异。该账户借方登记入库材料产生的超支差异和发出材料应负担的超支差异。期末如为借方余额，反映企业库存材料的实际成本大于计划成本的差异（即超支差异）；如为贷方余额，反映企业库存材料实际成本小于计划成本的差异（即节约差异）。

（1）货款已支付，同时材料验收入库。

【例 6-12】 公司购入甲材料一批，货款 200 000 元，增值税 34 000 元，发票账单已收到,计划成本为 220 000 元,材料已验收入库,款项已用银行存款支付。

借:材料采购——甲材料　　　　　　　　　　　　　　　200 000
　　应交税费——应交增值税(进项税额)　　　　　　　　34 000
　　贷:银行存款　　　　　　　　　　　　　　　　　　　　234 000

同时

借:原材料——甲材料　　　　　　　　　　　　　　　　220 000
　　贷:材料采购——甲材料　　　　　　　　　　　　　　　220 000

借:材料采购——甲材料　　　　　　　　　　　　　　　　20 000
　　贷:材料成本差异——甲材料　　　　　　　　　　　　　20 000

(2)货款已经支付,材料尚未验收入库。

【例 6-13】　公司购入乙材料一批,货款 10 000 元,增值税 1 700 元,发票账单已收到,计划成本为 12 000 元,款项已用银行存款支付,材料尚未入库。

借:材料采购——乙材料　　　　　　　　　　　　　　　　10 000
　　应交税费——应交增值税(进项税额)　　　　　　　　　1 700
　　贷:银行存款　　　　　　　　　　　　　　　　　　　　11 700

(3)货款尚未支付,材料已经验收入库。

【例 6-14】　公司开出商业承兑汇票购入乙材料一批,货款为 50 000 元,增值税 8 500 元,发票账单已收到,计划成本 40 000 元,材料已验收入库。

借:材料采购——乙材料　　　　　　　　　　　　　　　　50 000
　　应交税费——应交增值税(进项税额)　　　　　　　　　8 500
　　贷:应付票据　　　　　　　　　　　　　　　　　　　　58 500

同时

借:原材料——乙材料　　　　　　　　　　　　　　　　　40 000
　　贷:材料采购——乙材料　　　　　　　　　　　　　　　40 000

借:材料成本差异——乙材料　　　　　　　　　　　　　　10 000
　　贷:材料采购——乙材料　　　　　　　　　　　　　　　10 000

【例 6-15】　2010 年 11 月,公司购入丙材料一批,材料已验收入库,发票账单未到,月末按照计划成本 500 000 元估价入账。

借:原材料——丙材料　　　　　　　　　　　　　　　　500 000
　　贷:应付账款　　　　　　　　　　　　　　　　　　　500 000

下月初做相反的会计分录予以冲回:

借:应付账款　　　　　　　　　　　　　　　　　　　　500 000
　　贷:原材料——丙材料　　　　　　　　　　　　　　　　500 000

或下月初红字冲销。

【例 6-16】　2010 年 12 月 15 日公司上月购入的丙材料收到发票账单,货款 520 000 元,增值税 88 400 元,计划成本 500 000 元,款项已用银行存款支付。

借:材料采购——丙材料　　　　　　　　　　　　　　　520 000
　　应交税费——应交增值税(进项税额)　　　　　　　　88 400
　　贷:银行存款　　　　　　　　　　　　　　　　　　　608 400

同时

借:原材料——丙材料　　　　　　　　　　　　　　　　　500 000

　　贷:材料采购——丙材料　　　　　　　　　　　　　　　　500 000

借:材料成本差异——丙材料　　　　　　　　　　　　　　 20 000

　　贷:原材料——丙材料　　　　　　　　　　　　　　　　　20 000

(二)发出原材料的账务处理

1.实际成本法

在实际成本核算方式下,企业可以采用的发出存货成本的计价方法包括个别计价法、先进先出法、月末一次加权平均法和移动加权平均法等。计价方法一旦确定,不得随意变更。

(1)个别计价法

个别计价法,又称个别认定法、具体辨认法、分批实际法。采用这一方法是假设存货的成本流转与实物的流转相一致,按照各种存货,逐一辨别发出存货和期末存货所属的购进批别或生产批别,分别按其购入或生产时所确定的单位成本作为计算各批发出存货和期末存货成本的方法。

采用这种方法,计算发出存货的成本和期末存货的成本比较合理、准确,但采用这种方法的前提是需要对发出和结存存货的批次进行具体确认,因此实务中的工作量繁重,困难较大。个别计价法适用于容易识别、存货品种数量不多、单位成本较高的存货计价,如房产、船舶、飞机、重型设备、珠宝、名画等贵重物品。

(2)先进先出法

先进先出法是假定先收到的存货先发出(销售或耗用),以此计算发出存货成本和期末结存存货成本的方法。采用这种方法,收入存货时要逐笔登记每一批存货的数量、单价和金额;发出存货时要按照先进先出的原则计价,逐笔登记存货的发出和结存金额。

现举例说明先进先出法对发出存货的会计处理。

【例6-17】 长江公司采用先进先出法计算发出材料和期末材料的成本,2013年9月甲材料明细账如表6-1所示。

表6-1　　　　　　　　　　　　　　　　甲材料明细账

材料类别:甲材料　　　　　　　　　　　　　　　　　　　　　　　　　　　单位:元

2013年		凭证编号	摘　要	借方(入库)			贷方(发出)			余额(结存)		
月	日			数量(千克)	单价	金额	数量(千克)	单价	金额	数量(千克)	单价	金额
9	1		期初余额							3 000	4	12 000
	8		购入	2 000	4.4	8 800				3 000	4	12 000
										2 000	4.4	8 800
	18		领用				3 000	4	12 000			

（续表）

2013 年		凭证编号	摘　要	借方（入库）			贷方（发出）			余额（结存）		
月	日			数量（千克）	单价	金额	数量（千克）	单价	金额	数量（千克）	单价	金额
							1 000	4.4	4 400	1 000	4.4	4 400
	25		购入	3 000	4.6	13 800				1 000	4.4	4 400
										3 000	4.6	13 800
	29		领用				1 000	4.4	4 400			
							1 000	4.6	4 600	2 000	4.6	9 200
	30		领用				500	4.6	2 300	1 500	4.6	6 900
	30		本月合计	5 000	—	22 600	6 500	—	27 700			

采用先进先出法计算发出甲材料 6 500 千克的总成本为 27 700 元；期末库存甲材料 1 500 千克的成本为 6 900 元。

先进先出法可以随时结出存货发出成本和结存存货成本，而且期末存货成本接近市价。但是，如果存货收发业务较多且存货单价不稳定，计算工作量则较大。另外，在物价持续上升时，采用先进先出法会使发出存货成本偏低，利润偏高等。

（3）月末一次加权平均法

月末一次加权平均法是指以月初结存存货和本月收入存货的数量为权数，于月末一次计算存货平均单价，据以计算当月发出存货成本和月末结存存货成本的一种方法。即平时收入是按数量、单价、金额登记，但每次不确定其结存单价，而是在月末时一次计算本期的加权平均单价。其计算公式是：

存货平均单价＝（月初结存存货实际成本＋本月收入存货实际成本）÷
（月初结存存货数量＋本月收入存货数量）

本月发出结存存货实际成本＝本月发出存货数量×存货平均单价

月末结存存货实际成本＝月初结存存货实际成本＋本月收入存货实际成本－
本月发出存货实际成本

【例 6-18】　假定长江公司采用月末加权一次平均法计算发出材料和期末材料的成本。具体计算如下：

甲材料平均单价＝（12 000＋8 800＋13 800）÷（3 000＋2 000＋3 000）＝4.325（元）

本月发出甲材料总成本＝6 500×4.325＝28 112.5（元）

本月月末库存甲材料成本＝（12 000＋8 800＋13 800）－28 112.50＝6 487.5（元）

月末一次加权平均法计算手续简便，有利于简化成本计算工作，但是，由于必须到月末才能计算出本月存货的平均单价，平时在存货明细账上无法反映出结存存货的实际成本，因此不利于存货成本的日常管理与控制。

2. 计划成本法

企业发出材料按计划成本核算时，月末根据领料单等编制"发料凭证汇总表"结转发出材料的计划成本,并且应当根据所发出的材料的用途,按计划成本分别借记"生产成本""制造费用""销售费用""管理费用"等账户,贷记"原材料"账户,并根据发出材料应负担的材料成本差异将发出材料的计划成本调整为实际成本,通过"材料成本差异"账户进行结转,按照所发出材料的用途,分别记入"生产成本""制造费用""销售费用""管理费用"等账户。公式为:

$$材料成本差异率=(期初结存材料的成本差异+本期验收入库材料的成本差异)\div$$
$$(期初结存材料的计划成本+本期验收入库材料的计划成本)$$
$$\times100\%$$
$$发出材料应负担的成本差异=发出材料的计划成本\times材料成本差异率$$

【例6-19】　某企业月初结存材料的计划成本为50 000元,成本差异为超支差1 500元。本月入库材料的计划成本为150 000元,成本差异为节约差异5 000元。根据本月"发料凭证汇总表",该企业当月基本生产车间领用材料10 000元,辅助生产车间领用材料5 000元,行政管理部门领用材料500元。

该企业领用材料应该编制如下会计分录:

借:生产成本——基本生产成本	10 000
——辅助生产成本	5 000
管理费用	500
贷:原材料	15 500

该企业材料成本差异率=(1 500-5 000)÷(50 000+150 000)=-1.75%

发出材料应负担的成本差异:

基本生产车间领用材料负担的成本差异=10 000×(-1.75%)=-175元

辅助生产车间领用材料负担的成本差异=5 000×(-1.75%)=-87.5(元)

行政管理部门领用材料负担的成本差异=500×(-1.75%)=-8.75(元)

结转材料成本差异的会计分录如下:

借:材料成本差异	271.25
贷:生产成本——基本生产成本	175.00
——辅助生产成本	87.50
管理费用	8.75

在实际工作中采用红字做记账凭证入账。会计分录为:

借:生产成本——基本生产成本	175.00
——辅助生产成本	87.50
管理费用	8.75
贷:材料成本差异	271.25

二、库存商品

库存商品是指企业已完成全部生产过程并已验收入库,合乎标准规格和技术条件,可以按照合同规定的条件送交订货单位,或可以作为对外销售的商品以及外购或委托加工完成验收入库用于销售的各种商品。

为了反映和监督库存商品的增减变动及其结存情况,企业应设置"库存商品"账户,借方登记验收入库的库存商品成本,贷方登记发出的库存商品成本,期末余额在借方,反映各种库存商品的实际成本或计划成本。

(一)产成品入库的账务处理

对于库存商品采用实际成本核算的企业,当库存商品生产完成并验收入库时,应按实际成本,借记"库存商品"账户,贷记"生产成本"账户。

【例6-20】　甲公司"商品入库汇总表"记载,该公司12月份验收入库A产品10 000台,实际单位成本500元/台,计5 000 000元;B产品2 000台,实际单位成本1 000元/台,计2 000 000元。

甲公司应编制如下会计分录:

借:库存商品——A产品　　　　　　　　　　　　　　　5 000 000

　　　　　——B产品　　　　　　　　　　　　　　　2 000 000

　贷:生产成本——A产品　　　　　　　　　　　　　　　　5 000 000

　　　　　　——B产品　　　　　　　　　　　　　　　　2 000 000

(二)销售商品结转销售成本的账务处理

1.生产型企业

企业销售产品、确认收入时,在月末应根据已销产品的数量采用"先进先出法"等方法计算已销商品应负担的成本。应结转其销售成本,借记"主营业务成本"账户,贷记"库存商品"账户。

【例6-21】　甲公司月末汇总的发出商品中,当月已实现销售的A产品有500台,B产品有1 000台,该月A产品实际单位成本4 000元/台,B产品实际单位成本1 000元/台。在结转其销售成本时,应编制如下会计分录:

借:主营业务成本　　　　　　　　　　　　　　　　3 000 000

　贷:库存商品——A产品　　　　　　　　　　　　　　　　2 000 000

　　　　　　——B产品　　　　　　　　　　　　　　　　1 000 000

2.商品流通企业

商品流通企业库存商品,通常采用毛利率法和售价金额核算法进行核算,按确定后的核算方法计算的销售成本金额,借记"主营业务成本"账户,贷记"库存商品"账户。

(1)毛利率法

毛利率法是根据本期销售净额与上期实际(或本期计划)毛利率来匡算本期销售毛利,并据以计算发出存货和期末存货成本的一种方法。

计算公式如下:

$$毛利＝销售收入－销售成本$$

$$毛利率＝毛利÷销售收入×100\%$$

$$本期销售净额＝本期商品销售收入－本期销售退回与折让$$

$$上期毛利率＝（上期销售毛利÷上期销售净额）×100\%$$

（注：上期毛利率作为本期的毛利率）

$$本期销售毛利＝本期销售净额×上期毛利率$$

$$本期销售成本＝本期销售净额－本期销售毛利$$

或

$$本期销售成本＝本期销售净额×（1－上期毛利率）$$

$$期末结存存货成本＝期初结存存货成本＋本期购货成本－本期销售成本$$

这一方法常用于商品批发等企业计算本期商品销售成本和期末库存商品成本。由于商品流通企业的商品种类多，同类商品的毛利率大致相同，因此采用毛利率法既能减轻工作量，又能满足对存货管理的需要。

【例 6-22】 某批发公司 2010 年 4 月初 A 类商品库存 60 000 元，本月购进 50 000 元，本月销售收入 121 000 元，发生的销售退回和销售折让为 11 000 元，上月该类商品的毛利率为 20%，本月已销售商品和库存商品的期末成本计算如下：

本月销售净额＝121 000－11 000＝110 000（元）

本月销售毛利＝110 000×20%＝22 000（元）

本月销售成本＝110 000－22 000＝88 000（元）

库存商品成本＝60 000＋50 000－88 000＝22 000（元）

结转销售商品成本会计分录如下：

借：主营业务成本   88 000

　贷：库存商品   88 000

（2）售价金额核算法

售价金额核算法下的库存商品账户，视同材料计划成本法下的原材料账户。平时商品的购入、加工、收回、销售均按售价记入"库存商品"账户，售价与进价的差额通过"商品进销差价"账户核算。期末计算进销差价率和本期已销商品应分摊的进销差价，将已销商品的销售成本调整为实际成本，借记"商品进销差价"账户，贷记"主营业务成本"账户。计算公式如下：

$$商品进销差价率＝（期初库存商品进销差价＋本期购入商品进销差价）÷$$
$$（期初库存商品售价＋本期购入商品售价）×100\%$$

$$本期销售商品应分摊的商品进销差价＝本期商品销售收入×商品进销差价率$$

$$本期销售商品的实际成本＝本期商品销售收入－本期已销售商品应分摊的商品进销差价$$

$$期末结存商品的成本＝期初库存商品的进价成本＋本期购进商品的进价成本－$$
$$本期销售商品的实际成本$$

【例 6-23】 某商场采用售价金额核算法对库存商品进行核算。本月月初库存商品进价成本总额 30 万元，售价总额 45 万元；本月购进商品进价成本总额 40 万元，售价总额 55 万元；本月销售商品售价总额 80 万元。有关计算如下：

商品进销差价率＝[（45－30）＋（55－40）]÷（45＋55）×100%＝30%

本期销售商品应分摊的商品进销差价＝80×30%＝24（万元）

本期销售商品的实际成本＝80－24＝56（万元）

期末结存商品的成本＝30＋40－56＝14(万元)

结转销售商品成本会计分录如下：

借:主营业务成本	800 000	
贷:库存商品		800 000
借:商品进销差价	240 000	
贷:主营业务成本		240 000

三、固定资产

固定资产是指同时具有以下特征的有形资产：第一，为生产商品、提供劳务、出租或经营管理而持有的；第二，使用年限超过一个会计年度。

(一)固定资产的确认

固定资产在同时满足以下两个条件时，才能予以确认。

1. 与该固定资产有关的经济利益很可能流入企业

资产最基本的特征是预期能给企业带来经济利益，如果某一固定资产不能给企业带来经济利益，则不能确定为该企业的固定资产。

2. 该固定资产的成本能够可靠计量

成本能够可靠地计量，是确认资产的一项基本条件。固定资产作为企业资产的重要组成部分，要予以确认，为取得该固定资产而发生的支出也必须能够可靠地计量。如果固定资产的成本能够可靠地计量，并同时满足其他确认条件，就可以加以确认，否则，企业不应加以确认。

(二)固定资产的分类

为了便于掌握和分析固定资产的增加、减少、维修、保管和使用等情况，必须对固定资产进行科学分类。根据不同的管理需要和核算要求以及不同的分类标准，可以对固定资产进行不同的分类，主要有以下几种分类方法：

1. 按经济用途分类

按固定资产的经济用途分类，可分为生产经营用固定资产和非生产经营用固定资产。

(1)生产经营用固定资产，是指直接参加或直接服务于企业的生产、经营过程的各种固定资产，如房屋、建筑物、运输设备、管理用具等；

(2)非生产经营用固定资产，是指不直接服务于生产、经营过程的各种固定资产。例如，企业食堂、浴室等后勤部门使用的房屋、设备和其他固定资产。

2. 综合分类

按固定资产的经济用途和使用情况等综合分类，可把企业的固定资产划分为七大类。

(1)生产经营用固定资产。

(2)非生产经营用固定资产。

(3)租出固定资产，是指在经营租赁方式下出租给外单位使用的固定资产，这类固定资产是将使用权暂时让渡给承租单位，所有权仍归本企业；本企业收取租金收入、提取折旧。

(4)融资租入固定资产,是指企业以融资租赁方式租入的机器设备等固定资产。在租赁期间内视同自有固定资产进行管理。

(5)未使用固定资产。

(6)不需用固定资产。

(7)土地,是指过去已经单独估价入账的土地。因征用土地而支付的补偿费用应计入与土地有关的房屋、建筑物的价值内,不单独作为土地价格入账。

(三)固定资产的核算

为了核算固定资产,企业一般需要设置"固定资产""累计折旧""工程物资""在建工程""固定资产清理"等账户核算固定资产的取得、计提折旧、处置等情况。

1. 购入固定资产的账务处理

(1)购入不需要安装的固定资产的账务处理

企业购入的不需要安装的固定资产,是指企业购置的不需要安装、直接达到预定可使用状态的固定资产。购入不需要安装的固定资产,应按购入时实际支付的全部价款,包括支付的买价、进口关税等相关税费,以及为使固定资产达到预定可使用状态所发生的可直接归属于该资产的其他支出,作为固定资产的入账价值,借记"固定资产"账户,贷记"银行存款"等账户。

《国家税务局关于全国实施增值税转型改革若干问题的通知》中规定:自 2009 年 1 月 1 日起,增值税一般纳税人购进(包括接受捐赠、实物投资,下同)或者自制(包括改扩建、安装,下同)的用于生产、经营的固定资产(动产)的进项税可以抵扣,不计入固定资产成本。2009 年 1 月 1 日以前取得的固定资产或者 2009 年 1 月 1 日以后取得的除生产、经营用固定资产(动产)以外的固定资产进项税不可以抵扣,应该计入固定资产成本。

【例 6-24】 某企业 2011 年 12 月购入不需要安装的生产设备一台,价款 10 000 元,支付增值税进项税 1 700 元(符合增值税抵扣条件),另支付运输费 500 元,包装费 300 元,款项以银行存款支付。

该固定资产的入账价值=10 000+500+300=10 800(元)

该企业应编制如下会计分录:

借:固定资产   10 800

　　应交税费——应交增值税(进项税额)   1 700

　　贷:银行存款   12 500

(2)购入需要安装的固定资产的账务处理

企业购入需要安装的固定资产,应将购入时发生的成本和安装过程中发生的相关支出,先通过"在建工程"账户核算,待安装完毕达到预定可使用状态时,再由"在建工程"账户转入"固定资产"账户。

2. 固定资产折旧的账务处理

(1)固定资产折旧的概念

固定资产折旧是固定资产由于磨损和损耗而逐渐转移的价值。这部分转移的价值以折旧费的形式计入相关成本费用,并从企业的营业收入中得到补偿。实际上企业提取折旧额多少,也就是固定资产投入额在固定资产使用期间收回多少。因此,企业应当在固定资产的使用寿命内,按照确定的方法对应计折旧额进行系统分摊。

(2)影响固定资产折旧的因素

影响折旧的因素主要有以下几个方面:

①固定资产原价,即固定资产的成本。

②固定资产的净残值,是指假定固定资产预计使用寿命已满并处于使用寿命终了时的预期状态,企业目前从该项资产处置中获得的扣除预计处置费用以后的金额。由于在计算折旧时,对固定资产的残余价值和清理费用是人为估计的,所以净残值的确定有一定的主观性。

3. 固定资产减值准备

固定资产减值准备是指固定资产已计提的固定资产减值准备累计金额。

4. 固定资产的使用寿命

固定资产的使用寿命是指企业使用固定资产的预计期间,或者该固定资产所能生产产品或提供劳务的数量。固定资产使用寿命的长短直接影响各期应计提的折旧额。

(四)固定资产的折旧方法

企业应当根据与固定资产有关的经济利益的预期实现方式,合理选择固定资产折旧方法。折旧方法选定后,不得随意变更。可选用的折旧方法包括平均年限法、工作量法、双倍余额递减法和年数总和法等。其中双倍余额递减法、年数总和法属于加速折旧法。

1. 平均年限法

平均年限法又称直线法,是将固定资产的应计提折旧额均衡地分摊到固定资产预计使用寿命内的一种方法。使用这种方法计算的每期折旧额均是相等的。其计算公式为:

$$年折旧率=(1-预计净残值率)÷预计使用年限×100\%$$
$$月折旧率=年折旧率÷12$$
$$月折旧额=固定资产原价×月折旧率$$

【例6-25】 甲公司有一栋厂房,原价为5 000 000元,预计可使用20年,预计报废时的净残值率为2%,该厂房的年折旧率和年折旧额的计算如下:

年折旧率=(1-2%)÷20×100%=4.9%

月折旧率=4.9%÷12×100%=0.41%

月折旧额=5 000 000×0.41%=20 500(元)

2. 工作量法

工作量法是根据实际完成工作量计提固定资产折旧额的一种方法,适用于交通运输设备。这种方法弥补了平均年限法只注重使用时间而不考虑使用强度的缺点,其计算公式为:

单位工作量折旧额(又称单位折旧)＝固定资产原值×(1－预计净残值率)÷预计总工作量

固定资产每期折旧率＝单位折旧×该固定资产该期实际工作量

【例 6-26】 某企业的一辆运货卡车的原价为 600 000 元,预期总行驶里程为 500 000 公里,预计报废时的净残值率为 5%,本月行驶 4 000 公里。该辆汽车的月折旧额计算如下:

单位折旧＝600 000×(1－5%)÷500 000＝1.14(元/公里)

本月折旧额＝4 000×1.14＝4 560(元)

3. 双倍余额递减法

双倍余额递减法是在固定资产使用年限最后两年前不考虑固定资产残值的情况下,根据每期期初固定资产账面净值(固定资产账面余额减累计折旧额)和双倍的直线法折旧率计算固定资产折旧的一种方法。计算公式为:

年折旧率＝2÷预计使用年限×100%(是平均年限法下年折旧率的两倍)

最后两年前每年折旧额＝固定资产账面净值×年折旧率

由于双倍余额递减法不考虑固定资产的残值收入,因此,在应用这种方法时必须注意,不能使固定资产的账面折余价值降低到它的预计残值收入以下,所以采用双倍余额递减法计提折旧的固定资产,一般应在其折旧年限到期前两年内,将固定资产账面净值扣除预计净残值后的余额平均摊销。

最后两年每年折旧额＝(固定资产原值－预计净残值－最后两年前已提取折旧额合计)÷2

【例 6-27】 某企业一台机器设备的原价为 1 000 000 元,预计使用年限为 5 年,预计净残值为 4 000 元。按双倍余额递减法计提折旧,每年的折旧额计算如下:

年折旧率＝2÷5×100%＝40%

第 1 年应提的折旧额＝1 000 000×40%＝400 000(元)

第 2 年应提的折旧额＝(1 000 000－400 000)×40%＝240 000(元)

第 3 年应提的折旧额＝(600 000－240 000)×40%＝144 000(元)

从第 4 年起改用年限平均法(直线法)计提折旧。

第 4 年、第 5 年每年折旧额＝[(1 000 000－4 000)－784 000]÷2＝106 000(元)

4. 年数总和法

年数总和法是指将固定资产的原价减去预计净残值后的余额乘以一个逐年递减的变动折旧率计算每年折旧额的一种方法。固定资产的变动折旧率是以固定资产预计使用年限的各年数字之和作为分母,以各年初尚可使用的年数作为分子求得,该方法计算公式为:

年折旧率＝尚可使用年限÷预计使用年限的年数总和×100%

使用年限的年数总和＝使用年限×(1＋使用年限)÷2

年折旧额＝(固定资产原值－预计净残值)×年折旧率

【例 6-28】 假如采用年数总和法,该设备应计提的折旧总额为 996 000(1 000 000－

4 000)元,年数总和为 1＋2＋3＋4＋5＝15,或年数总和＝5×(1＋5)÷2＝15

计算的各年折旧额如下表 6-2 所示。

表 6-2　　　　　　　　　　　　　　折旧计算表

年份	尚可使用年限	原价－净残值①	变动折旧率②	年折旧率③＝①×②	累计折扣
1	5	996 000	5/15	332 000	332 000
2	4	996 000	4/15	265 600	597 600
3	3	996 000	3/15	199 200	796 800
4	2	996 000	2/15	132 800	929 600
5	1	996 000	1/15	66 400	996 000

第 1 年的折旧率＝5/15×100％＝33.33％

第 1 年的折旧额＝(1 000 000－4 000)×5/15＝332 000(元)

（五）固定资产折旧的账务处理

固定资产应当按月计提折旧,并根据用途计入相关资产的成本或者当期损益。生产车间使用的固定资产,所计提的折旧应计入制造费用,并最终计入所生产的产品成本;管理部门使用固定资产,所计提的折旧应计入管理费用;销售部门使用的固定资产,所计提的折旧应计入销售费用;企业自行建造固定资产过程中使用的固定资产,所计提折旧应计入在建工程成本;经营租出的固定资产,所计提的折旧应计入其他业务成本;未使用的固定资产,所计提的折旧应计入管理费用。企业计提固定资产折旧时,应借记“制造费用”“管理费用”“销售费用”“在建工程”“其他业务成本”等账户,贷记“累计折旧”账户。

【例 6-29】　某企业采用年限平均法提取固定资产折旧,2013 年 8 月“固定资产折旧计算表”中确定的应提折旧额为:车间 20 000 元,行政管理部门 6 000 元,销售部门 4 000元,该企业应编制如下会计分录:

借:制造费用　　　　　　　　　　　　　　　　　20 000
　管理费用　　　　　　　　　　　　　　　　　　6 000
　销售费用　　　　　　　　　　　　　　　　　　4 000
　贷:累计折旧　　　　　　　　　　　　　　　　　　30 000

四、固定资产处置的账务处理

企业在生产经营过程中,可能将不适用或不需要的固定资产对外出售转让,或因磨损、技术进步等原因将固定资产进行报废,还可能对由于遭受自然灾害等而毁损的固定资产进行处理等。

《企业会计准则》规定,固定资产满足下列条件之一的,应当予以终止确认:第一,该固定资产处于处置状态;第二,该固定资产预期通过使用或处置不能产生经济利益。企业出售、转让、报废固定资产或发生固定资产毁损,应当将处置收入扣除账面价值和相关税费后的金额计入当期损益。固定资产的账面价值是固定资产成本扣减累计折旧和累计减值后的金额。

固定资产处置包括固定资产的出售、报废、毁损、对外投资等。处置固定资产应通过"固定资产清理"账户核算。具体包括以下几个环节。

(1)固定资产转入的清理。企业因出售、报废、毁损、对外投资等转出的固定资产,按该项固定资产的价值,借记"累计折旧"账户,按已计提的减值准备,借记"固定资产减值准备"账户,按其账面原价,贷记"固定资产"账户。

(2)发生的清理费用等。固定资产清理过程中应支付的相关税费及其他费用,借记"固定资产清理"账户,贷记"银行存款""应交税费——应交营业税"等账户。

(3)收回出售固定资产的价款、残料价值和变价收入等,借记"银行存款""原材料"等账户,贷记"固定资产清理"账户。

(4)保险赔偿等的处理。应由保险公司或过失人赔偿的损失,借记"其他应收款"等账户,贷记"固定资产清理"账户。

(5)结转净损益的处理。固定资产清理完成后的净损失,借记"营业外支出"账户,贷记"固定资产清理"账户;固定资产清理完成后的净收益,借记"固定资产清理"账户,贷记"营业外收入"账户。

【例6-30】 企业出售一建筑物原价2 000 000元,已计提折旧300 000元,未计提减值准备,用银行存款支付清理费用10 000元,出售收入为1 900 000元,已存入银行,营业税率为5%。应编制如下会计分录:

(1)固定资产转入清理

借:固定资产清理		1 700 000
累计折旧		300 000
贷:固定资产		2 000 000

(2)支付清理费用

借:固定资产清理		10 000
贷:银行存款		10 000

(3)收到出售价款

借:银行存款		1 900 000
贷:固定资产清理		1 900 000

(4)确认应交纳的营业税(1 900 000×5%＝95 000)

借:固定资产清理		95 000
贷:应交税费——应交营业税		95 000

(5)结转固定资产处置净收益

借:固定资产清理		95 000
贷:营业外收入		95 000

【例6-31】 乙公司现有一台设备由于其性能等因素决定将其提前报废,原价为500 000元,已计提折旧450 000元,未计提减值准备。报废时的残值变价收入为20 000元。报废清理过程中发生清理费用3 500元。有关收入、支出均通过银行办理结算,不考虑相关税金。该公司应编制如下会计分录:

(1)将报废固定资产转入清理：

借:固定资产清理　　　　　　　　　　　　　　　　　50 000

　　累计折旧　　　　　　　　　　　　　　　　　　　450 000

　　贷:固定资产　　　　　　　　　　　　　　　　　　　500 000

(2)收入残值变价收入：

借:银行存款　　　　　　　　　　　　　　　　　　　20 000

　　贷:固定资产清理　　　　　　　　　　　　　　　　　20 000

(3)支付清理费用：

借:固定资产清理　　　　　　　　　　　　　　　　　3 500

　　贷:银行存款　　　　　　　　　　　　　　　　　　　3 500

(4)结转固定资产支出的净损失：

借:营业外支出　　　　　　　　　　　　　　　　　　33 500

　　贷:固定资产清理　　　　　　　　　　　　　　　　　33 500

【例 6-32】　某公司有轿车三辆,原价 180 000 元,已提折旧 30 000 元,在一次交通事故中毁损,收回过失人赔偿款 80 000 元,轿车残料变卖收入 8 000 元,均以银行存款转账存入,不考虑相关赎金。该公司应编制如下会计分录：

(1)将报废卡车转销：

借:固定资产清理　　　　　　　　　　　　　　　　　150 000

　　累计折旧　　　　　　　　　　　　　　　　　　　30 000

　　贷:固定资产　　　　　　　　　　　　　　　　　　　180 000

(2)收到过失人赔款及残料变卖收入：

借:银行存款　　　　　　　　　　　　　　　　　　　88 000

　　贷:固定资产清理　　　　　　　　　　　　　　　　　88 000

(3)结转固定资产处置的净损益：

借:营业外支出　　　　　　　　　　　　　　　　　　62 000

　　贷:固定资产清理　　　　　　　　　　　　　　　　　62 000

五、无形资产

(一)无形资产的概念和特征

无形资产是指企业拥有或控制的没有实物形态的可辨认非货币性资产。无形资产主要包括专利权、非专利技术、商标权、著作权、土地使用权和特许权等。无形资产具有三个主要特征：

(1)不具有实物形态。无形资产是不具有实物形态的非货币性资产,它不像固定资产、存货等有形资产具有实物形态。

(2)具有可辨认性。无形资产能够从企业中分立或者划分出来,具有可辨认性。

(3)属于非货币性长期资产。无形资产的使用年限在一年以上,其价值将在各个收益期间逐渐摊销。

（二）无形资产的核算

为了核算无形资产的取得、摊销和处置等情况,企业应当设置"无形资产""累计摊销"等账户。

1.无形资产的取得

（1）外购无形资产

外购无形资产的成本包括购买价款、相关税费以及直接归属于使该项资产达到预定用途所发生的其他支出。外购无形资产入账时借记"无形资产"账户,贷记"银行存款"等账户。

（2）自行研发的无形资产

企业自行研究开发的无形资产,其成本包括自满足资本化条件的时点至无形资产达到预定用途所发生的一切可直接归属于该无形资产的创造、生产并使该资产能够以管理层预定的方式运作的必要支出的总和。

企业内部研究开发项目所发生的支出应区分研究阶段支出和开发阶段支出。研究阶段支出计入当期管理费用;开发阶段支出符合资本化条件的,应当确认为无形资产;不符合资本化条件的,应当计入当期管理费用。

【例6-33】　甲公司自行研究、开发一项技术,截至2010年12月31日,发生研究支出合计2 000 000元,经测试该项目研发活动完成了研究阶段。从2011年1月1日开始进入开发阶段。2011年发生研发支出300 000元,假定符合《企业会计准则6号——无形资产》规定的研发支出资本化的条件。2011年6月30日,该项目研发活动结束,最终开发出一项非专利技术。甲公司应做如下会计处理:

（1）2010年发生的研发支出:

借:研发支出——费用化支出　　　　　　　　　　　　　2 000 000

　　贷:银行存款　　　　　　　　　　　　　　　　　　　　2 000 000

（2）2010年12月31日,发生的研发支出全部属于研究阶段的支出:

借:管理费用　　　　　　　　　　　　　　　　　　　　2 000 000

　　贷:研发支出——费用化支出　　　　　　　　　　　　2 000 000

（3）2011年发生开发支出并满足资本化确认条件:

借:无形资产　　　　　　　　　　　　　　　　　　　　　300 000

　　贷:研发支出——资本化支出　　　　　　　　　　　　　300 000

2.无形资产的摊销

企业应当在取得无形资产时分析判断其使用寿命,使用寿命有限的无形资产应进行摊销,使用寿命不确定的无形资产不应摊销（期末进行减值测试）。

无形资产摊销法包括直线法、生产总量法等,企业选择的无形资产的摊销方法应当反映与该项资产有关的经济利益的预期实现方式。无法可靠确定预期实现方式的,应当采用直线摊销法。企业应当按月对无形资产进行摊销,无形资产的摊销额一般应当计入当期的损益。企业自用的无形资产,其摊销金额计入管理费用;出租的无形资产,其摊销金额计入其他业务成本。

3.无形资产的处置

企业出售无形资产,应将所得价款与该项无形资产的账面价值以及相关税费的差额,计入营业外收入或营业外支出。

【例6-34】　甲公司将其购买的一项专利权转让给乙公司,该专利权的成本为600 000元,已摊销220 000元,应交税费25 000元,实际取得的转让价款为500 000元,款项已存入银行。甲公司应做如下会计处理:

借:银行存款　　　　　　　　　　　　　　　　　　　　　500 000
　累计摊销　　　　　　　　　　　　　　　　　　　　　　220 000
　贷:无形资产　　　　　　　　　　　　　　　　　　　　　　　600 000
　　　应交税费——应交营业税　　　　　　　　　　　　　　　　25 000
　　　营业外收入——非流动资产处置利得　　　　　　　　　　　95 000

第三节 应收、预付债权的发生和结算

债权是企业收取款项的权利,一般包括各种应收和预付款项等,债务是指由于过去的交易或事项形成的、企业需要以资产或劳务等偿付的现时义务,一般包括各种借款、应付和预收款项以及应交款项等。

应收及预付款项是指企业在日常生产经营过程中发生的各项债权,包括应收款项和预付款项。应收款项包括应收账款、应收票据、其他应收款和长期应收款等;预付款项是指企业按照合同规定预付的款项,如预付账款。

(一)应收账款

应收账款核算企业因销售商品、材料、提供劳务等应向购货单位或接受劳务单位收取的款项,以及代垫的运杂费和承兑到期而未能收到款项的商业承兑汇票。

企业应设置"应收账款"账户来核算应收账款的发生、收回等业务,该账户借方登记应收账款的增加,贷方登记应收账款的收回及已确认的坏账损失,期末余额一般在借方,反映尚未收回的应收账款,如果期末余额在贷方,则反映企业预收的账款。

1.应收账款的发生

应收账款的入账价值包括销售货物或提供劳务从购货方或接受劳务方应收的合同或协议价款(不公允的除外)、增值税销项税额,以及代购货单位垫付的包装费、运杂费等。

企业因销售商品、材料、提供劳务等应向对方收取款项时,应根据应收的款项借记"应收账款"账户,同时按照应确认收入的金额贷记"主营业务收入"或"其他业务收入"账户,按照应交纳的增值税额贷记"应交税费——应交增值税(销项税额)"账户。

【例6-35】　甲公司采用托收承付结算方式向乙公司销售商品一批,货款300 000元,增值税额51 000元,以银行存款代垫运杂费6 000元,已办理托收手续。甲公司应编制如下会计分录:

借:应收账款　　　　　　　　　　　　　　　　　　　357 000

　　贷:主营业务收入　　　　　　　　　　　　　　　　　　300 000

　　　应交税费——应交增值税(销项税额)　　　　　　　51 000

　　　银行存款　　　　　　　　　　　　　　　　　　　　6 000

需要说明的是,企业替购货单位垫付的包装费、运杂费也应记入"应收账款"账户。

企业持有的对方承兑而到期未能收到款项的商业汇票,应借记"应收账款"账户,贷记"应收票据"账户。

【例6-36】　甲公司前期收到丙公司交来的不带息商业承兑汇票一张,面值10 000元,该票据到期无法收回款项,甲公司应编制如下会计分录:

借:应收款项　　　　　　　　　　　　　　　　　　　10 000

　　贷:应收票据　　　　　　　　　　　　　　　　　　　10 000

2.应收款项的收回

企业收回应收款项,应收账款减少,应借记"银行存款"等账户,贷记"应收账款"账户。

(二)应收票据

1.应收票据概述

应收票据是指因销售商品、提供劳务等而收到的商业汇票。商业汇票是一种由出票人签发的、委托付款人在指定日期无条件支付确认金额给收款人或者持票人的票据。

商业汇票的付款期限由交易双方商定,但是最长不得超过6个月。企业持有的应收票据是一项短期债权,在资产负债表中列示为一项流动资产。商业汇票根据承兑人不同,分为商业承兑汇票和银行承兑汇票。

2.应收票据的核算

为了反映和监督应收票据取得、票款收回等经济业务,企业应当设置"应收票据"账户,借方登记取得的应收票据的面值,贷方登记到期收回票款或到期前向银行贴现的应收票据的票面金额,期末余额在借方,反映企业持有的商业汇票的票面金额。本账户可按照开出、承兑商业汇票的单位进行明细核算,并设置"应收票据备查表",逐笔登记商业汇票的种类、号数和出票日、票面金额、交易合同号和付款人、承兑人、背书人的姓名或单位名称、到期日、背书转让日、贴现日、贴现率和贴现净额以及收款日和收回金额、退票情况等资料。商业汇票到期结清票款或退票后,在备查簿中应予注销。

(1)取得应收票据和收回到期票据

【例6-37】　甲公司2010年3月1日向乙公司销售一批商品,货款为1 000 000元,款项尚未收回,已办妥托收手续,适用的增值税税率为17%,则甲公司编制如下会计分录:

借:应收账款　　　　　　　　　　　　　　　　　　1 170 000

　　贷:主营业务收入　　　　　　　　　　　　　　　　1 000 000

　　　应交税费——应交增值税(销项税额)　　　　　　170 000

【例6-38】　3月15日,甲公司收到乙公司寄来的一张3个月到期的商业承兑汇票,面值为1 170 000元,抵付商品货款。甲公司编制如下会计分录:

| 借:应收票据 | 1 170 000 |
| 贷:应收账款 | 1 170 000 |

【例6-39】 6月15日,甲公司将上述应收票据到期收回的票面金额1 170 000元存入银行。甲公司编制如下会计分录:

| 借:银行存款 | 1 170 000 |
| 贷:应收票据 | 1 170 000 |

（2）转让应收票据

实务中,企业可以将自己持有的商业汇票背书转让。背书转让时,背书人应当承担票据责任。企业将持有的商业汇票背书转让以取得所需物资时,应按计入取得物资成本的金额,借记"材料采购""原材料"或"库存商品"等账户,按照专用发票上注明的可抵扣的增值税额,借记"应交税费——应交增值税(进项税额)"账户,按照商业汇票的票面金额,贷记"应收票据"账户,如有差额,借记或贷记"银行存款"账户。

【例6-40】 假定甲公司于5月15日将上述应收票据背书转让,以取得生产经营所需的A材料,该材料金额为1 000 000元,适用的增值税税率为17%,甲公司编制如下会计分录:

借:原材料——A材料	1 000 000
应交税费——应交增值税(进项税额)	170 000
贷:应收票据	1 170 000

（三）其他应收款

其他应收款是指除应收票据、应收账款、预付账款等经营活动款项以外的其他各种应收、暂付款项。其他应收款的主要内容包括:

（1）应收的各种赔款、罚款。如因企业财产等遭受意外损失而应向有关保险公司收取的赔款等。

（2）应收的出租包装物租金。

（3）应向职工收取的各种垫付款项,如为职工垫付的水电费、应由职工负担的医药费、房租费等。

（4）存出保证金,如租入包装物支付的押金。

（5）其他各种应收、暂付款项。

【例6-41】 甲公司以银行存款替总经理垫付应由个人负担的医疗费5 000元,拟从其工资中扣回,应编制如下会计分录:

（1）甲公司垫付时:

| 借:其他应收款——××副总经理 | 5 000 |
| 贷:银行存款 | 5 000 |

（2）实际扣款时:

| 借:应付职工薪酬 | 5 000 |
| 贷:其他应收款——××副总经理 | 5 000 |

（四）预付账款

预付账款是企业按照购货合同预付给供应单位的款项。

企业应当设置"预付款项"账户，核算预付账款的增减变动及其结存情况。预付款项情况不多的企业，可以不设置"预付账款"账户，而直接通过"应付账款"账户结算。

企业根据购货合同的规定向供应单位预付款项时，借记"预付账款"账户，贷记"银行存款"账户。企业收到所购物资，按应计入购入物资成本的金额，借记"材料采购""原材料"或"库存商品""应交税费——应交增值税（进项税额）"等账户，贷记"预付账款"账户；当预付货款小于采购货物所需支付的款项时，应将不足部分补付，借记"预付账款"账户，贷记"银行存款"账户；当预付货款大于采购货物所需支付的款项时，对于收回的多余款项，应借记"银行存款"账户，贷记"预付账款"账户。

【例6-42】 甲公司向乙公司采购材料5 000吨，单价10元/吨，所需支付的款项总额为50 000元。按照合同规定向乙公司预付货款的50%，验收货物后补付其余款项。

甲公司应编制如下会计分录：

（1）预付50%的货款时：

借：预付账款——乙公司　　　　　　　　　　　　　　　25 000
　　贷：银行存款　　　　　　　　　　　　　　　　　　　　25 000

（2）收到乙公司发来的5 000吨材料，验收无误，增值税专用发票记载的货款为50 000元，增值税额为8 500元。甲公司以银行存款补付所欠款项33 500元。

借：原材料　　　　　　　　　　　　　　　　　　　　　50 000
　　应交税费——应交增值税（进项税额）　　　　　　　　8 500
　　贷：预付账款——乙公司　　　　　　　　　　　　　　58 500

同时

借：预付账款——乙公司　　　　　　　　　　　　　　　33 500
　　贷：银行存款　　　　　　　　　　　　　　　　　　　　33 500

（五）应收款项减值的账务处理

企业应当在资产负债表日对应收款项的账面价值进行检查，若证明应收款项发生减值，应当将应收款项的账面价值减记至预计未来现金流量现值，减记的金额确认为减值损失，计提坏账准备。

企业应当设置"坏账准备"账户，核算应收款项坏账准备的计提、转销等情况。企业当期计提的坏账准备应当计入资产减值损失。"坏账准备"账户的贷方登记当期计提的坏账准备金额，借方登记实际发生的坏账损失金额和冲减的坏账准备金额，期末余额一般在贷方，反映企业已计提但尚未转销的坏账准备。

1. 当期应计提坏账准备金额的计算

《企业会计准则》规定：企业坏账损失的核算应当采用备抵法，计提坏账准备的方法由企业自己确定，可以按照应收账款余额百分比法、账龄分析法、赊销百分比法等方法计提坏账准备，也可以按照客户分别确定应计提的坏账准备。

（1）应收账款余额百分比法

应收账款余额百分比法就是按应收账款余额的一定比例计算提取坏账准备金。至于计提比例，由于各行业应收账款是否能及时收回，其风险程度不一，各行业规定比例不尽一致。企业每期坏账准备数额的估计应合理适中，估计过高会造成期间成本人为升高，估计过低则造成坏账准备不足以抵减实际发生的坏账，起不到坏账准备金的作用。

（2）账龄分析法

账龄是指负债人所欠账款的时间。账龄越长，发生坏账损失的可能性就越大。账龄分析法是根据应收账款的时间长短来估计损失的一种方法。采用账龄分析法时，应将不同账龄的应收账款进行分组，并根据前期坏账实际发生的有关资料，估计各账龄组的坏账损失百分比，计算出各组的估计坏账损失额之和，即为当期的坏账损失预计金额。

（3）赊销百分比法

赊销百分比法是企业根据当期赊销金额的一定百分比估计坏账的方法。一般认为，企业当期赊销金额越多，坏账的可能性越大。企业可以根据过去的经验和有关资料，估计坏账损失与赊销金额之间的比率，也可以用其他更合理的方法进行估计。

不管采用哪种方法，计算当期应计提坏账准备的基本公式如下：

当期应计提的坏账准备＝按照相应的方法计算坏账准备期末应有余额－"坏账准备"账户已有的贷方余额（＋"坏账准备"账户已有的借方余额）

计算出来的当期应提取的坏账准备若为正数，表示应该补提的坏账准备金额；若为负数，则表示应该冲减的坏账准备金额。

2. 计提坏账准备的会计分录

企业计提坏账准备时，应借记"资产减值损失"账户，贷记"坏账准备"账户。冲减计提的坏账准备时，应借记"坏账准备"账户，贷记"资产减值损失"账户。

【例6-43】　2010年12月31日，甲公司对应收丙公司的账款进行减值测试。应收账款余额合计为1 000元，甲公司根据丙公司资信情况确定按应收账款账面余额的10%计提坏账准备，期初坏账准备余额为0。2010年年末甲公司计提坏账准备的会计分录如下：

借：资产减值损失　　　　　　　　　　　　　　　　　　　　　　　100
　　贷：坏账准备　　　　　　　　　　　　　　　　　　　　　　　　　100

3. 实际发生坏账时的账务处理

坏账是指企业无法收回或收回的可能性极小的应收账款。由于发生坏账而产生的损失，称为坏账损失。一般来讲，企业的应收账款符合下列条件之一的，应确认为坏账：

（1）债务人死亡，以其遗产清偿后仍然无法收回；

（2）债务人破产，以其破产财产清偿后仍然无法收回；

（3）债务人较长时期内未履行其偿还义务，并有足够的证据表明无法收回或收回的可能性很小（如债务单位已撤销、破产、资不抵债、现金流量严重不足、发生严重的自然灾害等导致停产而在短时间内无法偿付债务等）。

企业确实无法收回的应收款项,按管理权限报经批准后作为坏账转销,应当冲减已计提的坏账准备。企业发生坏账损失时,借记"坏账准备"账户,贷记"应收账款""其他应收款"等账户。

【例6-44】 甲公司2011年对丙公司的应收账款实际发生坏账损失30元。确认坏账损失时,甲公司应编制如下会计分录:

借:坏账准备 30

　贷:应收账款 30

已确认并转销的应收款项以后又收回的,应当按照实际收到的金额增加坏账准备的账面余额,借记"应收账款""其他应收款"等账户,贷记"坏账准备"账户。也可以按照实际收到的金额,借记"银行存款"账户,贷记"坏账准备"账户。

【例6-45】 甲公司2010年4月20日收到2009年已转销的坏账20元,已存入银行。甲公司应编制如下会计分录:

借:银行存款 20

　贷:坏账准备 20

第四节　应付款项、应交税费债务的发生和结算

一、应付账款

应付账款是指因购买材料、商品或接受劳务等而发生的债务。这种负债通常是交易双方在商品购销和提供劳务等活动中由于取得货物或接受劳务与支付价款在时间上不一致而产生的。

企业应当设置"应付账款"账户,核算应付账款的发生、偿还、转销等情况。该账户贷方登记企业购买材料、商品和接受劳务等而发生的应付账款,借方登记偿还的应付账款,或开出商业汇票抵付应付账款的款项,或已冲销的无法支付的应付账款,余额一般在贷方,表示企业尚未支付的应付账款余额。本账户一般应按照债权人设置明细科目进行明细核算。

(一)应付账款发生的账务处理

企业购入材料、商品或接受劳务所产生的应付账款,应按应付金额入账。购入材料、商品等验收入库,但货款尚未支付的,根据有关凭证(发票账单、随货同行发票上记载的实际价款或暂估价值),借记"材料采购""在途物资"等账户,按可抵扣的增值税额,借记"应交税费——应交增值税(进项税额)"账户,按应付的价款,贷记"应付账款"账户。

应付账款附有现金折扣的,应按照扣除现金折扣前的应付账款总额入账。因在折扣期限内付款而获得的现金折扣,应在偿付应付账款时冲减财务费用。

【例6-46】 甲企业为增值税一般纳税人。2013年3月1日,甲企业从A公司购入一批材料,货款100 000元,增值税17 000元,对方代垫运杂费1 000元。材料已运到并

验收入库(该企业材料按实际成本计价核算),款项尚未支付,甲企业应编制如下会计分录:

借:原材料   101 000

 应交税费——应交增值税(进项税额)   17 000

 贷:应付账款——A公司   118 000

企业接受供应单位提供劳务而发生的应付未付款项,根据供应单位的发票账单,借记"生产成本""管理费用"等账户,贷记"应付账款"账户。

【例6-47】 根据供电部门通知,丙企业本月应支付电费48 000元,其中生产车间电费32 000元,企业行政管理部门电费16 000元,款项尚未支付。丙企业应编制如下会计分录:

借:制造费用   32 000

 管理费用   16 000

 贷:应付账款——××电力公司   48 000

(二)偿还应付账款的账务处理

企业偿还应付账款或开出商业汇票抵付应付账款时,借记"应付账款"账户,贷记"银行存款""应付票据"等账户。

【例6-48】 3月31日,甲企业用银行存款支付A公司应付账款118 000元,该企业应编制如下会计分录:

借:应付账款——A公司   118 000

 贷:银行存款   118 000

确实无法支付的应付账款,经批准后应转入营业外收入,借记"应付账款"账户,贷记"营业外收入"账户。

二、应付职工薪酬

应付职工薪酬是指企业根据有关规定应付给职工的各种薪酬,包括职工工资、奖金、津贴和补贴,职工福利费,医疗、养老、失业、工伤、生育等社会保险费,住房公积金,工会经费,职工教育经费,非货币性福利等因职工提供服务而产生的费用。应付职工薪酬核算在职职工的薪酬,不含离退休人员的薪酬。

企业应当设置"应付职工薪酬"账户,核算应付职工薪酬的提取、结算、使用等情况,该账户贷方登记已分配计入有关成本费用项目的职工薪酬的数额,借方登记实际发放职工薪酬的数额;该账户期末贷方余额,反映企业应付未付的职工薪酬。"应付职工薪酬"账户应当按照"工资""职工福利""社会保险费""住房公积金""工会经费""职工教育经费""非货币性福利"等应付职工薪酬项目设置明细账户,进行明细核算。

(一)计提应付职工薪酬的账务处理

企业应当在职工为其提供服务的会计期间,根据职工提供服务的受益对象,将应确认的职工薪酬(包括货币性薪酬和非货币性福利)计入相关资产成本或当期损益,同时确认为应付职工薪酬。具体分为以下情况进行处理。

生产部门人员的职工薪酬,借记"生产成本""制造费用""劳务成本"等账户,贷记"应付职工薪酬"账户。

管理部门人员的职工薪酬,借记"管理费用"账户,贷记"应付职工薪酬"账户。

销售人员的职工薪酬,借记"销售费用"账户,贷记"应付职工薪酬"账户。

应由在建工程、研发支出负担的职工薪酬,借记"在建工程""研发支出"账户,贷记"应付职工薪酬"账户。

因解除与职工的劳动关系给予的补偿,不区分职工提供服务的受益对象,全部记入"管理费用"账户。

【例 6-49】 乙企业本月应付工资总额 462 000 元,工资费用分配汇总表中列示的产品生产人员工资为 320 000 元,车间管理人员工资为 70 000 元,企业行政管理人员工资为 60 400 元,销售人员工资为 11 600 元。乙企业应编制如下会计分录:

```
借:生产成本——基本生产成本                        320 000
    制造费用                                      70 000
    管理费用                                      60 400
    销售费用                                      11 600
    贷:应付职工薪酬——工资                                462 000
```

(二)发放应付职工薪酬的账务处理

1.支付职工工资、奖金、津贴和补贴

企业按照有关规定向职工支付工资、奖金、津贴等,借记"应付职工薪酬——工资"账户,贷记"银行存款""库存现金"等账户;企业从应付职工薪酬中扣还的各种款项(代垫的家属医药费、个人所得税等),借记"应付职工薪酬——工资"账户,贷记"银行存款""库存现金""其他应收款""应交税费——应交个人所得税"等账户。

【例 6-50】 A 企业根据"工资结算汇总表"结算本月应付职工工资总额 462 000 元,代扣职工房租 40 000 元,代垫职工家属医药费 2 000 元,实发工资 420 000 元。A 企业应编制如下会计分录:

(1)向银行提取现金:

```
借:库存现金                                      420 000
    贷:银行存款                                        420 000
```

(2)发放工资,支付现金:

```
借:应付职工薪酬——工资                            420 000
    贷:库存现金                                        420 000
```

(3)代扣款项:

```
借:应付职工薪酬——工资                            42 000
    贷:其他应收款——职工房租                            40 000
            ——代垫医药费                        2 000
```

2.支付职工福利费

企业向职工食堂、职工医院、生活困难职工等支付职工福利费时,借记"应付职工薪

酬——职工福利"账户,贷记"银行存款""库存现金"等账户。

【例6-51】　2010年9月,甲企业以现金支付职工张某生活困难补助800元。甲企业应编制如下会计分录:

借:应付职工薪酬——职工福利　　　　　　　　　　　　　　　800
　　贷:库存现金　　　　　　　　　　　　　　　　　　　　　　800

3.发放非货币性福利

企业以自产产品作为职工薪酬发放给职工时,应确认主营业务收入,借记"应付职工薪酬——非货币性福利"账户,贷记"主营业务收入"账户,同时结转相关成本,涉及增值税销项税额的,还应进行相应的处理,企业支付租赁住房等资产供职工无偿使用所发生的租金,借记"应付职工薪酬——非货币性福利"账户,贷记"银行存款"等账户。

三、应交税费

应交税费核算企业按照税法规定计算应交纳的各种税费,包括增值税、消费税、所得税、资源税、土地增值税、城市维护建设税、房产税、土地使用税、车船税、教育费附加、矿产资源补偿费等。

企业应设置"应交税费"账户,总括反映各种税费的交纳情况,并按照应交税费的种类进行明细核算。该账户贷方登记应交纳的各种税费,借方登记实际交纳的税费,期末余额一般在贷方,反映企业尚未交纳的税费,期末余额如在借方,反映企业多交或尚未抵扣的税费。

企业交纳的印花税、耕地占用税等不需要预计应交的税额,不通过"应交税费"账户核算。直接记入"管理费用"账户。

(一)应交增值税

增值税一般纳税人是以商品(含应税劳务)在流转过程中产生的增值额作为计税依据而征收的一种流转税。

$$一般纳税人应交增值税＝当期销项税额－当期进项税额$$

$$销项税额＝不含税销售额×适用税率$$

$$不含税销售额＝含税销售额÷(1＋适用税率)$$

注意该公式也是企业开具增值税专用发票所用的换算公式。

税率分为三档:基本税率(17％)、低税率(13％)和零税率。

为了核算企业应交增值税的发生、抵扣、交纳、退税以及转出等情况,应在"应交税费"账户下设置"应交增值税"和"未交增值税"两个明细账户。应交增值税明细账核算本期应交的增值税情况,并在"应交增值税"明细账内设置"进项税额""销项税额""进项税额转出"和"已交税金""转出未交增值税""转出多交增值税"等专栏;未交增值税明细账核算以前各期未交(多交)增值税和月末"应交增值税"明细账的期末余额转入的未交(多交)增值税情况。

1.进项税额

企业从国内采购商品或接受应税劳务等,根据增值税专用发票上记载的应计入采购成本或应计入加工、修理修配等物资成本的金额,借记"原材料""库存商品"等账户,根据增值税专用发票上注明的可抵扣的增值税税额,借记"应交税费——应交增值税(进项税额)"账户,按照应付或实际支付的总额,贷记"应付账款""应付票据""银行存款"等账户。购入货物发生的退货,做相反的会计分录。

【例6-52】 A企业购入原材料一批,增值税专用发票上注明金额60 000元,增值税税额10 200元,货物尚未到达,货款和进项税款已用银行存款支付,该企业采用计划成本对原材料进行核算。该企业应编制如下会计分录:

借:材料采购　　　　　　　　　　　　　　　　　　　　60 000
　　应交税费——应交增值税(进项税额)　　　　　　　 10 200
　贷:银行存款　　　　　　　　　　　　　　　　　　　 70 200

注意:①对于购入的免税农业产品、收购废旧物资等可以按买价(或收购金额)的13%计算进项税额,并准予从销项税额中抵扣。

②属于购进货物时即能认定进项税额不能抵扣的,直接将增值税专用发票上注明的增值税税额计入购入货物或接受劳务的成本。

③企业按照运营费用结算单据(普通发票)上金额的7%计算进项税额,并从销项税额中抵扣。

2. 销项税额

企业销售货物或者提供应税劳务,按照营业收入和应收取的增值税税额,借记"应收账款""应收票据""银行存款"等账户,按专用发票上注明的增值税税额,贷记"应交税费——应交增值税(销项税额)"账户,按照实现的营业收入,贷记"主营业务收入""其他业务收入"等账户。发生的销售退回,做相反的会计分录。

【例6-53】 K企业销售产品一批,价款500 000元,按规定应收取增值税税额85 000元,提货单和增值税专用发票已交给买方,款项尚未收到。该企业应编制如下会计分录:

借:应收账款　　　　　　　　　　　　　　　　　　　　585 000
　贷:主营业务收入　　　　　　　　　　　　　　　　　 500 000
　　　应交税费——应交增值税(销项税额)　　　　　　　 85 000

3. 进项税额转出

(1)企业购进的货物、在产品或产成品等因管理不善而造成的霉烂、变质、丢失、被盗等,其进项税额应借记"待处理财产损溢"账户,贷记"应交税费——应交增值税(进项税额转出)"账户。

(2)购进的货物在没有任何加工的情况下对其改变用途(如用于非应税项目、集体福利等),应借记"在建工程""应付职工薪酬"等账户,贷记"应交税费——应交增值税(进项税额转出)"账户。

4. 转出未交增值税、转出多交增值税

月末将应交增值税明细账余额(未交、多交)转入"未交增值税"明细账。月末转出未交增值税,借记"应交税费——应交增值税(转出未交增值税)"账户,贷记"应交税费——

未交增值税"账户;月末转出多交增值税,借记"应交税费——未交增值税"账户,贷记"应交税费——应交增值税(转出多交增值税)"账户。

5.交纳增值税

(1)企业交纳当月应交的增值税,借记"应交税费——应交增值税(已交税金)"账户,贷记"银行存款"账户。"应交税费——应交增值税"账户的贷方余额,表示企业未交纳的增值税。

(2)企业交纳以前月份应交或欠交的增值税,借记"应交税费——未交增值税"账户,贷记"银行存款"账户。

【例6-54】　某企业以银行存款交纳本月增值税100 000元,该企业应编制如下会计分录:

借:应交税费——应交增值税(已交税金)　　　　　　　　　100 000
　　贷:银行存款　　　　　　　　　　　　　　　　　　　　　　100 000

6.小规模纳税企业的账务处理

小规模纳税企业应当按照不含税销项税额和规定的增值税征收率计算交纳增值税,销售货物或提供应税劳务时,只能开具普通发票,不能开具增值税专用发票。

$$小规模纳税企业应纳税额=不含税销售额×税率(3\%)$$

$$不含税销售额=含税销售额÷(1+税率)$$

小规模纳税企业不享有进项税额的抵扣权,其购进货物或接受应税劳务支付的增值税直接计入有关货物或劳务的成本。因此,小规模纳税企业只需在"应交税费"账户下设置"应交增值税"明细账户,不需要在"应交增值税"明细账户中设置专栏,"应交税费——应交增值税"账户贷方登记应交纳的增值税,借方余额为多交纳的增值税。

小规模纳税企业购进货物和接受应税劳务时支付的增值税,直接计入有关货物和劳务的成本,借记"材料采购""在途物资"等账户,贷记"银行存款"账户。

【例6-55】　某小规模纳税企业购入材料一批,取得的专用发票中注明货款20 000元,增值税3 400元,货款以银行存款支付,材料已验收入库(该企业按实际成本计价核算)。该企业应编制如下会计分录:

借:原材料　　　　　　　　　　　　　　　　　　　　　　　23 400
　　贷:银行存款　　　　　　　　　　　　　　　　　　　　　　23 400

【例6-56】　某小规模纳税企业销售一批商品收到货款10 300元,存入银行。该企业应编制如下会计分录:

借:银行存款　　　　　　　　　　　　　　　　　　　　　　10 300
　　贷:主营业务收入　　　　　　　　　　　　　　　　　　　　10 000
　　　　应交税费——应交增值税　　　　　　　　　　　　　　　　300

(二)消费税

消费税是指在中国境内从事生产、委托加工和进口应税消费品的单位和个人计算征收的一种流转税。

应税消费品包括烟、酒、化妆品、贵重首饰及珠宝玉石、鞭炮和焰火、成品油、汽车轮船、摩托车、小汽车、高尔夫球及球具、高档手表、游艇、木质一次性筷子、实木地板。

【例6-57】 某卷烟厂生产销售甲类卷烟一批,金额100 000元,增值税税额17 000元,货已发出,货款未收。该企业应编制如下会计分录:

借:应收账款 117 000
　贷:主营业务收入 100 000
　　应交税费——应交增值税(销项税额) 17 000

【例6-58】 某卷烟厂本月生产销售甲类卷烟取得营业收入1 000 000元。假定甲类卷烟的消费税税率为56%。月末计算应交消费税并编制会计分录:

应交消费税＝1 000 000×56%＝560 000(元)

借:营业税金及附加 560 000
　贷:应交税费——应交消费税 560 000

(三)城市维护建设税(简称城建税)、教育费附加、地方教育费附加和流转税

城市维护建设税是企业按照流转税额和一定税率计算征收的一种税(税率为7%)。教育费附加是企业按照流转税额和一定比例计算征收的一种教育附加费(征收比例3%)。地方教育费附加是企业按照流转税额和一定比例计算征收的一种教育附加费(征收比例1%)。流转税是指企业在流通环节交纳的各种税金总称,而不是一个具体税种。

$$应交流转税＝应交增值税＋应交消费税＋应交营业税$$

【例6-59】 2013年8月,甲宾馆的营业收入为3 000 000元,适用的营业税率为5%,城市维护建设税率为7%,教育费附加率3%,地方教育费附加率1%。9月,甲宾馆通过银行转账的方式交纳了8月份的营业税、城市维护建设税、教育费附加和地方教育费附加。不考虑其他税费,相关会计分录为:

(1)8月31日计算应交营业税、城市维护建设税、教育费附加和地方教育费附加等:

应交营业税＝3 000 000×5%＝150 000(元)

应交城市维护建设税＝150 000×7%＝10 500(元)

应交教育费附加＝150 000×3%＝4 500(元)

应交地方教育费附加＝150 000×1%＝1 500(元)

借:营业税金及附加 166 500
　贷:应交税费——应交营业税 150 000
　　　　——应交城市维护建设税 10 500
　　　　——应交教育费附加 4 500
　　　　——应交地方教育费附加 1 500

(2)9月交纳税费时:

借:应交税费——应交营业税 150 000
　　　　——应交城市维护建设税 10 500
　　　　——应交教育费附加 4 500
　　　　——应交地方教育费附加 1 500
　贷:银行存款 166 500

（四）企业所得税

企业所得税是根据企业实现的应纳税所得额计算征收的一种所得税。

1. 企业所得税的计算

应纳税所得额是在企业税前会计利润（即利润总额）的基础上调整确定的，计算公式为：

$$应纳税所得额＝税前会计利润＋纳税调整增加额－纳税调整减少额$$
$$应交所得税税额＝应纳税所得额×所得税税率（25\%）$$

纳税调整增加额主要包括税法规定允许扣除项目中，企业已计入当期费用但超过税法规定扣除标准的金额（如超过税法规定标准的业务招待费、公益性捐赠支出、广告费和业务宣传费等），以及企业已计入当期损失但税法规定不允许扣除项目的金额（如税收滞纳金、行政性罚款等）。

纳税调整减少额主要包括按税法规定允许弥补的亏损和准予免税的项目，如前五年内的未弥补亏损和国债利息收入等。

【例 6-60】甲公司 2010 年全年利润总额（即税前会计利润）为 10 200 000 元，其中包括本年收到的国债利息收入 200 000 元，所得税税率为 25%。假定甲公司全年无其他纳税调整因素。

按照税法的有关规定，企业购买国债利息收入免交所得税，即在计算应纳税所得额时可将其扣除。甲公司当期所得税的计算如下：

$$应纳税所得额＝10\ 200\ 000－200\ 000＝10\ 000\ 000（元）$$
$$当期应交所得税税额＝10\ 000\ 000×25\%＝2\ 500\ 000（元）$$

2. 企业所得税的账务处理

企业应设置"所得税费用"账户，核算确认的应从当期利润总额中扣除的所得税费用。期末，应将本账户的余额转入"本年利润"账户，结转后本账户无余额。企业应设置"应交税费——应交所得税"账户核算企业实际应交纳的所得税。

企业按照税法规定计算确定的当期应交所得税，借记"所得税费用"账户，贷记"应交税费——应交所得税"账户。

企业交纳所得税时，借记"应交税费——应交所得税"账户，贷记"银行存款"账户。

（五）个人所得税

个人所得税是国家对本国公民、居住在本国境内的个人的所得和境外个人来源于本国的所得征收的一种所得税。

我国个人所得税的纳税义务人是在中国境内居住有所得的个人，以及不在中国境内居住而从中国境内取得所得的个人，包括中国国内公民，在华取得所得的外籍人员和港、澳、台同胞。

居民纳税义务是指在中国境内有住所或者无住所但在境内居住满一年的个人。居民纳税义务人应当承担无限纳税义务，即就其在中国境内和境外取得的所得，依法交纳个人所得税。非居民纳税义务人是指在中国境内无住所又不居住或者无住所但在境内居住不满一年的个人。非居民纳税义务人承担有限纳税义务,仅就其在中国境内取得的所得依法交纳个人所得税。

企业职工的工资所得需要交纳个人所得税,由企业代扣代缴。2011 年 9 月 1 日起适用调整后的 3%～45% 的 7 级超额累进税率,免征额为 3 500 元,具体计算公式如下:

$$应纳税额＝应纳税所得额×税率－速算扣除数$$
$$应纳税所得额＝工资－3\ 500$$

个人所得税在 2011 年 9 月 1 日起调整后的 7 级超额累进税率见表 6-3。

表 6-3　　　　　　2011 年 9 月 1 日起调整后的 7 级超额累进税率

全月应纳税所得额	税率	速算扣除数(元)
全月应纳税所得额不超过 1 500 元	3%	0
全月应纳税所得额超过 1 500 元至 4 500 元	10%	105
全月应纳税所得额超过 4 500 元至 9 000 元	20%	555
全月应纳税所得额超过 9 000 元至 35 000 元	25%	1 005
全月应纳税所得额超过 35 000 元至 55 000 元	30%	2 755
全月应纳税所得额超过 55 000 元至 80 000 元	35%	5 505
全月应纳税所得额超过 80 000 元	45%	13 505

企业应用"应交税费－应交个人所得税"科目来核算为职工代扣代缴的属于职工个人负担的个人所得税。

(六)资源税

资源税是对我国境内开采矿产品或者生产盐的单位和个人征收的税,资源税按照应税产品的课税数量和规定的单位税额计算,开采或生产应税产品对外销售的,以销售数量为课税数量;开采应税产品应交纳的资源税应借记"营业税金及附加"账户,贷记"应交税费——应交资源税"账户;自产自用应税产品应交纳的资源税应借记"生产成本""制造费用"等账户,贷记"应交税费——应交资源税"账户。

【例 6-61】　甲企业本期对外销售资源税应税矿产品 3 600 吨,将自产资源税应税矿产品 800 吨用于其产品生产,税法规定每吨矿产品应交资源税 5 元。甲企业应编制如下会计分录:

(1)计算对外销售应税矿产品应交资源税:

企业对外销售应税矿产品而应交的资源税＝3 600×5＝18 000(元)

借:营业税金及附加　　　　　　　　　　　　　　　　18 000

　贷:应交税费——应交资源税　　　　　　　　　　　　　　18 000

(2)计算自产自用应税矿产品应交资源税:

企业自产自用应税矿产品而应交的资源税＝800×5＝4 000(元)

借:生产成本　　　　　　　　　　　　　　　　　　　4 000

　贷:应交税费——应交资源税　　　　　　　　　　　　　　4 000

（3）交纳资源税：

借：应交税费——应交资源税　　　　　　　　　　　　　22 000

　　贷：银行存款　　　　　　　　　　　　　　　　　　　　　22 000

（七）土地增值税

土地增值税是对转让国有土地使用权、地上的建筑物及其附着物（以下简称转让房地产）并取得增值性收入的单位和个人所征收的一种税。

土地增值税按照转让房地产取得的增值额和规定的税率计算征收额。转让房地产的增值额是转让收入减去税法规定扣除项目金额后的余额，其中，转让收入包括货币收入、实物收入和其他收入；扣除项目主要包括取得土地使用权所支付的金额、房地产开发成本及费用、与转让房地产有关的税金、旧房及建筑物的评估价格、财政部确定的其他扣除项目等。土地增值税采用四级超率累进税率，其中最低税率为30%，最高税率为60%。

根据企业对房地产核算方法不同，企业应交土地增值税的账务处理也有所区别；企业转让的土地使用权连同地上建筑物及其附着物一并在"固定资产"账户中核算的，转让时应交的土地增值税，借记"固定资产清理"账户，贷记"应交税费——应交土地增值税"账户；土地使用权在"无形资产"账户中核算的，按实际收到的金额，借记"银行存款"账户，按应交的土地增值税，贷记"应交税费——应交土地增值税"账户，同时冲销土地使用权的账面价值，贷记"无形资产""累计折旧""无形资产减值准备"等账户，按其差额，借记"营业外支出"账户或贷记"营业外收入"账户；房地产开发经营企业销售房地产应交纳的土地增值税，借记"营业税金及附加"账户，贷记"应交税费——应交土地增值税"账户，贷记"银行存款"账户。

【例6-62】　甲企业对外转让一栋厂房，根据税法规定计算的应交土地增值税为25 000元。甲企业应编制如下会计分录：

（1）计算应交土地增值税：

借：固定资产清理　　　　　　　　　　　　　　　　　　25 000

　　贷：应交税费——应交土地增值税　　　　　　　　　　　　25 000

（2）用银行存款交纳土地增值税：

借：应交税费——应交土地增值税　　　　　　　　　　　25 000

　　贷：银行存款　　　　　　　　　　　　　　　　　　　　　25 000

（八）房产税、城镇土地使用税、车船税和矿产资源补偿费

房产税是国家对在城市、县城、建制镇和工矿区征收的由产权所有人交纳的一种税。房产税依据房产原值一次减除10%～30%后的余额计算交纳。没有房产原值作为依据的，由房产所在地税务机关参考同类房产核定；房产出租的，以房产租金收入为房产税的计税依据。

城镇土地使用税是以城市、县城、建制镇和工矿区范围内使用土地的单位和个人为纳税人，以其实际占用的土地面积和规定税额计算征收的一种税。

车船税由拥有并且使用车船的单位和个人按照适用税额计算交纳。

矿产资源补偿费是对在我国领域和管辖海域开采矿产资源而征收的费用。矿产资源补偿费按照矿产品销售收入的一定比例计征，由采矿人交纳。

企业应交的房产税、城镇土地使用税、车船税、矿产资源补偿费,借记"管理费用"账户,贷记"应交税费——应交房产税(或应交城镇土地使用税、应交车船税、应交矿产资源补偿费)"账户。

【例6-63】 某企业按税法规定本期应交纳房产税160 000元、车船税45 000元、城镇土地使用税38 000元,该企业应编制如下会计分录:

(1)计算应交上述税金:

借:管理费用	243 000
贷:应交税费——应交房产税	160 000
——应交车船税	45 000
——应交城镇土地使用税	38 000

(2)用银行存款交纳上述税金:

借:应交税费——应交房产税	160 000
——应交车船税	45 000
——应交城镇土地使用税	38 000
贷:银行存款	243 000

(九)关税

关税是指一国海关根据该国法律规定,对通过其关境的进出口货物课征的一种税。关税在各国一般属于国家最高行政单位指定税率的高级税种,对于对外贸易发达的国家而言,关税往往是国家税收乃至国家财政的主要收入。

关税的征税基础是关税完税价格。进口货物的关税完税价格是以由海关审定的成交价值为基础的到岸价格;出口货物的关税完税价格是以该货物销售的离岸价格减去出口税后、经过海关审查确定的价格。

关税、进口增值税、进口消费税征收计算公式如下。

1.关税计算公式

进出口货物关税,以从价计征、从量计征或者国家规定的其他方式征收。海关征收关税、滞纳金等,按人民币计征。

从价计征的计算:

$$关税税额 = 完税价格 \times 关税税率$$

从量计征的计算:

$$关税税额 = 货物数量 \times 单位关税税额$$

复合计征的计算:

$$关税税额 = 货物数量 \times 从量关税税额 + 关税完税价格 \times 从价关税税率$$

2.进口增值税计算

进口增值税的征收管理,适用关税征收管理的规定。

$$应交增值税税额 = (关税完税价格 + 实征关税税额 + 实征消费税税额) \times 增值税税率$$

3.进口消费税计算

进口消费税的征收管理,适用关税征收管理的规定。

(1)从价征收的消费税公式:

消费税税额=(关税完税价格+实征关税税额)÷(1-消费税税率)×消费税税率

(2)从量征收的消费税公式:

消费税税额=货物数量×单位消费税税额

(3)同时实行从价、从量征收的消费税公式:

消费税税额=货物数量×单位消费税税额+(关税完税价格+实征关税税额)÷
(1-消费税税率)×消费税税率

【例6-64】　进口一台价值为一万美元的某种机器,该机器根据海关税则,税号是84131100,进口关税税率是12%,增值税税率是17%,那么进口这台机器需要交纳多少税款呢?

海关根据填发海关专用缴款书的日期当天的汇率,把申报的外汇换算为人民币。假设2013年12月2日的汇率为1:6.2,则这台一万美元的机器的进口价格是62 000元人民币,这也是计算进口关税的"完税价格"。

进口关税税额=进口关税的完税价格×进口关税税率
=62 000×12%=7 440(元)

在征收进口关税的同时,海关还要代征增值税,这台机器的增值税税率是17%。

请注意,要交纳的增值税不是62 000×17%,因为代征增值税的完税价格不是进口关税的完税价格。

代征增值税的完税价格=关税的完税价格+实征关税税额
=62 000+7 440=69 440(元)

代征增值税税额=代征增值税的完税价格×增值税税率
=69 440×17%=11 804.80(元)

进口这台机器一共要交纳的税款=7 440+11 804.80=19 244.80(元)

【例6-65】　江苏进出口公司从挪威进口一批货物,经海关审核其成交价格为120 000美元,已知该批货物关税税率为12%,消费税税率为10%,增值税税率为17%,另货物到港后发生装卸费、仓储费、运输费等5 000元人民币,当日汇率为1:6.822 8。

要求:计算关税完税价格,应征关税税额、消费税税额、增值税税额以及该商品采购成本。

(1)关税完税价格=120 000×6.822 8=818 736(元)

(2)应征关税税额=完税价格×关税税率=818 736×12%=98 248.32(元)

(3)应征消费税税额=(完税价格+实征关税税额)÷(1-消费税税率)×消费税税率
=(818 736+98 248.32)÷(1-10%)×10%
=1 018 871.47×10%=101 887.15(元)

(4)应征增值税税额＝(关税完税价格＋实征关税税额＋实征消费税税额)×

增值税税率

＝(818 736＋98 248.32＋101 887.15)×17%

＝1 018 871.47×17%＝173 208.15(元)

(5)进口商品采购成本＝818 736＋98 248.32＋101 887.15＋5 000

＝1 023 871.47(元)

进口商品采购成本不含增值税。增值税 173 208.15 元作为应交增值税的进项税额。

第七章

会计凭证

第一节 会计凭证的概念、意义和种类

一、会计凭证的概念

会计凭证是记录经济业务事项发生或完成情况的书面证明,也是登记账簿的依据。通过填制或取得会计凭证,可以明确经济责任。各单位在进行会计核算时,应当以实际发生的经济业务为依据,这是会计核算应遵循的基本原则。因此,每一个单位在处理各项经济业务时,都必须由具体经办该项经济业务的有关人员,从外部取得或自行填制有关凭证,以书面形式记录和证明所发生经济业务的性质、内容、数量和金额等,并在凭证上签字或盖章,以对经济业务的合法性和凭证的真实性、可靠性负责。例如,企业从外部购买材料,必须由业务经办人员取得购物发票并签字或盖章;企业生产中领用材料,应填制领料单等。各种发票、领料单等,都属于会计凭证。任何会计凭证都必须经过有关人员的严格审核,确认无误后,才能作为记账的依据。

二、会计凭证的意义

填制和审核会计凭证是会计核算方法之一,是会计核算的初始阶段和基本环节,是一项重要的基础性工作。做好这一工作,对于实现会计的职能,保证会计资料的真实性、客观性、正确性,提高会计核算的质量,加强财产物资的管理等,都具有十分重要的意义。主要体现在以下三个方面:

(一)记录经济业务,提供记账依据

由于企业对发生的每一项经济业务都要由经办人员按照规定的程序和要求,及时填制或取得会计凭证,如实写明经济业务的内容及发生或完成的时间,确认应记入的账户名称、方向和金额,使各项经济业务的发生或完成情况通过会计凭证的记录真实地反映出来。因此,通过会计凭证的填制和审核,可以如实反映各项经济业务的具体情况。但是,会计凭证只是对经济业务所做的初步归类记录,要全面反映经济活动情况,还必须在账户中对经济业务做进一步归类和系统化的记录。任何单位都不能凭空记账,登记账簿必须

以经过审核无误的会计凭证为依据。会计凭证所记录有关信息是否真实、可靠、及时,对于能否保证会计信息质量具有至关重要的影响。

（二）明确经济责任,强化内部控制

由于每一项经济业务都要填制或取得会计凭证,并由有关部门和人员签章,从而明确了有关部门和人员的责任,这必然增强经办人员以及其他有关人员的责任感,促使其严格按照有关法律法规和制度的规定办事,在其职权范围内各负其责,相互制约,同时也有利于今后发现问题时查明责任归属。而且通过凭证审核还可以及时发现经营管理上的薄弱环节,总结经验教训,以便采取措施,改进工作。

（三）监督经济活动,控制经济运行

通过会计凭证的填制和审核,可以检查企业的每一项经济业务是否符合国家有关政策、法律法规和制度等的规定,是否执行了企业的计划和预算,是否有违法乱纪、铺张浪费等行为,监督经济活动的真实性、合法性、合理性,及时对经济活动进行事中控制,保证经济活动健康运行,从而严肃财经纪律,有效地发挥会计的监督作用。

三、会计凭证的种类

会计凭证的种类多种多样,按其填制的程序和用途的不同来划分,可以分为原始凭证和记账凭证两类。

原始凭证又称单据,是指在经济业务发生或完成时取得或填制的,用以记录或证明经济业务的发生或完成情况,明确经济责任的原始凭据。原始凭证是进行会计核算的原始资料和重要依据。

记账凭证又称记账凭单,是会计人员根据审核无误的原始凭证或汇总原始凭证,按照经济业务的内容加以归类,并据以在确定会计分录后所填制的会计凭证,它是登记账簿的直接依据。

原始凭证和记账凭证都称为会计凭证,但就其性质来讲却截然不同。原始凭证记录的是经济信息,它是编制记账凭证的依据,是会计核算的基础;而记账凭证记录的是会计信息,它是会计核算的起点。

由于原始凭证的内容不同,格式各异,种类繁多,对应关系也不直观,如果直接根据原始凭证记账,容易发生差错,也不便于查账。因此,应先根据原始凭证或汇总原始凭证编制记账凭证,在记账凭证摘要中说明经济业务的内容,确定应借、应贷的账户名称和金额,并将原始凭证作为附件,然后根据记账凭证登记账簿。这样可以减少记账错误,便于核对和查账,保障记账工作的质量。

对原始凭证和记账凭证,又可以根据不同的标志划分为若干种类,其具体情况如图7-1所示。

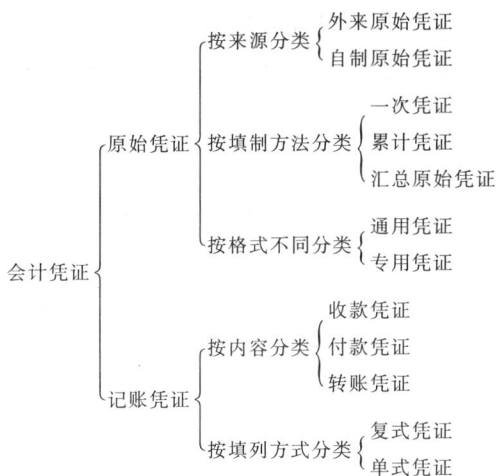

图 7-1 会计凭证分类图

第二节 原始凭证

一、原始凭证的概念

原始凭证又称单据,是在经济业务发生或完成时取得或填制的,用以记录或证明经济业务的发生或完成情况,它是会计核算的原始资料和重要依据。原始凭证的质量决定了会计信息的真实性和可靠性。会计人员对不真实、不合法的原始凭证,不予受理;对记载不准确、不完整的原始凭证,应予以退回,要求更正、补充。各单位在办理现金收付、款项结算、财产收发、成本计算、产品生产、产品销售等各项经营业务时,都必须取得或填制原始凭证来证明经济业务已经发生或完成,并作为会计核算的依据。例如,由材料仓库管理人员在验收材料时填制的收料单,由车间或其他用料部门领用材料时填制的领料单,由供应单位开具的发票和结算凭证等可以用来证明经济业务已经实际发生的单据就属于原始凭证,并作为会计核算的原始资料。

二、原始凭证的种类

原始凭证根据不同的标准有不同的分类。

(一)原始凭证按其来源的不同,可以分为外来原始凭证和自制原始凭证

1. 外来原始凭证

外来原始凭证是指在经济业务发生或完成时,从其他单位或个人直接取得的原始凭证,如购买材料时取得的增值税专用发票,银行转来的各种结算凭证,对外支付款项取得的收据,职工出差取得的飞机票、车船票等。见表 7-1、表 7-2。

表 7-1

增值税专用发票

发票联　　　　　　　　　　　No 001246578

开票日期：　年　月　日　　　　　　　　　　　　　　　单位　个人

购货单位	名称		纳税人登记号	
	地址、电话		开户银行及账号	

商品或劳务名称	计量单位	数量	单价	金额	税率（%）	税额
合计						

价税合计(大写)	佰　拾　万　仟　佰　拾　元　角　分　¥

销货单位	名称		纳税人登记号	
	地址、电话		开户银行及账号	

第三联发票联　购货方记账联

表 7-2　　　　　　　　　　**××统一收款票据**　　　　　　　No 00364527

今收到 ＿＿＿＿＿＿＿＿＿＿＿＿＿＿＿＿＿＿＿＿＿＿＿＿＿＿

交来 ＿＿＿＿＿＿＿＿＿＿＿＿＿＿＿＿＿＿＿＿＿＿＿＿＿＿

人民币(大写) ＿＿＿＿＿＿＿＿＿＿＿＿＿＿＿＿＿＿＿＿＿＿　¥＿＿＿

收款单位　　　　　　　收款人　　　　　　　　年　月　日
(公章)　　　　　　　　(盖章)

第二联收据

2. 自制原始凭证

自制原始凭证是指由本单位内部经办业务的部门或个人,在执行或完成某项经济业务时自行填制的、仅供单位内部使用的原始凭证,如领料单、限额领料单、收料单、产品入库单、产品出库单、借款单、工资发放明细表、折旧计算表等,见表7-3、表7-4、表7-5。

表 7-3　　　　　　　　　　　　　　**领料单**

领料部门：　　　　　　　　　　　　　　　　　　领料编号：00568794

领料用途：　　　　　　　　　年　月　日　　　　发料仓库

材料编号	材料名称及规格	计量单位	数量		单价	金额
			请领	实领		
备注				合计		

第一联

发料：　　　　　审批：　　　　　领料：　　　　　记账：

表 7-4　　　　　　　　　　　　　　　　　限额领料单

领料部门：　　　　　　　　　　　　　　　　　　　　　　　领料编号：003654

领料用途：　　　　　　　　　　　年　月　　　　　　　　　发料仓库：

材料类别	材料编号	材料名称及规格	计量单位	领用限额	实际领用	单位	金额	备注

| 供应部门负责人： | | | | 生产计划部门负责人： | | | |

日期	领用				退料			限额结余
	请领数量	实发数量	发料人盖章	领料人盖章	退料数量	退料人盖章	收料人盖章	

表 7-5　　　　　　　　　　　　　　　　　　收料单

供货单位：　　　　　　　　　　　　　　　　　　　　　　　凭证编号：012564

发票编号：　　　　　　　　　　　年　月　　　　　　　　　材料仓库：

材料类别	材料编号	材料名称及规格	计量单位	数量		金额(元)			
				应收	实收	单价	买价	运杂费	合计
备注：						合计			

（二）原始凭证按照填制手续及内容不同，可以分为一次凭证、累计凭证和汇总凭证

1. 一次凭证

一次凭证是指一次填制完成、只记录一笔经济业务的原始凭证。所有的外来原始凭证和大部分的自制原始凭证都属于一次凭证。如购货发票、销货发票、收据、领料单、收料单、借款单、银行结算凭证等。一次凭证是一次有效的凭证。

2. 累计凭证

累计凭证是指在一定时期内多次记录发生的同类型经济业务的原始凭证。其特点是在一张凭证内可以连续登记相同性质的经济业务,随时结出累计数及结余数,并按照费用限额进行费用控制,期末按实际发生额记账。累计凭证是多次有效的原始凭证,这类凭证的填制手续是多次进行才能完成的。它一般为自制原始凭证,最具有代表性的累计凭证是"限额领料单"(表7-4)。限额领料单特点是在有效期间内(一般为一个月),只要领用数量不超过限额就可以连续使用。

3. 汇总凭证

汇总凭证也称原始凭证汇总表,是指对一定时期内反映相同经济业务内容的若干张原始凭证,按照一定标准综合填制的原始凭证。它合并了同类型经济业务,简化了记账工作量。

常用的汇总原始凭证有发出材料汇总表、工资结算汇总表、销售日报、差旅费报销单等。发出材料汇总表见表7-6。

表 7-6

发出材料汇总表

年　月　日

会计科目	领料部门	领用材料			
		原材料	包装物	低值易耗品	合计
生产成本	一车间				
	二车间				
	小计				
	供电车间				
	供水车间				
	小计				
制造费用	一车间				
	二车间				
	小计				
管理费用	行政部门				
合计					

(三)原始凭证按照格式不同,可以分为通用凭证和专用凭证

1. 通用凭证

通用凭证是指由有关部门统一印制、在一定范围内使用的具有统一格式和使用方法的原始凭证。通用凭证的使用范围,因制作部门不同而异。通用凭证的使用范围可以是某一地区、某一行业,也可以是全国通用。如某省(市)印制的发货票、收据等,在该省(市)通用;由人民银行制作的银行转账结算凭证,在全国通用等,如增值税专用发票,见表7-7。

2. 专用凭证

专用凭证是指由单位自行印制、仅在本单位内部使用的原始凭证。如领料单、差旅费

报销单、折旧计算表、工资费用分配表等。

表 7-7　　　　　　　　**增值税专用发票**

发　票　联　　　　　　　　No 008564256

开票日期：　　　年　月　日　　　　　　　　　单位　个人

购货单位	名称		纳税人登记号			
	地址、电话		开户银行及账号			
商品或劳务名称	计量单位	数量	单价	金额	税率（%）	税额
合计						
价税合计(大写)	佰　拾　万　仟　佰　拾　元　角　分　¥					
销货单位	名称		纳税人登记号			
	地址、电话		开户银行及账号			

第三联发票联　购货方记账联

三、原始凭证的基本内容

由于经济业务的种类和内容不同，经营管理的要求不同，原始凭证的格式和内容也千差万别。但无论何种原始凭证，都必须做到所载明的经济业务清晰，经济责任明确。原始凭证一般应具备以下基本内容(也称为原始凭证要素)：

(1)原始凭证的名称和编号。

(2)填制原始凭证的日期。

(3)接受原始凭证单位名称。

(4)经济业务内容(含数量、单价、金额等)。

(5)填制单位签章。

(6)有关人员签章。

(7)凭证附件。

实际工作中，根据经营管理和特殊业务的需要，除上述基本内容外，可以增加必要的内容。对于不同单位经常发生的共同性经济业务，有关部门可以制定统一的凭证格式。如人民银行统一制定的银行转账结算凭证，标明了结算双方单位名称、账号等内容；铁道部统一制定的铁路运单，标明了发货单位、收货单位、提货方式等内容。

四、原始凭证的填制要求

原始凭证是编制记账凭证的依据，是会计核算最基础的原始资料。要保证会计核算

工作的质量,必须从保证原始凭证的质量做起,正确填制原始凭证。具体地说,原始凭证的填制必须符合下列要求:

1.记录要真实

原始凭证所填列的经济业务内容和数字,必须真实可靠,符合实际情况。

2.内容要完整

原始凭证所要求填列的项目必须逐项填列齐全,不得遗漏和省略。需要注意的是,年、月、日要按照填制原始凭证的实际日期填写;名称要齐全,不能简化;品名或用途要填写明确,不能含糊不清;有关人员的签章必须齐全。

3.手续要完备

单位自制的原始凭证必须有经办单位领导人或者其他指定的人员签字盖章;对外开出的原始凭证必须加盖本单位财务印章;从外部取得的原始凭证,必须盖有填制单位的财务印章;从个人取得的原始凭证,必须有填制人员的签字盖章。总之,取得的原始凭证必须符合手续完备的要求,以明确经济责任,确保凭证的合法性、真实性。

4.书写要清楚、规范

原始凭证要按规定填写,文字要简要,字迹要清楚,易于辨认,不得使用未经国务院公布的简化汉字。大小写金额必须相符且填写规范,小写金额用阿拉伯数字逐个书写,不得写连笔字,在金额前要填写人民币符号"￥",人民币符号"￥"与阿拉伯数字之间不得留有空白,金额数字一律填写到角分,无角分的,写".00"或符号"—",有角无分的,分位写"0",不得用符号"—";大写金额用汉字壹、贰、叁、肆、伍、陆、柒、捌、玖、拾、佰、仟、万、亿、元、角、零、整等,一律用正楷或行书书写,大写金额前未印有"人民币"字样的,应加写"人民币"三个字,"人民币"字样和大写金额之间不得留有空白,大写金额到元或角为止的,后面要写"整"或"正"字,有分的,不写"整"或"正"字。如小写金额为￥1 008.00,大写金额应写成"人民币壹仟零捌元整"。

5.编号要连续

各种凭证要连续编号,以便查考。如果凭证已预先印定编号,如发票、支票等重要凭证,在写坏作废时,应加盖"作废"戳记,妥善保管,不得撕毁。

6.不得涂改、刮擦、挖补

原始凭证有错误的,应当由出具单位重开或更正,更正处应当加盖出具单位印章,不得在原始凭证上更正。

7.填制要及时

各种原始凭证一定要及时填写,并按规定的程序及时送交会计机构,由会计人员进行审核。

【例7-1】　昌河机器厂于2013年8月12日从长江仪器厂购入A材料1 500箱,每箱81元,购入材料时取得长江仪器厂开具的增值税专用发票,见表7-8。

表 7-8
增值税专用发票
发 票 联　　　　　　　　　　　　　　　No 00657235

开票日期:2013 年 8 月 12 日　　　　　　　　　　　　　　√单位　　个人

购货单位	名称	昌河机器厂			纳税人登记号		521603487524110066	
	地址、电话	84659270			开户银行及账号		3400000129	
商品或劳务名称	计量单位	数量	单价	金额		税率(%)		税额
A 材料	箱	1 500	81	121 500		17		20 655
合计								
价税合计(大写)		⊗佰壹拾肆万贰仟壹佰伍拾伍元零角零分　　¥142 155.00						
销货单位	名称	长江仪器厂			纳税人登记号		265503496524883699	
	地址、电话	84326740			开户银行及账号		34000052487	

注:加盖长江仪器厂发票专用章

第三联发票联　购货方记账联

五、原始凭证的审核内容

为了如实反映经济业务的发生和完成情况,充分发挥会计的监督职能,保证会计信息的真实性、可靠性和正确性,会计机构、会计人员必须对原始凭证进行严格审核。具体包括:

1.审核原始凭证的真实性

原始凭证作为会计信息的基本信息源,其真实性对会计信息的质量具有至关重要的影响。其真实性的审核包括凭证日期是否真实、业务内容是否真实、数据是否真实等内容的审查。对外来原始凭证,必须有填制单位公章和填制人员签章;对自制原始凭证,必须有经办部门和经办人员的签字或盖章。此外,对通用原始凭证,还应审核凭证本身的真实性,以防假冒。

2.审核原始凭证的合法性

审核原始凭证所记录的经济业务是否有违反国家法律法规的情况,是否履行了规定的凭证传递和审核程序,是否有贪污腐化等行为。

3.审核原始凭证的合理性

审核原始凭证所记录的经济业务是否符合企业生产经营活动的需要,是否符合有关的计划和预算等。

4.审核原始凭证的完整性

审核原始凭证各项基本要素是否齐全,是否有漏项情况,日期是否完整,数字是否清晰,文字是否工整,有关人员签章是否齐全,凭证联是否正确等。

5.审核原始凭证的正确性

审核原始凭证各项金额的计算及填写是否正确,包括阿拉伯数字分位填写,不得连写;小写金额前要标明"￥"字样,中间不能留有空位;大写金额前要加"人民币"字样,大写金额与小写金额要相符;凭证中有书写错误的,应采用正确的方法改正,不能采用涂改、刮擦、挖补等不正确的方法。

6.审核原始凭证的及时性

原始凭证的及时性是保证会计信息及时性的基础。为此,要求在经济业务发生或完成时及时填制有关原始凭证,及时进行凭证的传递。审核时应注意审查凭证的填制日期,尤其是支票、银行汇票、银行本票等时效性较强的原始凭证,更应仔细验证其签发日期。

经审核的原始凭证应根据不同情况处理:

(1)对于完全符合要求的原始凭证,应及时据以编制记账凭证入账。

(2)对于真实、合法、合理但内容不够完整、填写有错误的原始凭证,应退回给有关经办人员,由其负责将有关凭证补充完整。更正错误或重开后,再办理正式会计手续。

(3)对于不真实、不合法的原始凭证,会计机构、会计人员有权不予接受,并向单位负责人报告。

原始凭证的审核是一项严肃细致的重要工作,会计人员必须熟悉国家有关法律法规和制度以及本单位的有关规定,这样,才能掌握审核和判断是非的标准,确定经济业务是否合理、合法,从而做好原始凭证的审核工作,实现正确有效的会计监督。另外,审核人员还必须做好宣传解释工作,因为原始凭证所证明的经济业务需要由有关领导和职工去办理,只有对他们做好宣传解释工作,才能有效避免违法违规的经济业务的发生。

第三节 | 记账凭证

一、记账凭证的概念

记账凭证又称记账凭单,是会计人员根据审核无误的原始凭证,按照经济业务事项的内容加以归类,并据以在确定会计分录后所填制的会计凭证,它是登记账簿的直接依据。

由于原始凭证只标明经济业务的具体内容,不能反映其归类的会计科目和记账方向,再加上原始凭证多种多样,其格式、大小也不尽一致,直接据以记账容易发生差错,因此,要根据原始凭证编制记账凭证,事先确定好应记的账户和金额,可避免许多差错,提高会计工作的质量。

记账凭证根据复式记账法的基本原理,确定了应借、应贷的会计科目及其金额,将原始凭证中的一般数据转化为会计语言。因此,记账凭证是介于原始凭证与账簿之间的中间环节,是登记明细分类账户和总分类账户的依据。

记账凭证和原始凭证同属于会计凭证,但二者之间存在着以下差别:

(1)原始凭证由经办人员填制,而记账凭证一律由会计人员填制。

(2)原始凭证是根据发生或完成的经济业务填制的,而记账凭证则是根据审核后的原始凭证填制的。

(3)原始凭证仅用以记录、证明经济业务已经发生或完成,而记账凭证则要依据会计科目对已经发生或完成的经济业务进行归类与整理编制。

(4)原始凭证是记账凭证的附件和填制记账凭证的依据,而记账凭证则是登记账簿的依据。

二、记账凭证的种类

(一)按内容分类

记账凭证按其反映经济业务的内容不同,可以分为收款凭证、付款凭证和转账凭证。

1.收款凭证

收款凭证是指用于记录库存现金和银行存款收款业务的会计凭证。它是出纳人员根据库存现金收入业务和银行存款收入业务的原始凭证编制的专用凭证,据以作为登记现金和银行存款有关账户(账簿)的依据。收款凭证的格式见表7-9。

表 7-9　　　　　　　　　　　　　收款凭证

借方科目:　　　　　　　　　　年　月　日　　　　　　　　　收字第　号

摘要	贷方科目		记账	金额	附件
	一级科目	二级或明细科目			张
合计					

会计主管:　　　记账:　　　出纳:　　　审核:　　　制单:

2.付款凭证

付款凭证是指用于记录库存现金和银行存款付款业务的会计凭证。它是出纳人员根据库存现金和银行存款付出业务的原始凭证编制的专用凭证,作为登记现金和银行存款等有关账户(账簿)的依据。付款凭证的格式见表7-10。

表 7-10　　　　　　　　　　　　　付款凭证

贷方科目:　　　　　　　　　　年　月　日　　　　　　　　　付字第　号

摘要	借方科目		记账	金额	附件
	一级科目	二级或明细科目			张
合计					

会计主管:　　　记账:　　　出纳:　　　审核:　　　制单:

3. 转账凭证

转账凭证是指用于记录不涉及现金和银行存款业务的会计凭证。在经济业务中,凡是不涉及库存现金和银行存款收付的业务,称之为转账业务,如计提固定资产折旧、车间领用原材料、期末转账成本等。会计人员根据有关转账业务的原始凭证编制的,作为记账依据的专用凭证。转账凭证格式见表7-11。

表 7-11　　　　　　　　　　　转账凭证

年　　月　　日　　　　　　　　　　　　　　　　转字第　　号

摘要	会计科目		记账	借方金额	贷方金额	附件
	一级科目	二级或明细科目				张
合计						

会计主管:　　　记账:　　　出纳:　　　审核:　　　制单:

将记账凭证划分为收款凭证、付款凭证和转账凭证三种,便于按经济业务对会计人员进行分工,也便于提供分类核算数据,为记账工作带来方便,但工作量较大。此种做法为大多数企事业单位所采用,适用于规模较大、收付业务较多的单位。但是,对于经济业务较简单、规模较小、收付业务较少的单位,为了简化核算,还可采用通用记账凭证来记录所有经济业务。通用记账凭证是指对全部业务不再区分收款、付款及转账业务,而将所有经济业务统一编号,在同一格式的凭证中进行记录。通用记账凭证的格式与转账凭证基本相同。

(二)按照填列方式分类

记账凭证按其填列方式的不同,可分为复式凭证和单式凭证两种。

1. 复式凭证

复式凭证,也称多项记账凭证,是指将每一笔经济业务事项所涉及的全部会计科目及其发生额均在同一张记账凭证中反映的一种凭证。它是实际工作中应用最普遍的记账凭证。收款凭证、付款凭证、转账凭证和通用记账凭证均为复式凭证。

复式凭证优缺点:全面反映了经济业务的账户对应关系,有利于检查会计分录的正确性,但不便于会计岗位的分工记账。

2. 单式凭证

单式凭证,也称单项记账凭证,是指每一张记账凭证只填列经济业务事项所涉及的一个会计科目及其金额的记账凭证。填列借方科目的称为借项记账凭证,填列贷方科目的称为贷项记账凭证。单式凭证一般格式见表7-12、表7-13。

表7-12 借项记账凭证

对应科目： 年 月 日 记字第 号

摘要	一级科目	明细科目	金额	记账	
					附件
					张
合计					

会计主管： 记账： 出纳： 审核： 制单：

表7-13 贷项记账凭证

对应科目： 年 月 日 记字第 号

摘要	一级科目	明细科目	金额	记账	
					附件
					张
合计					

会计主管： 记账： 出纳： 审核： 制单：

单式凭证优缺点：某项经济业务涉及几个会计科目，就编制几张单式凭证。单式凭证反映内容单一，便于分工记账，便于按会计科目汇总，但一张凭证不能反映每一笔经济业务的全貌，不便于检验会计分录的正确性。

由于单式凭证的使用范围较窄，以下不再专门介绍。

三、记账凭证的基本内容

记账凭证作为登记账簿的依据，因其所反映经济业务的内容不同、各单位规模大小及其对会计核算繁简程度要求不同，其格式亦有所不同。但为了满足记账的基本要求，记账凭证应具备以下基本内容或要素：

(1)记账凭证的名称。记账凭证的名称通常分为收款凭证、付款凭证和转账凭证。

(2)填制记账凭证的日期。记账凭证是在哪一天编制的，就写上哪一天。记账凭证的填制日期与原始凭证的填制日期可能相同，也可能不同。记账凭证应及时填制，但一般稍后于原始凭证的填制。

(3)记账凭证的编号。记账凭证要根据经济业务发生的先后顺序按月连续编号，按编号顺序记账。企业既可以按收款、付款、转账三类业务分收、付、转三类编号，也可细分为现收、现付、银收、银付、转账五类编号。例如，本月有现金收款凭证20张，编号即从"现收字第1号"编至"现收字第20号"，以此类推。这种编号，也是出纳登记现金和银行存款日记账的依据。如一张凭证涉及两张记账凭证的，可用分数表示其分号，如"1/2""2/2"等。凭证编了号，便于装订保管和登记账簿，也便于日后检查。

（4）经济业务事项的内容摘要。摘要应能清晰地揭示经济业务的内容，同时也要求简明扼要。

（5）经济业务事项所涉及的会计科目及其记账方向。

（6）经济业务事项的金额。

（7）记账标记。

（8）所附原始凭证张数。原始凭证是编制记账凭证的根据，缺少它就无从审核记账凭证正确与否。

（9）会计主管、记账、审核、出纳、制单等有关人员签章。

四、记账凭证的编制要求

（一）基本要求

记账凭证的主要作用是将经济信息资料转化为会计信息。由于记账凭证是登记账簿的直接依据，它的填制是否正确将直接关系着账簿登记的质量。因此，编制记账凭证要求按照有关规定进行，其基本要求如下：

（1）记账凭证的各项内容必须完整。

（2）记账凭证应连续编号。一笔经济业务需要填制两张以上记账凭证的，可以采用分数编号法编号。

例如，一笔经济业务需编制四张转账凭证，该转账凭证的顺序号为第 8 号，则这笔业务可编制转字第 $8\frac{1}{4}$ 号、第 $8\frac{2}{4}$、第 $8\frac{3}{4}$ 号和第 $8\frac{4}{4}$ 号四张凭证。每月最后一张记账凭证的编号旁边可加注"全"字，以防凭证散失。

（3）记账凭证的书写应清楚、规范。相关要求同原始凭证。

（4）记账凭证可以根据每一张原始凭证填制，或根据若干张同类原始凭证汇总编制，也可以根据原始凭证汇总表填制。但不得将不同内容和类别的原始凭证汇总填制在同一张记账凭证上。

（5）除结账和更正错误的记账凭证可以不附原始凭证外，其他记账凭证必须附有原始凭证。所附原始凭证张数的计算，一般以原始凭证的自然张数为准。与记账凭证中的经济业务事项记录有关的每一张证据都应当作为原始凭证的附件。如果记账凭证中附有原始凭证汇总表，则应该把所附原始凭证和原始凭证汇总表的张数一起计入附件的张数之内。但报销差旅费等零散票卷，可以粘贴在一张纸上，作为一张原始凭证。一张原始凭证如涉及几张记账凭证的，可以把原始凭证附在一张主要的记账凭证后面，并在其他记账凭证上注明附有该原始凭证的记账凭证的编号或者附上该原始凭证的复印件。

一张原始凭证所列的支出需要由几个单位共同负担时，应当由保存该原始凭证的单位开具原始凭证分割单给其他应负担的单位。原始凭证分割单必须具备原始凭证的基本内容：如凭证的名称，填制凭证的日期，填制凭证单位的名称或填制人的姓名，经办人员的签名或盖章，接受凭证单位的名称，经济业务的内容、数量、单价、金额和费用的分摊情况等。

（6）填制记账凭证时若发生错误应当重新填制。已登记入账的记账凭证在当年内发现填写错误时，可以用红字填写一张与原凭证内容相同的记账凭证，在摘要栏注明"注销某月某日某号凭证"字样，同时再用蓝字重新填制一张正确的记账凭证，注明"订正某月某日某号凭证"字样。如果会计科目没有错误，只是金额错误，也可将正确数字与错误数字之间的差额，另编一张调整的记账凭证，调增金额用蓝字、调减金额用红字。发现以前年度记账凭证有错误的，应当用蓝字填制一张更正的记账凭证。

（7）在记账凭证中填制完经济业务事项后，如有空行，应当自金额栏最后一笔金额数字下的空行处至合计数上的空行处划线注销。

（二）收款凭证的编制要求

收款凭证左上角的"借方科目"按收款的性质填写"库存现金"或"银行存款"；日期填写的是编制本凭证的日期；右上角填写编制收款凭证的顺序号；"摘要"填写对所记录的经济业务的简要说明；"贷方科目"填写与收入现金或银行存款相对应的会计科目；"记账"是指该凭证已登记账簿的标记，防止经济业务事项重记或漏记；"金额"是指该项经济业务事项的发生额；该凭证右边"附件　张"是指本记账凭证所附原始凭证的张数；最下边分别由有关人员签章以明确经济责任。

【例 7-2】　甲公司 2013 年 9 月 10 日，收到上月乙公司所欠销货款 25 000 元，存入银行。应编制收款凭证，见表 7-14。

表 7-14　　　　　　　　　　　　　　收款凭证

借方科目：银行存款　　　　　　　　2013 年 9 月 10 日　　　　　　　　银字第 1 号

摘要	贷方科目		记账	金额	附件一张
	一级科目	二级或明细科目			
收到甲公司欠款 25 000 元，存入银行	应收账款	乙公司	√	25 000	
合计				￥25 000	

会计主管：王丽　　　记账：张萍　　　出纳：李红　　　审核：崔洁　　　制单：李红

（三）付款凭证的编制要求

付款凭证的编制方法与收款凭证基本相同，只是左上角由"借方科目"换为"贷方科目"，凭证中间的"贷方科目"换为"借方科目"。

【例 7-3】　2013 年 9 月 11 日，张经理出差预支现金 3 000 元，编制付款凭证，见表 7-15。

表 7-15　　　　　　　　　　　　　　　　付款凭证

贷方科目:库存现金　　　　　　　　　2013 年 9 月 11 日　　　　　　　　　　现字第 1 号

摘要	借方科目		记账	金额	附件一张
	一级科目	二级或明细科目			
张经理出差预借现金	其他应收款	张经理	√	3 000	
合计				￥3 000	

会计主管:王丽　　　　记账:张萍　　　　出纳:李红　　　　审核:崔洁　　　　制单:李红

对于涉及现金和银行存款之间的经济业务,为了避免重复记账,一般只编制付款凭证,不编制收款凭证。出纳人员应根据会计人员审核无误的收款凭证和付款凭证办理收付款业务。例如,企业为了发放工资从银行提取现金业务或在销售材料收到现金存入银行业务。每一笔经济业务按理应当分别编制银行和现金的收款和付款凭证。但是在实务中,为了避免发生重复记账的问题,一般遇到这类业务时只以货币资金的付出方编制付款凭证,而不再编制收款凭证。如上例的第一笔从银行提取现金业务就只编制银行付款凭证,而不编制现金收款凭证;第二笔将现金存入银行业务则只编制现金付款凭证,而不编制银行收款凭证。

【例 7-4】　2013 年 9 月 15 日,将当日多余的现金 3 000 元存入银行。此时,应只编制一张现金的付款凭证,见表 7-16。

表 7-16　　　　　　　　　　　　　　　　付款凭证

贷方科目:库存现金　　　　　　　　　2013 年 9 月 15 日　　　　　　　　　　现字第 2 号

摘要	借方科目		记账	金额	附件一张
	一级科目	二级或明细科目			
现金存入银行	银行存款		√	3 000	
合计				￥3 000	

会计主管:王丽　　　　记账:张萍　　　　出纳:李红　　　　审核:崔洁　　　　制单:李红

(四)转账凭证的编制要求

转账业务应填制转账凭证,转账凭证的填制与收款凭证、付款凭证略有不同,它将应借、应贷会计科目全部列入记账凭证之内。转账凭证将经济业务事项中所涉及全部会计科目,按照先借后贷的顺序记入"会计科目"栏中的"一级科目"和"二级或明细科目",并按应借、应贷方向分别记入"借方金额"或"贷方金额"栏。其他项目的填列与收款凭证、付款凭证相同。

【例 7-5】 2013 年 9 月 30 日,计提本月固定资产折旧费用 360 000 元。其中:生产部门 200 000 元,管理部门 160 000 元。编制转账凭证,见表 7-17。

表 7-17 转账凭证

2013 年 9 月 30 日　　　　　　　　　　　　　转字第 1 号

摘要	会计科目		记账	借方金额	贷方金额	附件一张
	一级科目	二级或明细科目				
计提折旧	制造费用	折旧费	√	200 000		
	管理费用	折旧费	√	160 000		
		累计折旧	√		360 000	
合计				￥360 000	￥360 000	

会计主管:王丽　　　记账:张萍　　　出纳:李红　　　审核:崔洁　　　制单:李红

当一项经济业务,既涉及现金和银行存款收付业务,又涉及转账业务时,需要分别编制记账凭证。

【例 7-6】 2013 年 9 月 30 日,购买生产设备一台,价值 150 000 元,支票支付 50 000 元设备款,余款签发一张半年期银行承兑汇票来支付。此时,应分别编制付款凭证和转账凭证,见表 7-18、表 7-19。

表 7-18 付款凭证

贷方科目:银行存款　　　2013 年 9 月 30 日　　　　　　　银字第 2 号

摘要	借方科目		记账	金额	附件一张
	一级科目	二级或明细科目			
购入设备	固定资产	生产设备	√	50 000	
合计				￥50 000	

会计主管:王丽　　　记账:张萍　　　出纳:李红　　　审核:崔洁　　　制单:李红

表 7-19

转账凭证

2013 年 9 月 30 日　　　　　　　　　　　　　转字第 2 号

摘要	会计科目		记账	借方金额	贷方金额	附件一张
	一级科目	二级或明细科目				
购入设备	固定资产	生产设备	√	100 000		
	应付票据	XX 单位	√		100 000	
合计				￥100 000	￥100 000	

会计主管:王丽　　　记账:张萍　　　出纳:李红　　　审核:崔洁　　　制单:李红

五、记账凭证的审核内容

为了保证会计信息的质量,在记账之前应由有关稽核人员对记账凭证进行严格的审核。记账凭证的审核内容主要包括:

1. 内容是否真实

审核记账凭证是否有原始凭证为依据,所附原始凭证的内容与记账凭证的内容是否一致,记账凭证汇总表的内容与其所依据的记账凭证的内容是否一致等。

2. 项目是否齐全

审核记账凭证各项目的填写是否齐全,如日期、凭证编号、摘要、会计科目、金额、所附原始凭证张数及有关人员签章等。

3. 科目是否正确

审核记账凭证的应借、应贷科目是否正确,是否有明确的账户对应关系,所使用的会计科目是否符合国家统一的会计制度的规定等。

4. 金额是否正确

审核记账凭证所记录的金额与原始凭证的有关金额是否一致、计算是否正确,记账凭证汇总表的金额与记账凭证的金额合计是否相符等。

5. 书写是否正确

审核记账凭证中的记录是否文字工整、数字清晰,是否按规定进行更正等。

此外,出纳人员在办理收款或付款业务后,应在凭证上加盖"收讫"或"付讫"的戳记,以避免重收重付。

第四节 | 会计凭证的传递与保管

一、会计凭证的传递

会计凭证的传递是指从会计凭证的取得或填制时至归档保管的过程中,在单位内部有关部门和人员之间的传送程序。会计凭证的传递,要能够满足内部控制的要求,使传递程序合理有效,同时尽量节约传递时间,减少传递的工作量。单位应根据具体情况制定每一种凭证的传递程序和方法。

会计凭证的传递一般包括传递程序和传递时间两个方面。

不同的会计凭证所记载的经济业务也有所不同,涉及的部门和人员不同,据以办理的业务手续也不同。因此,应当为各种会计凭证规定一个合理的传递程序。即一张会计凭证,填制后应交到哪个部门、哪个岗位,由谁办理业务手续,直至归档保管为止。如凭证有一式数联的,还应规定每一联传到哪几个部门、什么用途等。

各种会计凭证还应根据其办理业务手续所需的时间,规定它的传递时间。其目的是使各个工作环节环环相扣,相互督促,以提高工作效率。

正确组织会计凭证的传递,对及时处理业务和加强会计监督具有重要作用。在制定合理的凭证传递程序和时间时,通常应考虑以下几点:

(1)要根据经济业务的特点、企业内部的机构设置和人员分工情况以及管理上的要求等,具体规定各种凭证的联数和传递程序。使有关部门既能按规定手续处理业务,又能利用凭证资料掌握情况,提供数据,协调一致。同时还要注意流程合理,避免不必要的环节以加快传递速度。

(2)要根据有关部门和人员办理业务的必要手续时间,确定凭证的传递时间,时间过紧,会影响业务手续的完成质量,时间过松则会影响工作效率。

(3)要通过调查研究和协商来制定会计凭证的传递程序和传递时间。原始凭证大多涉及本单位内部各个部门和经办人员,因此,会计部门应会同有关部门和人员共同协商其传递程序和时间。记账凭证是会计部门的内部凭证,可由会计主管会同制证、审核、出纳、记账等有关人员商定其传递程序和时间。

二、会计凭证的保管

会计凭证的保管是指会计凭证记账后的整理、装订、归档和存查工作。会计凭证作为记账的依据,是重要的会计档案和经济资料。本单位以及有关部门、单位,可能因各种需要查阅会计凭证,特别是发生贪污、盗窃、违法乱纪行为时,会计凭证还是依法处理的有效证据。因此,任何单位在完成经济业务手续和记账之后,必须将会计凭证按规定的立卷归档制度形成会计档案资料,妥善保管,防止丢失,不得任意销毁,以便日后随时检阅。

对会计凭证的保管,既要做到完整无缺,又要便于翻阅查找。其主要要求包括以下五点:

(1)会计凭证应定期装订成册,防止散失。会计部门在依据会计凭证记账以后,应定期(每天、每旬或每月)对各种会计凭证进行分类整理,将各种记账凭证按照编号顺序,连同所附的原始凭证一起加具封面、封底,装订成册,并在装订线上加贴封签,由装订人员在装订线封签处签名或盖章。

从外单位取得的原始凭证遗失时,应取得原签发单位盖有公章的证明,并注明原始凭证的号码、金额、内容等,由经办单位会计机构负责人、会计主管人员和单位负责人批准后,才能代作原始凭证。若确定无法取得证明的,如车票丢失,则应由当事人写明详细情况,由经办单位会计机构负责人、会计主管人员和单位负责人批准后,代作原始凭证。

(2)会计凭证封面应注明单位名称、凭证种类、凭证张数、起止号数、年度、月份、会计主管人员、装订人员等有关事项,会计主管人员和保管人员应当在封面上签章。会计凭证封面的一般格式见表7-20。

表 7-20

年 月 份 第 册	(企业名称)			
	收款	年	月份	共××册 第×××册
	付款	凭证	第 ××× 号至×××号共×张	
	转账	附:原始凭证××张		
	会计主管:	保管:		

(3)会计凭证应加贴封条,防止抽换凭证。原始凭证不得外借,其他单位如有特殊原因确实需要使用时,经本单位会计机构负责人、会计主管人员批准,可以复制。向外单位提供的原始凭证复印件,应在专设的登记簿上登记,并由提供人员和收取人员共同签发、盖章。

(4)原始凭证较多时,可单独装订,但应在凭证封面注明所属记账凭证的日期、编号和种类,同时在所属的记账凭证上应注明"附件另订"及原始凭证的名称和编号,以便查阅。对各种重要的原始凭证,如押金收据、提货单等,以及各种需要随时查阅和退回的单据,应另编目录,单独保管,并在有关的记账凭证和原始凭证上分别注明日期和编号。

每年装订成册的会计凭证,在年度终了时可暂由单位会计机构保管一年,期满后应当移交本单位档案机构统一保管;未设立档案机构的,应当在会计机构内部指定专人保管。出纳人员不得兼管会计档案。

(5)严格遵守会计凭证的保管期限要求,期满前不得任意销毁。

第八章

会计账簿

第一节 | 会计账簿概述

一、会计账簿的概念和意义

会计账簿是指由一定格式账页组成的,以经过审核的会计凭证为依据,全面、系统、连续地记录各项经济业务的簿籍。

通过会计凭证的填制与审核,可以将每天发生的经济业务进行如实、准确的记录,明确经济责任。但会计凭证数量繁多、信息分散,难以全面、完整地了解企业的财务状况,不便于会计信息的整理与报告。因此,各单位应当按照国家统一的会计制度的规定和会计业务的需要设置会计账簿,以便系统地归纳会计信息,全面、系统、连续地核算和监督单位的经济活动及其财务收支情况。

设置和登记账簿是编制会计报表的基础,是编制会计凭证与会计报表的中间环节,在会计核算工作中具有重要作用。

(1)通过账簿的设置和登记,可以记载、储存会计信息。将会计凭证所记录的经济业务逐笔逐项记入有关账簿,可以全面反映一定时期内发生的各项经济活动,及时储存所需要的各项会计信息。

(2)通过账簿的设置和登记,可以分类、汇总会计信息。通过账簿记录,可以将分散在会计凭证上大量的核算资料,按其不同性质加以归类、整理和汇总,以便全面、系统、连续和分类地提供企业资产、负债、所有者权益、收入、费用和利润等会计要素的增减变化情况,及时提供各方面所需要的总括会计信息,为管理决策提供信息。

(3)通过账簿的设置和登记,可以检查、校正会计信息。账簿记录是对会计凭证的进一步整理,账簿记录也是会计分析、会计检查的重要依据。如账簿中记录的财产物资可以通过实地盘点的方法与实存数进行核对,来检查财产物资是否妥善保管,账实是否相符。

(4)通过账簿的设置和登记,可以编报、输出会计信息。会计账簿是对会计凭证的系统化,提供的是全面、系统、分类的会计信息,因而账簿记录是编制会计报表的主要资料来源,账簿所提供的资料是编制会计报表的主要依据。

二、会计账簿与账户的关系

账簿与账户有着十分密切的关系。账户是根据会计科目开设的,账户存在于账簿之中,账簿中的每一账页是账户的存在形式和载体,没有账簿,账户就无法存在;账簿序时、分类地记载经济业务,是在个别账户中完成的。因此,账簿只是一个外在形式,账户才是它的真实内容。所以说,账簿是由若干账页组成的一个整体,而开设于账页上的账户则是这个整体中的个别部分,因而,账簿与账户的关系是形式与内容的关系。

三、会计账簿的分类

在会计核算中,账簿的种类是多种多样的,为了便于了解和使用,必须对账簿进行分类。账簿一般可以按其用途、账页格式和外形特征进行分类。

（一）按用途分类

账簿按其用途不同,可分为序时账簿、分类账簿和备查账簿三种。

1. 序时账簿

序时账簿又称日记账,是按照经济业务发生或完成的时间先后顺序逐日逐笔进行登记的账簿。在实际工作中,这种账簿通常是按照记账凭证编号的先后顺序逐日进行登记的,因此又称为日记账。日记账的特点是序时登记和逐笔登记。序时账簿通常有两种,一种是用来登记全部经济业务的发生情况的账簿,称为普通日记账;另一种是用来登记某一类经济业务发生情况的账簿,称为特种日记账。在实际工作中,由于经济业务的复杂性,一般很少采用普通日记账,应用较为广泛的是特种日记账。为了加强对货币资金的监督和管理,各单位应当设置专门记录和反映现金收付业务及其结存情况的现金日记账以及专门记录和反映银行存款收付业务及其结账情况的银行存款日记账。在我国,大多数单位一般只设置现金日记账和银行存款日记账,而不设置转账日记账。

2. 分类账簿

分类账簿是对全部经济业务事项按照会计要素的具体类别而设置的分类账户进行登记的账簿。分类账簿按照分类的概括程度不同,又分为总分类账和明细分类账两种。按照总分类账户分类登记经济业务事项的是总分类账簿,简称总账。按照明细分类账户分类登记经济业务事项的是明细分类账簿,简称明细账。明细分类账是对总分类账的补充和细化,并受总分类账的控制和统驭。分类账簿提供的核算信息是编制会计报表的主要依据。

分类账簿和序时账簿的作用不同。序时账簿能提供连续系统的信息,反映企业资金运动的全貌;分类账簿则是按照经营与决策的需要而设置的账簿,归集并汇总各类信息,反映资金运动的各种状态、形式及其构成。在账簿组织中,分类账簿占有特别重要的地位。只有通过分类账簿,才能把数据按账户形成不同信息,满足编制会计报表的需要。

3. 备查账簿

备查账簿简称备查簿,是对某些在序时账簿和分类账簿等主要账簿中都不予登记或登记不够详细的经济业务事项进行补充登记时使用的账簿。备查账簿可以为某项经济业务的内容提供必要的参考资料,加强企业对使用和保管的属于他人的账产物资的监督。例如,租入固定资产登记簿、受托加工材料登记簿、代销商品登记簿等都属于备查账簿。备查账簿可以由各单位根据需要进行设置。

备查账簿与序时账簿和分类账簿相比,存在两点不同之处:一是登记依据可能不需要记账凭证,甚至不需要一般意义上的原始凭证;二是账簿的格式和登记方法不同,备查账簿的主要栏目不记录金额,它更注重用文字来表述某项经济业务的发生情况。

（二）按账页格式分类

账簿按账页格式的不同,分为两栏式、三栏式、多栏式和数量金额式四种。

1. 两栏式账簿

两栏式账簿是指只有借方和贷方两个基本金额栏目的账簿。普通日记账和转账日记账一般采用两栏式账簿。

2. 三栏式账簿

三栏式账簿是设有借方、贷方和余额三个基本栏目的账簿。各种日记账、总分类账以及资本、债权、债务明细账都可采用三栏式账簿。三栏式账簿又分为设对方科目和不设对方科目两种,区别是在摘要栏和借方科目栏之间是否有一栏"对方科目"。设有"对方科目"栏的,称为设对方科目的三栏式账簿;不设有"对方科目"栏的,称为不设对方科目的三栏式账簿。

3. 多栏式账簿

多栏式账簿是在账簿的两个基本栏目借方和贷方按需要分设若干专栏的账簿。如多栏式日记账、多栏式明细账。但是,其专栏设置在借方还是在贷方或是两方同时设专栏,以及专栏的数量等,均应根据需要确定。收入、费用明细账一般均采用这种格式的账簿。

4. 数量金额式账簿

数量金额式账簿的借方、贷方和余额三个栏目内,都分设数量、单价和金额三小栏,借以反映财产物资的实物数量和价值量。如原材料、库存商品、周转材料等明细账一般都采用数量金额式账簿。

（三）按外形特征分类

账簿按其外形特征不同可分为订本账、活页账和卡片账三种。

1. 订本账

订本账是账本在启用之前就已将账页装订在一起,并对账页进行了连续编号的账簿。订本账的优点是能避免账页散失和防止抽换账页;缺点是不能准确为各账户预留账页。这种账簿一般适用于总分类账、现金日记账、银行存款日记账。

2. 活页账

活页账是在账簿登记完毕之前并不固定装订在一起,而是装在活页账夹中。当账簿登记完毕之后(通常是一个会计年度结束),才将账页予以装订,加具封面,并为各账页连续编号。各种明细分类账一般采用活页账形式。这类账簿的优点是记账时可以根据实际需要,随时将空白账页装入账簿,或抽去不需要的账页,便于分工记账;缺点是如果管理不善,可能会造成账页散失或故意抽换。通常各种明细分类账一般采用活页账形式。

3. 卡片账

卡片账是将账户所需格式印刷在硬卡上。严格来说,卡片账也是一种活页账,只不过它不是装在活页账夹中,而是装在卡片箱内。在我国,企业一般只对固定资产的核算采用卡片账形式,也有少数企业在材料核算中使用材料卡片。

会计账簿的总体分类情况如图8-1所示。

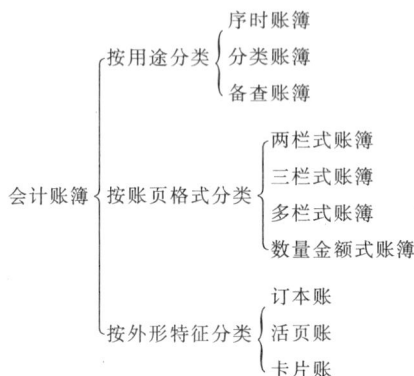

图8-1 会计账簿的总体分类

第二节 会计账簿的内容、启用与记账规则

一、会计账簿的内容

在实际工作中,由于各种会计账簿所记录的经济业务不同,账簿的格式也多种多样,但各种账簿都应具备以下基本内容:

1. 封面

封面主要用来标明账簿的名称,如总分类账、各种明细分类账、现金日记账、银行存款日记账等。

2. 扉页

扉页主要列明科目索引、账簿启用和经营人员一览表(在活页账、卡片账装订成册后,填列账簿启用和经营人员一览表)。

3. 账页

账页是账簿用来记录经济业务事项的载体,包括账户的名称、登记账户的日期栏、凭证种类和号数栏、摘要栏(记录经济业务内容的简要说明)、金额栏(记录经济业务的金额增减变动情况)、总页次和分户页次等基本内容。

二、会计账簿的启用

账簿是重要的会计档案。为了确保账簿记录的合法性和完整性,明确记账责任,在启用会计账簿时,应当在账簿封面上写明单位名称和账簿名称,并在账簿扉页上附启用表,表内详细载明单位名称、账簿名称、账簿编号、账簿页数、启用日期、记账人员和会计主管人员姓名,并加盖有关人员的签章和单位公章。更换记账人员时,应办理交接手续,在交接记录内填写交接日期和交接人员姓名并签章,具体格式见表8-1。启用订本式账簿,应当按第一页到最后一页顺序编定页数,不得跳页、缺号。使用活页账,应当按账户顺序编号,并须定期装订成册;装订后再按实际使用的账页顺序编定页码,另加目录,记录每个账户的名称和页次。

表 8-1 账簿启用和经管人员一览表

账簿名称:＿＿＿＿＿＿＿＿＿＿＿＿　　　　单位名称:＿＿＿＿＿＿＿＿＿＿＿＿

账簿编号:＿＿＿＿＿＿＿＿＿＿＿＿　　　　账簿册数:＿＿＿＿＿＿＿＿＿＿＿＿

账簿页数:＿＿＿＿＿＿＿＿＿＿＿＿　　　　启用日期:＿＿＿＿＿＿＿＿＿＿＿＿

会计主管:＿＿＿＿＿＿＿＿＿＿＿＿　　　　记账人员:＿＿＿＿＿＿＿＿＿＿＿＿

移交日期			移交人		接管日期			接管人		会计主管	
年	月	日	姓名	盖章	年	月	日	姓名	盖章	姓名	盖章

三、会计账簿的记账规则

(1)为了保证账簿记录的准确、整洁,应当根据审核无误的会计凭证登记会计账簿。登记会计账簿时,应当将会计凭证日期、编号、业务内容摘要、金额和其他有关资料逐项记入账内,做到数字准确、摘要清楚、登记及时、字迹工整。每一项会计事项,一方面要记入有关的总账,另一方面要记入该总账对应的明细账。账簿记录中的日期,应该填写记账凭证上的日期。以自制原始凭证(如收料单、领料单等)作为记账依据的,账簿记录中的日期应按有关自制凭证上的日期填列。

(2)账簿登记完毕后,要在记账凭证上签名或者盖章,并在记账凭证的"过账"栏内注明账簿页数或画对勾,注明已经登账的符号,表示已经记账完毕,避免重记、漏记。

(3)账簿中书写的文字和数字上面要留有适当的空格,不要写满格,一般应占格距的二分之一。这样,一旦发生登记错误,能比较容易地进行更正,同时也便于查账工作。

(4)为了保持账簿记录的持久性,防止涂改,登记账簿必须使用蓝黑墨水或碳素墨水并用钢笔书写,不得使用圆珠笔(银行的复写账簿除外)或者铅笔书写。

(5)在下列情况下,可以用红色墨水记账:

①用红字冲账的记账凭证,冲销错误记录。

②在不设借贷等栏的多栏式账页中,登记减少数。

③在三栏式账户的余额栏前,如未印明余额方向的,在余额栏内登记负数余额。

④根据国家统一的会计制度的规定可以用红字登记的其他会计记录。如结账中划线、过次页、承前页、年初余额、本月合计等。

由于会计中的红字表示负数,因而除上述情况外,不得用红色墨水登记账簿。

（6）在登记各种账簿时，应按页次顺序连续登记，不得隔页、跳行。如无意发生隔页、跳行现象，应在空页、空行处用红色墨水划对角线注销，或者注明"此页空白"字样，并由记账人员签名或者盖章。

（7）凡需要结出余额的账户，结出余额后，应当在"借或贷"栏目内注明"借"或"贷"字样，以示余额的方向；对于没有余额的账户，应在"借或贷"栏内写"平"字，并在"余额"栏用"0"表示。现金日记账和银行存款日记账必须逐日结出余额。

（8）每一账页登记完毕结转下页时，应当结出本页合计数及余额，写在本页最后一行和下页第一行有关栏内，并在摘要栏内注明"过次页"和"承前页"字样；也可以将本页合计数及余额只写在下页第一行有关栏内，并在摘要栏内注明"承前页"字样，以保持账簿记录的连续性，便于对账和结账，对需要结计本月发生额的账户，结计"过次页"的本页合计数应当为自本月初起至本页末止的发生额合计数；对需要结计本年累计发生额的账户，结计"过次页"的本页合计数应当为自年初起至本页末止的累计数；对既不需要结计本月发生额也不需要结计本年累计发生额的账户，可以只将每页末的金额结转次页。

第三节　会计账簿的格式和登记方法

一、日记账的格式和登记方法

日记账是按照经济业务发生或完成的时间先后顺序逐笔进行登记的账簿。设置日记账的目的就是使经济业务的时间顺序清晰地反映在账簿记录中。日记账按其所核算和监督经济业务的范围，可分为普通日记账和特种日记账。

普通日记账是两栏式日记账，是序时地逐笔登记各项经济业务的账簿，它核算和监督全部经济业务的发生和完成情况，其格式见表8-2。

表8-2　　　　　　　　　　　　　普通日记账

2013年		凭证		会计科目	摘要	借方金额	贷方金额	过账
月	日	字	号					
5	1	转	1	物资采购	购入材料	20 000		
				应交税金	增值税	3 400		
				应付账款	××公司		23 400	

特种日记账是用来核算和监督某一类型经济业务的发生和完成情况的账簿。各单位一般应设置特种日记账，常见的特种日记账包括现金日记账、银行存款日记账和转账日记账。这里只介绍现金日记账与银行存款日记账的格式和登记方法。

（一）现金日记账的格式和登记方法

1. 现金日记账的格式

现金日记账是用来核算和监督每天的库存现金收入、支出和结存情况的账簿。其格式有三栏式和多栏式两种。无论采用三栏式还是多栏式现金日记账,都必须使用订本账。三栏式现金日记账设借方、贷方和余额三个基本的金额栏目,一般将其分别称为收入、支出和结余三个基本栏目。在金额栏与摘要栏之间常常插入"对方科目",以便记账时标明现金收入的来源科目和现金支出的用途科目。三栏式现金日记账的格式见表8-3。多栏式现金日记账是在三栏式现金日记账的基础上发展起来的,日记账的借方(收入)和贷方(支出)金额栏都按对方科目设专栏,也就是按收入的来源和支出的用途设专栏。多栏式现金日记账的格式见表8-4。

表8-3　　　　　　　　　　　　　　　现金日记账(三栏式)

年		凭证		摘要	对方科目	借方	贷方	余额
月	日	字	号					

表8-4　　　　　　　　　　　　　　　现金日记账(多栏式)

年		凭证号	摘要	借方			合计	贷方			合计	余额
				应贷科目				应借科目				
月	日			银行存款	主营业务收入			其他应收款	管理费用			

2. 现金日记账的登记方法

现金日记账由出纳人员根据与现金收付有关的记账凭证,按时间顺序逐日逐笔进行登记,并根据"上日余额+本日收入−本日支出=本日余额"的公式,逐日结出现金余额,与库存现金实存数进行核对,以便检查每日现金收付是否有误。

三栏式现金日记账的具体登记方法如下:

(1)日期栏:是指记账凭证的日期,应与现金实际收付日期一致。

(2)凭证栏:是指登记入账的收付款凭证的种类和编号,如"现金收(付)款凭证"简写"现收(付)","银行存款收(付)款凭证"简写"银收(付)"。凭证栏还应登记凭证的编号数,以便于查账和核对。

(3)摘要栏:摘要说明登记入账的经济业务的内容。文字要简练,但要能说明问题。

(4)对方科目栏:是指现金收入的来源科目或支出的用途科目。如从银行提取现金,其来源科目(即对方科目)为"银行存款",其作用在于了解经济业务的来龙去脉。

(5)借方、贷方金额栏:是指现金实际收付的金额。每日终了,应分别计算现金收入和支出的合计数,结出余额,同时将余额与出纳员的库存现金进行核对,即通常所说的"日清"。如账款不符应查明原因,并记录备案。月终同样要计算现金收、付和结存的合计数,通常称为"月结"。

在实际工作中,如果要设多栏式现金日记账,一般常把现金收入业务和支出业务分设"现金收入日记账"和"现金支出日记账"两本账。其中,现金收入日记账按对应的贷方科目设置专栏,另设"收入合计"栏和"余额"栏;现金支出日记账则只按支出的对方科目设专栏,不设"收入合计"栏和"余额"栏。"现金收入日记账"和"现金支出日记账"的格式分别见表8-5、表8-6。

表8-5　　　　　　　　　　　　　现金收入日记账

2013年		收款凭证		摘要	贷方科目			收入合计	支出合计	余额
月	日	字	号		银行存款	其他应收款	营业外收入			
7	1			月初余额						1 500
	2	银付	1	从银行提现	800			800		2 300
	2			转记					500	1 800
	5			转记					100	1 700
	6	现收	5	出售废旧物资			80	80		1 780
	6	现收	6	差旅费余额交回		50		50		1 830

表8-6　　　　　　　　　　　　　现金支出日记账　　　　　　　　　　　　　第　页

2013年		付款凭证		摘要	结算凭证		借方科目		
月	日	字	号		种类	号数	其他应付款	管理费用	支出合计
7	2	现付	1	预支差旅费			500		500
	5	现付	2	购买办公用品				100	600

借贷方分设的多栏式现金日记账的登记方法:

(1)先根据有关现金收入业务的记账凭证登记现金收入日记账,根据有关现金支出业务的记账凭证登记现金支出日记账;

(2)每日营业终了,根据现金支出日记账结计的支出合计数,转入现金收入日记账的"支出合计"栏中,并结出当日余额。

(二)银行存款日记账的格式和登记方法

银行存款日记账是用来核算和监督每日的银行存款收入、支出和结余情况的账簿。银行存款日记账应按企业在银行开立的账户和币种分别设置,每个银行账户设置一本日记账。由出纳员根据银行存款收付业务有关的记账凭证,按时间先后顺序逐日逐笔进行登记。根据银行存款收款凭证和有关的现金付款凭证(库存现金存入银行的业务)登记银行存款收入栏,根据银行存款付款凭证登记其支出栏,每日结出存款余额。

1. 银行存款日记账的格式

银行存款日记账的格式与现金日记账相同,既可以采用三栏式,也可以采用多栏式。多栏式可以将收入和支出的核算在一本账上进行,也可以分设"银行存款收入日记账"和"银行存款支出日记账",其格式与表8-5、表8-6相似。银行存款日记账的具体格式见表8-7。

表 8-7　　　　　　　　　　　　银行存款日记账(三栏式)

年		凭证		对方科目	摘要	借方	贷方	余额
月	日	字	号					

2. 银行存款日记账的登记方法

银行存款日记账的登记方法也与现金日记账的登记方法基本相同。其登记方法如下:

(1)日期栏:是指记账凭证的日期。

(2)凭证栏:是指登记入账的收付款凭证的种类和编号(与现金日记账的登记方法一致)。

(3)对方科目栏:是指银行存款收入的来源科目或支出的用途科目。如开出一张支票支付购料款,其支出的用途科目(即对方科目)为"在途物资"科目,其作用在于了解经济业务的来龙去脉。

(4)摘要栏:摘要说明登记入账的经济业务的内容。文字要简练,但能概括说明问题。

(5)现金支票号数和转账支票号数栏:如果所记录的经济业务是以支票付款结算的,应在这两栏内填写相应的支票号数,以便于开户银行对账。

(6)借方、贷方栏:是指银行存款实际收付的金额。每日终了,应分别计算银行存款的收入和支出的合计数,结算出余额,做到日清;月终应计算出银行存款全月收入、支出的合计数,做到月结。

二、总分类账的格式和登记方法

(一)总分类账的格式

总分类账简称总账,它是按照总分类账户分类登记以提供总括会计信息的账簿。总账中的账页是按总账科目(一级科目)开设的总分类账户。应用总分类账,可以全面、系统、综合地反映企业所有的经济活动情况和财务收支情况,可以为编制会计报表提供所需的资料。因此,每一企业都应设置总分类账。

总分类账最常用的格式为三栏式,设置借方、贷方和余额三个基本金额栏目,见表8-8。

表 8-8   总分类账(三栏式)

账户名称:

年		凭证		摘要	借方	贷方	借或贷	余额
月	日	字	号					

(二)总分类账的登记方法

总分类账可以根据记账凭证逐笔登记,也可以根据经过汇总的科目汇总表或汇总记账凭证登记。

三、明细分类账的格式和登记方法

(一)明细分类账的格式

明细分类账是根据二级账户或明细分类账户开设账页,分类、连续地登记经济业务以提供明细核算资料的账簿。明细分类账是总分类账的明细科目,它是按照总分类账的核算内容,更加详细地分类,反映某一具体类别经济活动的财务收支情况。它对总分类账起补充说明的作用,它所提供的资料也是编制会计报表的重要依据,其格式有三栏式、多栏式、数量金额式和横线登记式(或称平行式)等多种格式。

1. 三栏式明细分类账

三栏式明细分类账是设有借方、贷方和余额三个栏目,用以分类核算各项经济业务,提供详细核算资料的账簿,其格式与三栏式总账格式相同。三栏式明细分类账适用于只进行金额核算的账户,如应付账款、应收账款、应交税费等往来结算账户。三栏式明细分类账的格式见表 8-9。

表 8-9   应付账款明细分类账

会计科目:应付账款

明细科目:A 公司

年		凭证		摘要	借方	贷方	借或贷	余额
月	日	字	号					
1	1			期初余额			贷	10 000
	10	银付	5	偿还前期货款	10 000		平	—
	15	转	9	购买材料		8 000	贷	8 000

2. 多栏式明细分类账

多栏式明细分类账是将属于同一个总账科目的各个明细科目合并在一张账页上进行

登记,即在这种格式账页的借方或贷方金额栏内按照明细项目设若干专栏。多栏式明细分类账适用于成本费用类科目的明细核算。

在实际工作中,成本费用类科目的明细分类账,可以只按借方发生额设置专栏,贷方发生额由于每月发生的笔数很少,可以在借方直接用红字冲销。这类明细分类账也可以在借方设专栏的情况下,贷方设总的金额栏,再设余额栏。这两种多栏式明细分类账的格式见表8-10和表8-11。

表 8-10　　　　　　　　　　　　　　管理费用明细分类账

年		凭证号	摘要	借方							
月	日			职工薪酬	办公费	差旅费	折旧费	修理费	工会经费	…	合计

表 8-11　　　　　　　　　　　　　　管理费用明细分类账

年		凭证号	摘要	借方								贷方	余额
月	日			职工薪酬	办公费	差旅费	折旧费	修理费	工会经费	…	合计		

3. 数量金额式明细分类账

数量金额式明细分类账借方(收入)、贷方(发出)和余额(结存)都分别设有数量、单价和金额三个专栏。该明细分类账适用于既要进行金额核算又要进行数量核算的账户,其格式见表8-12。

表 8-12　　　　　　　　　　　　　　库存商品明细分类账

年		凭证号	摘要	借方			贷方			余额		
月	日			数量	单价	金额	数量	单价	金额	数量	单价	金额

4. 横线登记式明细分类账

横线登记式明细分类账采用横向登记,即将每一相关的业务登记在一行,从而可依据每一行各个栏目的登记是否齐全来判断该项业务的进展情况。这种明细分类账实际上也是一种多栏式明细分类账,适用于登记材料采购业务、应收票据和一次性备用金业务,其格式参见表 8-13。

表 8-13　　　　　　　　其他应收款——备用金明细分类账

年		凭证号	摘要	借方			年		凭证号	摘要	贷方			余额
月	日			原借	补付	合计	月	日			报销	退回	合计	

(二)明细分类账的登记方法

明细分类账的登记通常有以下几种方法:一是根据原始凭证直接登记明细分类账;二是根据汇总原始凭证登记明细分类账;三是根据记账凭证登记明细分类账。

不同类型经济业务的明细分类账,可根据管理需要,依据记账凭证、原始凭证或汇总原始凭证逐日逐笔或定期汇总登记。固定资产、债权、债务等明细分类账应逐日逐笔登记;库存商品、原材料、产成品收发明细分类账以及收入、费用明细分类账既可以逐笔登记,也可以定期汇总登记。

第四节　对　账

对账就是核对账目,是指对账簿、账户记录所进行的核对工作,通过对账,应当做到账证相符、账账相符、账实相符。

在日常会计工作中,在填制凭证、记账、过账、算账、结账、计算的过程中,难免会发生差错,出现账款、账物不符的情况。因而,在结账前后,要通过对账,将有关账簿记录进行核对,确保会计核算资料的准确性和完整性,为编制会计报表提供真实可靠的数据资料。对账的内容一般包括账证核对、账账核对、账实核对三个方面。

一、账证核对

账证核对是指核对会计账簿记录与原始凭证、记账凭证的时间、凭证字号、内容、金额是否一致,记账方向是否相符。为了保证账证相符,必须将账簿记录同有关会计凭证相核对。一般来说,日记账应与收、付款凭证相核对,总账应与记账凭证相核对,明细账应与记账凭证或原始凭证相核对,通常这些核对工作是在日常制证和记账工作中进行的。

二、账账核对

账账核对是指核对不同会计账簿之间的账簿记录是否相符,为了保证账账相符,必须将各种账簿之间的有关数据进行核对,具体核对的内容包括:

（1）总分类账簿有关账户的余额核对,资产类账户的余额应等于权益类账户的余额,或总账账户的借方期末余额合计数应与贷方期末余额合计数核对相符。

（2）总分类账簿与其对应的明细分类账簿核对,总分类账户的期末余额应与明细分类账户期末余额之和核对相符。

（3）总分类账簿与序时账簿核对,如前所述,序时账簿包括普通日记账和特种日记账。而我国企事业单位必须设置的特种日记账是现金日记账和银行存款日记账,期末余额应分别同有关总分类账户的期末余额核对相符。

（4）明细分类账簿之间的核对,会计部门各种财产物资明细分类账的期末余额与财产物资保管或使用部门有关明细分类账的期末余额核对相符。

三、账实核对

账实核对是指各项财产物资、债权债务等账面余额与实有数额之间的核对。为了保证账实相符,应将各种账簿记录与相关财产物资的实有数核对。具体核对内容包括:

（1）现金日记账账面余额与库存现金数额是否相符。

（2）银行存款日记账账面余额与银行对账单的余额是否相符。

（3）各项财产物资明细账账面余额与财产物资的实有数额是否相符。

（4）有关债权债务明细账账面余额与对方单位的账面记录是否相符。

第五节　错账更正方法

账簿记录应保持整齐清洁,记账时应力求正确和清楚,避免差错。如果账簿记录发生错误,必须按照规定的方法予以更正,不准涂改、挖补、刮擦或者用药水消除字迹,不准重新抄录。错账更正方法通常有划线更正法、红字更正法和补充登记法等。

一、划线更正法

划线更正法又称红线更正法。在结账前发现账簿记录有文字或数字错误,而记账凭证没有错误,可以采用划线更正法。更正时,可在错误的文字或数字上划一条红线,在红线的上方填写正确的文字或数字,并由记账及相关人员在更正处盖章。对于错误的数字,应全部划红线更正,不得只更正其中的错误数字,对于错误的文字,可只划去错误的部分。

【例8-1】　某账簿记录中,将128.50元误记为125.80元。

更正方法:不能只划去其中的"5.80",改为"8.50",而是应当把"125.80"全部用红线划去,并在其上方写上"128.50"。

二、红字更正法

红字更正法是指用红字冲销原有错误的账户记录或凭证记录,以更正或调整账簿记录的一种方法。通常有两种情况:

（1）记账后在当年内发现记账凭证所记的会计科目错误,可以采用红字更正法。更正方法如下:记账凭证科目错误时,用红字填写一张与原记账凭证完全相同的记账凭证,并登记入账,以示注销原记账凭证,然后用蓝字填写一张正确的记账凭证,并据以入账。

【例8-2】 某企业以银行存款购买A材料3 000元,材料已验收入库。在填制记账凭证时,误写成贷记"库存现金"科目,并已据以登记入账。会计分录如下:

借:原材料   3 000
　贷:库存现金   3 000

更正时,用红字填制一张与原错误记账凭证内容完全相同的记账凭证,以冲销原错误记录。会计分录如下:

借:原材料   3 000
　贷:库存现金   3 000

然后,用蓝字填制一张正确的记账凭证。会计分录如下:

借:原材料   3 000
　贷:银行存款   3 000

(2)会计科目无误但所记金额大于应记金额,从而引起记账错误,可以采用红字更正法。更正方法如下:记账凭证会计科目无误但所记金额大于应记金额时,按多记的金额用红字编制一张与原记账凭证应借、应贷科目完全相同的记账凭证,以冲销多记的金额,并据以入账。

【例8-3】 某企业从银行提取现金30 000元,备发工资。误做下列记账凭证,并已登记入账。

借:库存现金   50 000
　贷:银行存款   50 000

发现错误后,应将多记的金额用红字做与上述科目相同的会计分录。会计分录如下:

借:库存现金   20 000
　贷:银行存款   20 000

三、补充登记法

补充登记法是在记账后发现记账凭证填写的会计科目无误,只是所记金额小于应记金额时,所采用的一种更正方法。

具体更正方法如下:少记的金额用蓝字编制一张与原记账凭证应借、应贷科目完全相同的记账凭证,以补充少记的金额,并据以入账。

【例8-4】 接受外单位投入资金180 000元,已存入银行。在填制记账凭证时,误将其金额写为150 000元,并已登记入账。

借:银行存款   150 000
　贷:实收资本   150 000

发现错误后,应将少记的金额用蓝字编制一张与原记账凭证应借、应贷科目完全相同的记账凭证,登记入账:

借:银行存款   30 000
　贷:实收资本   30 000

第六节　结　账

结账是一项将账簿记录定期结算清楚的财务工作,在一定时期结束时(如月末、季末或年末),为了编制会计报表,需要进行结账。结账的内容通常包括两个方面:一是结清各种损益类账户,并据以计算确定本期利润;二是结清各资产、负债和所有者权益类账户,分别结出本期发生额合计和余额。

一、结账的程序

(1)将本期发生的经济业务事项全部登记入账,并保证其正确性;

(2)根据权责发生制的要求,调整有关账项,合理确定本期应记的收入和应记的费用;

(3)将损益类科目转入"本年利润"科目,结平所有损益类科目;

(4)结算出资产、负债和所有者权益类科目的本期发生额和余额,并结转下期。

二、结账的方法

(1)对不需按月结计本期发生额的账户,每次记账以后,都要随时结出余额,每月最后一笔余额为月末余额。月末结账时,只需要在最后一笔经济业务事项记录下面通栏划单红线,不需要再结计一次余额。

(2)库存现金、银行存款日记账和需要按月结计发生额的收入、费用等明细账,每月结账时,要结出本月发生额和余额,在摘要栏内注明"本月合计"字样,并在下面通栏划单红线。

(3)需要结计本年累计发生额的某些明细账,每月结账时,应在"本月合计"行下结出自年初起至本月末止的累计发生额,登记在月份发生额下面,在摘要栏内注明"本年累计"字样的是全年累计发生额,全年累计发生额下面通栏划双红线。

(4)总账账户平时只需结出月末余额。年终结账时,将所有总账账户结出全年发生额和年末余额,在摘要栏内注明"本年合计"字样,并在合计数下面通栏划双红线。

(5)年度终了结账时,对于有余额的账户,将其余额结转下年,并在摘要栏注明"结转下年"字样;在下一会计年度新建有关会计账户的第一行余额栏内填写上年结转的余额,并在摘要栏注明"上年结转"或"年初余额"字样,格式见表 8-14。

表 8-14　　　　　　　　　　　应收账款

2013 年		凭证		摘要	借方	贷方	借或贷	余额
月	日	字	号					
1	1			年初余额			借	30 000
12	31			本月合计	26 000	16 000	借	40 000
	31			本季累计	98 000	88 000	借	40 000
	31			本年累计	225 000	215 000	借	40 000
				结转下年				

第七节 | 会计账簿的更换与保管

一、会计账簿的更换

会计账簿的更换通常是在新会计年度建账时进行。一般来说,总账、日记账和多数明细账应每年更换一次。但有些财产物资明细账和债务明细账的材料品种、规格和往来单位较多,更换新账,重抄一遍的工作量较大,因此,可以不必每年度更换一次。但在"摘要"栏内,要加盖"结转下年"戳记,以划分新旧年度之间的金额。各种备查账簿也可以连续使用。

二、会计账簿的保管

年度终了,各种账户在结转下年、建立新账后,一般都要把旧账送交总账会计集中统一管理。被更换下来的旧账是会计档案的重要组成部分,必须科学、妥善地加以保管。会计账簿暂由本单位财务会计部门保管一年,期满之后,由财务会计部门编造清册并移交本单位的档案部门进行妥善保管。

第 九 章

账务处理程序

第一节 账务处理程序的意义和种类

一、账务处理程序的意义

账务处理程序,也称会计核算组织程序或会计核算形式,是指会计凭证、会计账簿、会计报表相结合的方式,包括会计凭证和账簿的种类、格式,会计凭证与账簿之间的联系方式,由取得原始凭证到编制记账凭证、登记明细分类账和总分类账、编制会计报表的工作程序和方法等。

会计凭证、会计账簿、会计报表之间的结合方式不同,形成了不同的账务处理程序,不同的账务处理程序又有不同的方法、特点和适用范围。科学、合理地选择适用于本单位的账务处理程序,对于提高会计核算工作效率、保证会计核算工作质量、有效地组织会计核算具有重要意义。具体表现在以下三个方面:

(1)有利于会计工作程序的规范化,确定合理的凭证、账簿与报表之间的联系方式,保证会计信息加工过程的严密性,提高会计信息的质量。

(2)有利于保证会计记录的完整性、正确性,通过凭证、账簿及报表之间的牵制作用,增强会计信息的可靠性。

(3)有利于减少不必要的会计核算环节,通过井然有序的账务处理程序,提高会计工作效率,保证会计信息的及时性。

二、账务处理程序的种类

账务处理程序的建立是由多种因素共同决定的,主要包括经济活动和财务收支的实际情况,经营管理的需要,会计核算中的核算手续等,这些因素都是在不断变化的,因此,由它们所决定的会计凭证系统组织、会计账簿系统组织、会计报表系统组织以及核算程序和方法也在不断发生变化,由此形成了不同的账务处理程序。在我国,常用的账务处理程序主要有:

(1)记账凭证账务处理程序;

(2)汇总记账凭证账务处理程序;

(3)科目汇总表账务处理程序。

上述三种账务处理程序有许多共同之处,它们的不同之处在于登记总分类账的依据和程序不同。

第二节 不同种类账务处理程序的内容

一、记账凭证账务处理程序

(一)基本内容

记账凭证账务处理程序是指对发生的经济业务事项,要根据原始凭证或汇总原始凭证编制记账凭证,然后直接根据记账凭证逐笔登记总分类账的一种账务处理程序。其特点是直接根据记账凭证逐笔登记总分类账,它是最基本的账务处理程序。在这一程序中,记账凭证可以是通用记账凭证,也可以分设收款凭证、付款凭证和转账凭证,需要设置现金日记账、银行存款日记账、明细分类账和总分类账,其中现金日记账、银行存款日记账和总分类账一般采用三栏式,明细分类账根据需要采用三栏式、多栏式和数量金额式。

记账凭证账务处理程序如下:

(1)根据原始凭证编制汇总原始凭证。

(2)根据原始凭证或汇总原始凭证,编制记账凭证。

(3)根据收款凭证、付款凭证和转账凭证逐笔登记现金日记账和银行存款日记账。

(4)根据原始凭证、汇总原始凭证和记账凭证,登记各种明细分类账。

(5)根据记账凭证逐笔登记总分类账。

(6)期末,现金日记账、银行存款日记账和明细分类账的余额同有关总分类账的余额核对相符。

(7)期末,根据总分类账和明细分类账的记录,编制会计报表。

记账凭证账务处理程序如图 9-1 所示。

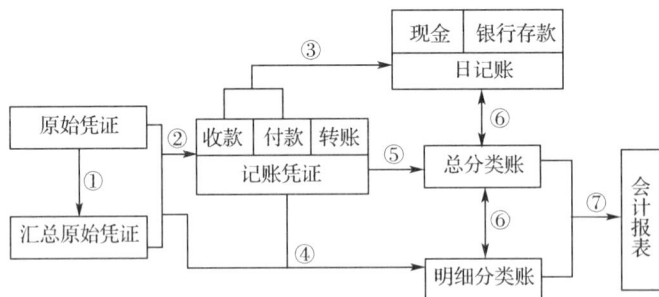

图 9-1 记账凭证账务处理程序

(二)优缺点及适用范围

记账凭证账务处理程序的优点:直接根据记账凭证登记总账,简单明了,易于理解,总分类账可以较详细地反映经济业务的发生情况。缺点:登记总分类账的工作量较大。对于经济业务较多、经营规模较大的企业,总分类账的登记工作过于繁重。因此,记账凭证账务处理程序适用于规模较小、经济业务量较少的企业。

二、汇总记账凭证账务处理程序

(一)基本内容

汇总记账凭证账务处理程序是根据原始凭证或汇总原始凭证编制记账凭证,定期根据记账凭证分类编制汇总收款凭证、汇总付款凭证和汇总转账凭证,再根据汇总记账凭证登记总分类账的一种账务处理程序。其特点是:定期根据记账凭证分类编制汇总收款凭证、汇总付款凭证和汇总转账凭证,再根据汇总记账凭证登记总分类账。在这一程序中,除设置收款凭证、付款凭证和转账凭证外,还应设置汇总收款凭证、汇总付款凭证和汇总转账凭证,账簿的设置与记账凭证账务处理程序基本一致。其一般程序如下:

(1)根据原始凭证编制汇总原始凭证。

(2)根据原始凭证或汇总原始凭证,编制记账凭证。

(3)根据收款凭证、付款凭证和转账凭证逐笔登记现金日记账和银行存款日记账。

(4)根据原始凭证、汇总原始凭证和记账凭证,登记各种明细分类账。

(5)根据各种记账凭证编制有关汇总记账凭证。

(6)根据各种汇总记账凭证登记总分类账。

(7)期末,现金日记账、银行存款日记账和明细分类账的余额同有关总分类账的余额核对相符。

(8)期末,根据总分类账和明细分类账的记录,编制会计报表。

汇总记账凭证账务处理程序如图 9-2 所示。

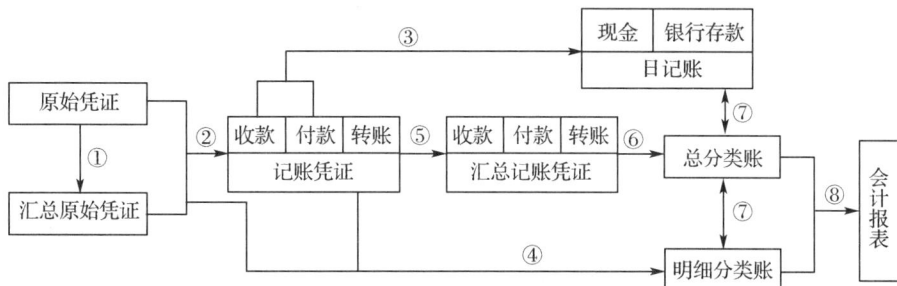

图 9-2　汇总记账凭证账务处理程序

(二)优缺点及适用范围

汇总记账凭证账务处理程序的优点:减轻了登记总分类账的工作量,便于了解账户之间的对应关系。缺点:按每一贷方科目编制汇总转账凭证,不利于会计核算的日常分工,当转账凭证较多时,编制汇总转账凭证的工作量较大。因此,汇总记账凭证账务处理程序适用于规模较大、经济业务较多的企业。

三、科目汇总表账务处理程序

(一)基本内容

科目汇总表账务处理程序,又称记账凭证汇总表账务处理程序,它是根据记账凭证定期编制科目汇总表,再根据科目汇总表登记总分类账的一种账务处理程序。科目汇总表是根据记账凭证汇总而成的。其特点是编制科目汇总表并据以登记总分类账。其记账凭证、账簿的设置与记账凭证账务处理程序基本相同。科目汇总表的格式见表 9-1。

表 9-1

科目汇总表

2013 年 9 月 1 日—2013 年 9 月 10 日　　　　　　　　第 1 号

会计科目	账页	本期发生额		记账凭证
		借方	贷方	起讫号数
现金	略	2 500	2 500	
银行存款	略	24 040	21 550	
应收账款	略	21 060	10 000	
在途物资	略	15 000		
应交税费	略	4 050	5 100	
应付工资	略	2 500		
主营业务收入	略		30 000	
合计		69 150	69 150	

科目汇总表账务处理程序如下:

(1)根据原始凭证编制汇总原始凭证。

(2)根据原始凭证或汇总原始凭证,编制记账凭证。

(3)根据收款凭证、付款凭证和转账凭证逐笔登记现金日记账和银行存款日记账。

(4)根据原始凭证、汇总原始凭证和记账凭证,登记各种明细分类账。

(5)根据各种记账凭证编制科目汇总表。

(6)根据科目汇总表登记总分类账。

(7)期末,现金日记账、银行存款日记账和明细分类账的余额同有关总分类账的余额核对相符。

(8)期末,根据总分类账和明细分类账的记录,编制会计报表。

科目汇总表账务处理程序如图 9-3 所示。

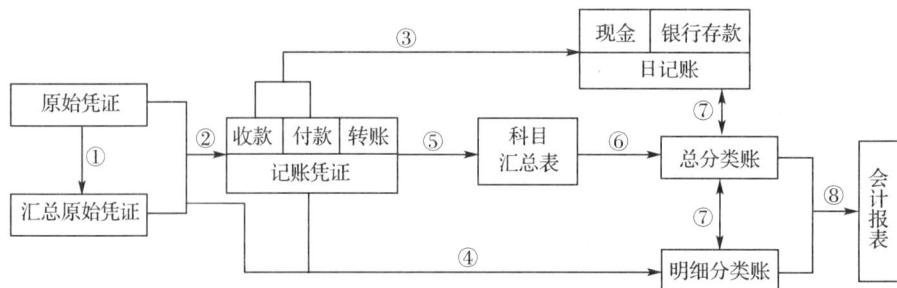

图 9-3　科目汇总表账务处理程序

(二)优缺点及适用范围

科目汇总表账务处理程序的优点:可以简化总分类账的登记工作,减轻了登记总分类账的工作量,并可做到试算平衡、简明易懂、方便易学。缺点:科目汇总表不能反映账户对应关系,不便于查对账目。科目汇总表账务处理程序通常适用于经济业务较多的企业。

（三）科目汇总表账务处理程序举例

【例 9-1】　甲公司 2013 年 2 月末的总分类账户和明细分类账户科目余额如表 9-2、表 9-3 所示。

表 9-2

总分类账户余额表

2013 年 3 月 1 日

账户名称	金额	账户名称	金额
库存现金	6 000	累计折旧	50 000
银行存款	50 000	短期借款	50 000
原材料	4 000	长期借款	80 000
生产成本	20 000	实收资本	200 000
库存商品	40 000	盈余公积	40 000
固定资产	300 000		
合计	420 000	合计	420 000

表 9-3

明细分类账户余额表

2013 年 3 月 1 日

账户名称	金额
原材料——A 材料	4 000
生产成本——X 产品	20 000
库存商品——X 产品	30 000

甲公司 2013 年 3 月发生了如下经济业务(假定除下列经济业务外,该公司未发生其他经济业务):

(1)3 月 2 日,购入 A 材料 2 000 千克,单价 8 元/千克,价款共计 16 000 元,材料已验收入库,货款以银行存款支付(不考虑增值税)。

(2)3 月 8 日,李某出差预借差旅费 5 000 元。

(3)3 月 10 日,销售 X 产品 1 000 件,单位售价 50 元/件,共计价款 50 000 元,货物已发出,价款收到并存入银行(不考虑增值税)。

(4)3 月 15 日,用现金支付销售 X 产品的运费 800 元。

(5)3 月 20 日,为生产 Y 产品领用 A 材料 500 千克,单价 8 元/千克,共计 4 000 元。

(6)3 月 25 日,李某出差回来,报销差旅费 4 500 元,归还多余款 500 元。

(7)3 月 31 日,以银行存款支付本月保险费用 1 200 元。

(8)3 月 31 日,以银行存款支付借款利息 1 800 元。

(9)3 月 31 日,计提本月应交城市维护建设税 1 000 元和教育费附加 500 元。

(10)3 月 31 日,结转已售 X 产品成本,已知 X 产品单位成本 30 元/件,成本共计

30 000 元。

(11)3 月 31 日,将本月主营业务收入 50 000 元转入"本年利润"账户贷方。

(12)3 月 31 日,将本月主营业务成本 30 000 元转入"本年利润"账户借方。

(13)3 月 31 日,将本月发生的营业税金及附加 1 500 元、销售费用 800 元、财务费用 1 800 元、管理费用 5 700 元转入"本年利润"账户借方。

(14)3 月 31 日,计算本月应交所得税 3 060 元。

(15)3 月 31 日,将本月所得税费用 3 060 元转入"本年利润"账户借方。

(16)3 月 31 日,结转本年利润 7 140 元。

在科目汇总表账务处理程序下,该公司经济业务的账务处理程序是:

(1)根据发生经济业务所取得的原始凭证或汇总原始凭证填制收款凭证、付款凭证、转账凭证(在这里,以会计分录代表记账凭证)。

①3 月 2 日购入 A 材料

借:原材料——A 材料　　　　　　　　　　16 000
　　贷:银行存款　　　　　　　　　　　　　　16 000

②3 月 8 日预借差旅费

借:其他应收款——李某　　　　　　　　　5 000
　　贷:库存现金　　　　　　　　　　　　　　5 000

③3 月 10 日销售 X 产品

借:银行存款　　　　　　　　　　　　　50 000
　　贷:主营业务收入　　　　　　　　　　　50 000

④3 月 15 日支付运费

借:销售费用　　　　　　　　　　　　　　800
　　贷:库存现金　　　　　　　　　　　　　　800

⑤3 月 20 日领用 A 材料

借:生产成本——Y 产品　　　　　　　　　4 000
　　贷:原材料——A 材料　　　　　　　　　　4 000

⑥3 月 25 日报销差旅费

借:管理费用　　　　　　　　　　　　　4 500
　　贷:其他应收款——李某　　　　　　　　　4 500

借:库存现金　　　　　　　　　　　　　　500
　　贷:其他应收款——李某　　　　　　　　　500

⑦3 月 31 日支付保险费用

借:管理费用　　　　　　　　　　　　　1 200
　　贷:银行存款　　　　　　　　　　　　　　1 200

⑧3 月 31 日支付借款利息

借:财务费用　　　　　　　　　　　　　1 800
　　贷:银行存款　　　　　　　　　　　　　　1 800

⑨3月31日计提应交城市维护建设税、教育费附加

借:营业税金及附加　　　　　　　　　　　　　　　　1 500

　　贷:应交税费——应交城市维护建设税　　　　　　　　　　1 000

　　　　　　——应交教育费附加　　　　　　　　　　　　　　　500

⑩3月31日结转产品成本

借:主营业务成本　　　　　　　　　　　　　　　　30 000

　　贷:库存商品——X产品　　　　　　　　　　　　　　　　30 000

⑪3月31日结转主营业务收入

借:主营业务收入　　　　　　　　　　　　　　　　50 000

　　贷:本年利润　　　　　　　　　　　　　　　　　　　　50 000

⑫3月31日结转主营业务成本

借:本年利润　　　　　　　　　　　　　　　　　　30 000

　　贷:主营业务成本　　　　　　　　　　　　　　　　　　30 000

⑬3月31日结转营业税金及附加、销售费用、财务费用及管理费用

借:本年利润　　　　　　　　　　　　　　　　　　9 800

　　贷:营业税金及附加　　　　　　　　　　　　　　　　　1 500

　　　　销售费用　　　　　　　　　　　　　　　　　　　　800

　　　　管理费用　　　　　　　　　　　　　　　　　　　5 700

　　　　财务费用　　　　　　　　　　　　　　　　　　　1 800

⑭3月31日计算应交所得税

借:所得税费用　　　　　　　　　　　　　　　　　3 060

　　贷:应交税费——应交所得税　　　　　　　　　　　　　3 060

⑮3月31日结转所得税费用

借:本年利润　　　　　　　　　　　　　　　　　　3 060

　　贷:所得税费用　　　　　　　　　　　　　　　　　　3 060

⑯3月31日结转本年利润

借:本年利润　　　　　　　　　　　　　　　　　　7 140

　　贷:利润分配——未分配利润　　　　　　　　　　　　　7 140

(2)根据现金和银行存款收付款凭证,逐笔登记现金日记账和银行存款日记账,具体填制内容分别见表9-4和表9-5。

表9-4　　　　　　　　　　　　　　　　现金日记账

2013年		凭证		摘要	对方科目	借方	贷方	余额
月	日	字	号					
3	1			月初余额				6 000
	8	现付	1	李某借差旅费	其他应收款		5 000	1 000
	15	现付	2	支付销售产品运费	销售费用		800	200
	25	现收	1	李某归还多余差旅费	其他应收款	500		700
3	31			本月合计		500	5 800	700

表 9-5　　　　　　　　　　　　　　　　　　　　　　银行存款日记账

2013 年		凭证		摘要	对方科目	借方	贷方	余额
月	日	字	号					
3	1			月初余额				50 000
	2	银付	1	购入 A 材料	原材料		16 000	34 000
	10	银收	1	销售 X 产品	主营业务收入	50 000		84 000
	31	银付	2	支付保险费	管理费用		1 200	82 800
	31	银付	3	支付借款利息	财务费用		1 800	81 000
3	31			本月合计		50 000	19 000	81 000

（3）据原始凭证和记账凭证登记各种明细分类账（只列举原材料、生产成本和其他应收款的明细分类账，其他从略）。分别见表 9-6、表 9-7、表 9-8。

表 9-6　　　　　　　　　　　　　　　　　　原材料明细分类账

会计科目：原材料——A 材料　　　　　　　　　　　　　　　　　　　　　　　　数量单位：千克

2013 年		凭证		摘 要	借 方			贷 方			余 额		
月	日	字	号		数量	单价	金额	数量	单价	金额	数量	单价	金额
3	1			期初余额							500	8	4 000
	2	银付	1	购入	2 000	8	16 000				2 500	8	20 000
	20	转	1	生产领用				500	8	4 000	2 000	8	16 000
3	31			本月合计	2 000		16 000	500		4 000	2 000		16 000

表 9-7　　　　　　　　　　　　　　　　　　生产成本明细分类账

产品名称：Y 产品　　　　　　　　　　　　　　　　　　　　　　　　　　　　　计量单位：件

2013 年		凭证		摘 要	借方			合计
月	日	字	号		直接材料	直接人工	制造费用	
3	20	转	1	耗用材料	4 000			4 000
	31			本月合计	4 000			4 000

表 9-8　　　　　　　　　　　　　　　　　　其他应收款明细分类账

会计科目：其他应收款——李某

2013 年		凭证		摘要	借方	贷方	借或贷	余额
月	日	字	号					
3	8	现付	1	预借差旅费	5 000		借	5 000
	25	转	2	报销差旅费		4 500	借	500
	25	现收	1	交回现金		500	平	0
3	31			本月合计	5 000	5 000	平	0

（4）根据各种记账凭证编制科目汇总表，见表9-9。

表 9-9　　　　　　　　　　　　　　　　**科目汇总表**

2013 年 3 月

科目	1～10日发生额		11～20日发生额		21～31日发生额		本月发生额合计		记账
	借方	贷方	借方	贷方	借方	贷方	借方	贷方	
库存现金		5 000		800	500		500	5 800	略
银行存款	50 000	16 000				3 000	50 000	19 000	
其他应收款	5 000					5 000	5 000	5 000	
原材料	16 000			4 000			16 000	4 000	
库存商品						30 000		30 000	
应交税费						4 560		4 560	
本年利润					50 000	50 000	50 000	50 000	
利润分配						7 140		7 140	
生产成本			4 000				4 000		
主营业务收入		50 000			50 000		50 000	50 000	
主营业务成本					30 000	30 000	30 000	30 000	
营业税金及附加					1 500	1 500	1 500	1 500	
销售费用			800			800	800	800	
管理费用					5 700	5 700	5 700	5 700	
财务费用					1 800	1 800	1 800	1 800	
所得税费用					3 060	3 060	3 060	3 060	
合计	71 000	71 000	4 800	4 800	142 560	142 560	218 360	218 360	

（5）根据科目汇总表登记总分类账，具体登记情况见表9-10至表9-31。

表 9-10　　　　　　　　　　　　　　　　**总分类账**

会计科目：库存现金

2013 年		凭证		摘要	借方	贷方	借或贷	余额
月	日	字	号					
3	1	科汇	1	上年结账			借	6 000
	10	科汇	1	1～10日发生额		5 000	借	1 000
	20	科汇	1	11～20日发生额		800	借	200
	31			21～31日发生额	500		借	700
	31			本月合计	500	5 800	借	700

表 9-11　　　　　　　　　　　　　总分类账

会计科目:银行存款

2013 年		凭证		摘要	借方	贷方	借或贷	余额
月	日	字	号					
3	1			月初余额			借	50 000
	10	科汇	1	1～10 日发生额	50 000	16 000	借	84 000
	31	科汇	1	21～31 日发生额		3 000	借	81 000
	31			本月合计	50 000	19 000	借	81 000

表 9-12　　　　　　　　　　　　　总分类账

会计科目:其他应收款

2013 年		凭证		摘要	借方	贷方	借或贷	余额
月	日	字	号					
3	1			月初余额				
	10	科汇	1	1～10 日发生额	5 000		借	5 000
	31	科汇	1	21～31 日发生额		5 000	平	0
	31			本月合计	5 000	5 000	平	0

表 9-13　　　　　　　　　　　　　总分类账

会计科目:原材料

2013 年		凭证		摘要	借方	贷方	借或贷	余额
月	日	字	号					
3	1			月初余额			借	4 000
	10	科汇	1	1～10 日发生额	16 000		借	20 000
	20	科汇	1	11～20 日发生额		4 000	借	16 000
	31			本月合计	16 000	4 000	借	16 000

表 9-14　　　　　　　　　　　　　总分类账

会计科目:存库商品

2013 年		凭证		摘要	借方	贷方	借或贷	余额
月	日	字	号					
3	1			月初余额			借	40 000
	31	科汇	1	21～31 日发生额		30 000	借	10 000
	31			本月合计		30 000	借	10 000

表 9-15　　　　　　　　　　　　　　　　　　总分类账

会计科目:固定资产

2013 年		凭证		摘要	借方	贷方	借或贷	余额
月	日	字	号					
3	1			月初余额			借	300 000
	31			本月合计			借	300 000

表 9-16　　　　　　　　　　　　　　　　　　总分类账

会计科目:累计折旧

2013 年		凭证		摘要	借方	贷方	借或贷	余额
月	日	字	号					
3	1			月初余额			贷	50 000
	31			本月合计			贷	50 000

表 9-17　　　　　　　　　　　　　　　　　　总分类账

会计科目:短期借款

2013 年		凭证		摘要	借方	贷方	借或贷	余额
月	日	字	号					
3	1			月初余额			贷	50 000
	31			本月合计			贷	50 000

表 9-18　　　　　　　　　　　　　　　　　　总分类账

会计科目:应交税费

2013 年		凭证		摘要	借方	贷方	借或贷	余额
月	日	字	号					
3	31	科汇	1	21～31 日发生额		4 560	贷	4 560
	31			本月合计		4 560	贷	4 560

表 9-19　　　　　　　　　　　　　　　　　　总分类账

会计科目:长期借款

2013 年		凭证		摘要	借方	贷方	借或贷	余额
月	日	字	号					
3	1			月初余额			贷	80 000
	31			本月合计			贷	80 000

表 9-20 总分类账

会计科目:实收资本

2013 年		凭证		摘要	借方	贷方	借或贷	余额
月	日	字	号					
3	1			月初余额			贷	200 000
	31			本月合计			贷	200 000

表 9-21 总分类账

会计科目:盈余公积

2013 年		凭证		摘要	借方	贷方	借或贷	余额
月	日	字	号					
3	1			月初余额			贷	40 000
	31			本月合计			贷	40 000

表 9-22 总分类账

会计科目:本年利润

2013 年		凭证		摘要	借方	贷方	借或贷	余额
月	日	字	号					
3	31	科汇	1	21～31 日发生额	50 000	50 000	平	0
	31			本月合计	50 000	50 000	平	0

表 9-23 总分类账

会计科目:利润分配

2013 年		凭证		摘要	借方	贷方	借或贷	余额
月	日	字	号					
3	31	科汇	1	21～31 日发生额		7 140	贷	7 140
	31			本月合计		7 140	贷	7 140

表 9-24 总分类账

会计科目:生产成本

2013 年		凭证		摘要	借方	贷方	借或贷	余额
月	日	字	号					
3	1			月初余额			借	20 000
	20	科汇	1	11～20 日发生额	4 000		借	24 000
	31			本月合计	4 000		借	24 000

表 9-25　　　　　　　　　　　　　　　　　总分类账

会计科目:主营业务收入

2013 年		凭证		摘要	借方	贷方	借或贷	余额
月	日	字	号					
3	10	科汇	1	1~10 日发生额		50 000	贷	50 000
	31	科汇	1	21~31 日发生额	50 000		平	0
	31			本月合计	50 000	50 000	平	0

表 9-26　　　　　　　　　　　　　　　　　总分类账

会计科目:主营业务成本

2013 年		凭证		摘要	借方	贷方	借或贷	余额
月	日	字	号					
3	31	科汇	1	21~31 日发生额	30 000	30 000	平	0
	31			本月合计	30 000	30 000	平	0

表 9-27　　　　　　　　　　　　　　　　　总分类账

会计科目:营业税金及附加

2013 年		凭证		摘要	借方	贷方	借或贷	余额
月	日	字	号					
3	31	科汇	1	21~31 日发生额	1 500	1 500	平	0
	31			本月合计	1 500	1 500	平	0

表 9-28　　　　　　　　　　　　　　　　　总分类账

会计科目:销售费用

2013 年		凭证		摘要	借方	贷方	借或贷	余额
月	日	字	号					
3	20	科汇	1	11~20 日发生额	800		借	800
	31	科汇	1	21~31 日发生额		800	平	0
	31			本月合计	800	800	平	0

表 9-29　　　　　　　　　　　　　　　　　总分类账

会计科目:管理费用

2013 年		凭证		摘要	借方	贷方	借或贷	余额
月	日	字	号					
3	31	科汇	1	21~31 日发生额	5 700	5 700	平	0
	31			本月合计	5 700	5 700	平	0

表 9-30　　　　　　　　　　　　　　　　　总分类账

会计科目:财务费用

2013 年		凭证		摘要	借方	贷方	借或贷	余额
月	日	字	号					
3	31	科汇	1	21～31 日发生额	1 800	1 800	平	0
	31			本月合计	1 800	1 800	平	0

表 9-31　　　　　　　　　　　　　　　　　总分类账

会计科目:所得税费用

2013 年		凭证		摘要	借方	贷方	借或贷	余额
月	日	字	号					
3	31	科汇	1	21～31 日发生额	3 060	3 060	平	0
	31			本月合计	3 060	3 060	平	0

第十章

财产清查

第一节 | 财产清查的意义、种类和一般程序

一、财产清查的意义

财产清查是指通过对货币资金、实物资产和往来款项的盘点或核对,确定其实存数,查明账存数与实存数是否相符的一种专门方法。

造成账实不符的原因是多方面的,如财产物资保管过程中发生的自然损耗;财产收发过程中由于计量或检验不准,造成多收或少收的差错;由于管理不善、制度不严造成的财产损坏、丢失、被盗;在账簿启示录中发生的重记、漏记、错记;由于有关凭证未到,形成未达账项,造成结算双方账实不符;发生意外灾害等。造成账实不符的原因不同,其会计处理也不同。

加强财产清查工作,对于加强企业管理、充分发挥会计的监督作用具有重要意义:

第一,通过财产清查,做到账实相符,保证会计信息的真实性、可靠性,保护各项财产的安全完整。

第二,通过财产清查,可以查明财产物资盘盈盘亏的原因,明确经济责任,从而完善企业管理制度,挖掘财产物资潜力,提高资金的使用效能,加速资金周转。

第三,通过财产清查,可以发现问题,及时采取措施弥补经营管理中的漏洞,建立健全各项规章制度,提高企业的管理水平。

二、财产清查的分类

(一)按清查的范围可分为全面清查和局部清查

1. 全面清查

全面清查,是指对属于本单位或存放于本单位的所有财产物资、货币资金和各项债权债务进行全面的盘点与核对。全面清查范围广、内容多、工作量大,不宜经常进行。需要进行全面清查的主要有以下几种情况:

(1)年终决算之前。

(2)单位撤并或者改变其隶属关系时,中外合资、国内合资前。

(3)开展资产评估,清产核资等专项经济活动前等。

2.局部清查

局部清查,是指根据需要对部分财产物资进行盘点与核对。其清查的主要对象是流动性较大的财产,如现金、原材料、在产品和库存商品等。局部清查范围小、内容少,涉及的人员较少,但专业性较强。需要进行局部清查的情况主要有以下几种:

(1)对于库存现金,每日业务终了应由出纳人员当日清点核对,以保持实存数与现金日记账结存额相符。

(2)对于银行存款,出纳人员至少每月要同银行核对一次。

(3)对于贵重物资,每月都应清查盘点一次。

(4)对于各种往来款项,每年至少同对方企业核对一至两次。

(5)通常情况下,对于流动性较大的材料,除年度清查外,年度内还要轮流盘点或重点抽查。

以上所列举的清查内容,都是正常情况下进行的,目的是确保账实相符。如果遭受自然灾害(如大风、火灾、水灾、地震等)、发生盗窃事件以及更换相关工作人员时也应对财产物资或资金进行局部的清点和盘查。

(二)按清查的时间可分为定期清查和不定期清查

1.定期清查

定期清查,是指根据事先计划或管理制度规定的时间安排对财产所进行的清查。一般是年度、季度、月份终了及每日结账时进行。定期清查可以是全面清查,也可以是局部清查。一般情况下,年终决算前进行全面清查,季末和月末进行局部清查,年末清查的范围一般要比月末大一些。

2.不定期清查

不定期清查,是指事先没有计划,而是根据需要对财产物资所进行的临时性清查。不定期清查可以是全面清查,也可以是局部清查。需要进行不定期清查的情况主要有以下几种:

(1)当单位更换出纳人员或财产物资保管人员时。

(2)当单位发生意外损失或非常灾害时。

(3)当单位撤销、合并或改变隶属关系时。

(4)经济管理部门如财政、税务、银行以及审计部门对企业进行检查时等。

三、财产清查的一般程序

企业应按照一定的流程组织财产清查工作,因此需要规定财产清查的一般程序,企业的财产清查工作应严格按以下程序进行:

(1)建立财产清查组织。

(2)清查人员学习有关政策规定,掌握有关法律、法规和相关业务知识,以提高财产清查工作的质量。

(3)确定清查对象和清查范围,明确清查任务。

(4)制定清查方案,具体安排清查内容、时间、步骤、方法以及必要的清查前准备。

(5)清查时本着先清查数量、核对账簿记录等,后认定质量的原则进行。

（6）填制盘存清单。

（7）根据盘存清单,填制实物、往来账项清查结果报告表。

需要特别指出的是,现代意义上的财产清查,不仅包括资产实存数量和质量的检查,还包括资产价值量的测定,并关注资产是否发生减值等情况。

四、财产清查盘存制度

（一）实地盘存制

实地盘存制,是指企业对各项财产物资只在账簿中登记其收入数,不登记其发出数,期末通过实地盘点来确定财产物资的结余数然后倒挤出本期发出数的一种盘存制度。其计算公式为:

$$期初结存数＋本期收入数－期末实存数＝本期发生数$$

由于实地盘存制平时只登记收入数,不登记发出数,期末只要根据盘点的实存数就可以倒挤出本期发出数。因此,实地盘存制的优点是简便易行,适用于餐饮业等企业。但如果内部控制制度不严,期末实存数的准确性就成了问题,由此倒挤出的本期发出数也就未必可靠。

（二）永续盘存制

永续盘存制,是指企业对各项财产物资收入和发出的数量和金额,都必须根据原始凭证和记账凭证在有关账簿中进行连续登记,并随时结出账面余额的一种盘存制度。其计算公式为:

$$期初账面余额＋本期收入数－本期发出数＝期末账面结存数$$

以上公式与实地盘存制的公式内容相同,但次序不同。实地盘存制是根据期末实存数倒挤出本期发出数,而永续盘存制是先确定本期实际发生数,然后结出期末账面结存数。后者手续比较严密,会计账簿起到了实际控制财产物资收、付、存的作用,有利于加强财产物资管理,因此为大多数企业所采用。另外,由于永续盘存制对财产物资的发出逐笔都有记录,且有原始凭证为依据,容易追查差错的来龙去脉,也容易控制差错和非法行为的发生,是控制差错和防止非法行为的有效方法。

永续盘存制虽然实际记录了财产物资的收、付、存数量和金额,但由于各种原因,账簿记录与实际盘存的数量和金额仍有发生差异的可能。因此,即使是实行永续盘存制,也必须定期进行财产清查,以确保账实相符。

【例10-1】　某商业公司月初库存甲商品50件,单位成本1 000元,本月购入甲商品950件,单位成本1 000元,本期销售甲商品900件。期末经实地盘点,查明甲商品实存80件。按照永续盘存制和实地盘存制可分别计算如下:

永续盘存制下销售甲商品的成本＝1 000×900＝900 000（元）

永续盘存制下月末甲商品账面余额＝1 000×50＋1 000×950－900 000＝100 000（元）

实地盘存制下销售甲商品的成本＝1 000×50＋1 000×950－1 000×80＝920 000（元）

可见,在永续盘存制下,通过实地盘点可以查明实存金额（80 000元）和账存金额

(100 000 元)不符。因此,可以通过财产清查,确定财产物资实有数,并确定盘盈、盘亏数额。

在实地盘存制下,本期发出金额是倒挤得出的,无法确定盘盈、盘亏。实际上,盘亏金额 20 000 元(100 000 元－80 000 元),也作为本期耗用数来确认。正是因为实地盘存制存在上述缺陷,故在会计核算中大部分财产物资均采用永续盘存制。

第二节 | 财产清查的方法

一、货币资金的清查方法

(一)库存现金的清查

库存现金清查先采用实地盘点的方法确定库存现金的实存数,然后再与现金日记账的账面余额进行核对,确定账存数与实存数是否相等。库存现金的盘点应由清查人员会同出纳人员共同负责。

库存现金清查主要包括以下两种情况:

1. 经常性的现金清查

经常性的现金清查,即由出纳人员每日清点库存现金实有数,并与现金日记账的账面余额核对,这是出纳人员日常进行的工作。

2. 定期或不定期清查

在坚持日清月结、由出纳人员自身对库存现金进行检查清查的基础上,为了加强对出纳工作的监督,及时发现可能发生的库存现金差错或丢失,防止贪污、盗窃、挪用公款等不法行为的发生,确保库存现金安全完整,各单位应建立库存现金清查制度。由有关领导和专业人员组成清查小组,定期或不定期地对库存现金进行清查盘点。重点检查账款是否相符、有无白条抵库、有无私借公款、有无挪用公款、有无账外资金等违纪违法行为。

清查时,出纳人员必须在场,库存现金由出纳人员经手盘点,清查人员从旁监督。同时,清查人员还应认真审核库存现金收付凭证和有关账簿,检查账务处理是否合理合法、账簿记录有无错误,以确定账存数是否相符。

在库存现金盘点结束后,直接填制"库存现金盘点报告表",由盘点人员、出纳人员及其相关负责人签名盖章,并据以调整现金日记账的账面记录。库存现金盘点报告表的一般格式见表 10-1。

表 10-1　　　　　　　　　　　　**库存现金盘点报告表**

单位名称:　　　　　　　　　　　　　　　　　　　　　　　年　月　日

实存金额	账存金额	实存与账存对比结果		备注
		盘盈	盘亏	

盘点人(签章):　　　　　　　　　　　　　　　　　　出纳员(签章):

（二）银行存款的清查

银行存款的清查通过与开户银行转来的对账单进行核对，用来查明银行存款的实有数额。银行存款日记账与开户银行转来的对账单不一致的原因有两个：一是双方或一方记账有误；二是存在未达账项。

清查时，要将企业的银行存款日记账与银行定期送来的对账单逐笔核对，以查明账实是否相符。如果在核对中发现属于企业方面的记账差错，经确定后企业应立即更正；属于银行方面的记账差错，应通知银行更正。即使双方均无记账错误，企业的银行存款日记账余额与银行对账单余额往往也不一致，这种不一致是由未达账项造成的。所谓未达账项，是指企业与银行之间由于凭证传递上的时间差，一方已登记入账，另一方因尚未接到凭证而未登记入账的款项。具体来说，未达账项大致有下列四种情况：

1. 企业已收，银行未收

即企业已收款入账，银行尚未收款入账。例如，企业销售产品收到支票，送存银行后即可根据银行盖章后返回的"记账单"回单联登记银行存款的增加，而银行则要等款项收妥后再记增加。如果此时对账，就会出现企业已记银行存款增加，而开户银行尚未记增加的款项。

2. 企业已付，银行未付

即企业已付款入账，银行尚未付款入账。例如，企业开出一张支票支付购料款，企业可根据支票存根登记银行存款的减少，而此时银行由于尚未接到支付款项的凭证而未记减少。如果此时对账，就会出现企业已记银行存款减少，而开户银行尚未记减少的款项。

3. 银行已收，企业未收

即银行已收款入账，企业尚未收款入账。例如，外地某单位给本企业汇来款项，银行收到汇款单后，马上登记企业存款增加，而企业由于尚未收到收账通知而未登记银行存款增加。如果此时对账，就会出现银行已记企业存款增加，而企业尚未记增加的款项。

4. 银行已付，企业未付

即银行已付款入账，企业尚未付款入账。例如，银行收取企业借款的利息，银行已从企业存款账户中收取并已记录企业存款减少，而企业尚未接到银行计付利息通知单，尚未记录银行存款的减少。如果此时对账，就会出现银行已记企业存款减少，而企业尚未记减少的款项。

在清查银行存款时，如出现未达账项，应通过编制银行存款余额调节表进行调整。银行存款余额调节表的编制方法一般是在企业与银行双方的账面余额基础上，各自加上对方已收而本单位未收的款项，减去对方已付而本单位未付的款项。经过调节后，双方的余额应一致。如果相等，表明双方记账都是正确的，其金额表示企业可动用的银行存款实有数；如果调节后双方的余额仍不相等，则表明还存在记账错误，应进一步查明原因，并按照错账更正的方法予以更正。

【例10-2】　某企业2010年5月31日银行存款账面余额496 000元，银行对账单余额617 200元。经逐笔核对，发现存在以下4笔未达账项：

（1）企业偿还 A 公司货款 70 000 元已登记入账，但银行尚未登记入账；

（2）企业收到销售商品款 13 200 元已登记入账，但银行尚未登记入账；

（3）银行已划转电费 5 600 元登记入账，但企业尚未收到划款通知单，未登记入账；

（4）银行已收到外地汇入货款 70 000 元已登记入账，但企业尚未收到收款通知单，未登记入账。

要求：填制银行存款余额调节表。计算结果见表 10-2。

表 10-2 银行存款余额调节表

2010 年 5 月 31 日 单位：元

项目	金额	项目	金额
银行存款日记账余额	496 000	银行对账单余额	617 200
加：银行已收、企业未收款	70 000	加：企业已收、银行未收款	13 200
减：银行已付、企业未付款	5 600	减：企业已付、银行未付款	70 000
调节后余额	560 400	调节后余额	560 400

编制银行存款余额调节表的目的在于消除未达账项的影响，核对银行存款账目有无错误。该表本身并非原始凭证，不能根据该表在银行存款日记账上登记，只有等到银行转来有关结算凭证后再按记账程序登记入账。在银行存款清查过程中，若发现长期存在的未达账项，应查明原因并及时处理。

二、实物的清查方法

实物资产的清查主要包括存货（如原材料、在产品、库存商品、半成品、低值易耗品等）和固定资产的清查，清查时主要从数量上进行。实物资产具有种类繁多、数量大、储存情况与计量单位不统一等特点，在清查时往往需要结合实际情况，合理选择清查范围，针对不同的清查对象，选用不同的清查方法。实物资产的清查最常用的方法为实地盘点法和技术推算法。

（一）实地盘点法

实地盘点法是在财产物资存放现场逐一清点数量或用计量仪器确定其实存数的一种方法。应运用度、量、衡等工具。通过点数，逐一确定被清查实物实有数。这种方法适用范围较广，而且数字准确可靠，大多数财产物资都可采取这种方法，但缺陷是工作量较大。

实地盘点时，盘点人员应做好盘点记录。盘点结束后，盘点人员应根据财产物资的盘点记录，编制"财产物资盘存单"，并由参与盘点人员、财产物资保管人员及相关责任人签名盖章。同时应就盘存表的资料以及相关账簿资料填制"实存账存对比表"，并据以检查账面数额与实际数额是否相符，同时根据对比结果调整账簿记录，分析差异原因，做出相应处理。

（二）技术推算法

技术推算法是按照一定标准推算其实有数的一种方法。这种方法适用于堆垛量很大,不便一一清点,单位价值又比较低的实物的清查,如露天堆放的煤炭、矿石等,就可以采用技术推算法。使用这种方法时,必须做到测定标准重量比较准确,整理后的形状符合规定要求,只有这样,计算出的实际数额才能接近财产物资实存数。

对实物资产的数量进行清查的同时,还要对实物的质量进行鉴定,可根据不同的实物采用不同的检查方法,如物理法、化学法、直接观察法。

为了明确经济责任,在进行实物资产清查盘点时,实物保管人员必须在场。对各项财产物资的盘点结果,应逐一填制盘存单,由盘点人员和实物保管人员共同签章,并同账面余额记录核对,确定盘盈盘亏数,填制实存账存对比表,作为调整账面记录的原始凭证。

财产物资盘存单和实存账存对比表的常用格式见表10-3、表10-4。

表 10-3　　　　　　　　　　　　　　　　**盘存单**

单位名称：　　　　　　　　盘点时间：　　　　　　　　编号：00324672

财产类别：　　　　　　　　存放地点：　　　　　　　　金额单位：

编号	名称	计量单位	数量	单位	金额	备注

盘点人(签章)：　　　　　　　　　　　　　　　　实物保管人(签章)：

表 10-4　　　　　　　　　　　　　　　　**实存账存对比表**

使用部门：　　　　　　　　年　月　日　　　　　　　编号：00568794

财产类别：　　　　　　　　存放地点：　　　　　　　　金额单位：

编号	类别及名称	计量单位	单价	实存		账存		对比结果		备注
				数量	金额	数量	金额	盘盈	盘亏	

实物保管人：　　　　　　　会计：　　　　　　　制表：

对已清查出来的残存变质物资、伪劣产品,应另行编制"残存变质物资、伪劣产品情况表(见表10-5)",写明损失程度和损失金额,经盘点小组研究决定后提出处理意见,情况比较严重的还应做专项说明。

对已委托外单位加工、保管的材料、商品、物资以及在途材料、商品、物资等,可以采取询证的方法与有关单位进行核对,查明账实是否相符。

表 10-5 残存变质物资、伪劣产品情况表

单位名称： 年 月 日 金额单位：

名称 规格	单价	原价	账面		报废		报损		残存伪劣		处理意见
			数量	金额	数量	金额	数量	金额	数量	金额	

主管人员： 会计： 制表：

三、往来款项的清查方法

往来款项是指各种债权债务结算款项,主要包括应收款项、应付款项、预收账款、预付账款及其他应收、应付款项。往来款项的清查一般用发函询证的方法进行核对,派人前往或利用通信工具,与结算往来单位核实账目。

清查的一般方法如下:

(1)首先确定本单位的往来款项记录是否准确无误,总分类账与明细分类账的余额是否相等,各明细分类账的余额是否相符。

(2)在保证本单位账簿记录正确的情况下,编制"往来结算款项询证函",通过信函、电函、面询等多种方式,请对方企业核对,确定各种应收、应付款的实际情况。

对账单应按明细分类账户逐笔摘抄,一式两联,其中一联是回单,对方单位核对后将回单盖章退回本单位。如果发现双方账目不相符,应在回单上注明,以便进一步查对。其格式见表 10-6。

表 10-6 往来款项询证函

往来款项对账单

×××单位:

　　贵单位于××年××月××日从我单位购进乙产品 200 件,已付款 40 000 元,尚有 60 000 元货款未支付,请核对后将回联单寄回。

　　　　　　　　　　　　　　　　　　　　　　　　　　×××清查单位:(盖章)
　　　　　　　　　　　　　　　　　　　　　　　　　　　　　年 月 日

　　如核对相符,请在数据无误处盖章确认(沿此虚线剪下,将以下回联单寄回);如数据存在差异,请注明贵单位记载的金额。

- -

往来款项对账单(回联)

×××清查单位:

　　贵单位寄来的"往来款项对账单"已收到,经核对相符无误。

　　　　　　　　　　　　　　　　　　　　　　　　　　×××单位:(盖章)
　　　　　　　　　　　　　　　　　　　　　　　　　　　　　年 月 日

---

(3)收到回单以后,要据以编制"往来款项清查表",由清查人员和记账人员共同签名盖章,注明核对相符与不相符的款项,对不相符的款项按有争议、未达账项、无法收回等情

况归类,并针对具体情况及时采取措施予以解决。往来款项清查表见表 10-7。

表 10-7   **往来款项清查表**

总分类账户名称: 年 月 日

明细账		清查结果			核对不符原因分析			备注
名称	账面余额	核对相符金额	核对不符金额	未达账项金额	有争议款项金额	无法收回(或偿还)款项	其他	

第三节 | 财产清查结果的处理

一、财产清查结果的处理要求

进行财产清查以后,通常都能发现财产物资管理工作上存在的问题。妥善解决好这些问题是财产清查工作的主要目的之一,也是财产清查发挥积极作用的最终体现。对于财产清查的结果进行处理,不应当只着眼于账务处理,做到账实相符,更重要的是要提出改进财产物资管理的措施,充分实现会计的管理职能,所以财产物资清查结果的处理应该包括以下几方面的要求:

1. 分析账实不符的原因和性质,提出处理建议

对于各种财产物资的盘盈盘亏,必须通过调查研究查明原因、分清责任,按相关规定进行处理。一般来说,个人造成的损失,应由个人赔偿。因管理不善造成的损失,应作为企业管理费用入账。因自然灾害造成的非常损失,列入企业的营业外支出,如相关财产已经向保险公司投保,还应向保险公司索取赔偿。

2. 积极处理多余积压财产,清理往来款项

对于各种已经制定储备定额的财产物资,在财产清查后,还应当全面地检查物资储备的定额执行情况。储备不足的物资,应当及时通知有关部门,补充储备;对于多余、积压的物资应查明原因,分别处理。

在处理积压、多余物资时,对于利用率不高或闲置不用的固定资产也必须查明原因积极处理,使所有固定资产都能充分加以利用,从而提高固定资产的使用效率。

3. 总结经验教训,建立健全各项管理制度

财产清查后,要针对存在的问题和不足,总结经验教训,采取必要的措施,建立健全财产管理制度,进一步提高财产管理水平。

4. 及时调整账簿记录,保证账实相符

对于财产清查中发现的盘盈或盘亏,应及时调整账面记录,以保证账实相符。要根据清查中取得的原始凭证编制记账凭证,登记有关账簿,使各种财产物资的账存数与实存数相一致,同时反映待处理财产损溢的发生。

二、财产清查结果的处理步骤和方法

为了记录财产的盘盈、盘亏和毁损情况,应设置"待处理财产损溢"账户。"待处理财产损溢"账户是资产类账户,用来核算企业在财产清查过程中查明的各种财产物资的盘盈、盘亏和毁损情况,该账户应设置"待处理非流动资产损溢"和"待处理流动资产损溢"两个明细账户,分别核算非流动资产和流动资产的待处理损溢。

盘亏或毁损的资产,在期末结账前尚未经批准处理的,在对外提供财务会计报告时应按上述规定进行处理,并在会计报表附注中做出说明。如果其后批准处理的金额与已处理的金额不一致,应按其差额调整会计报表相关项目的年初数。

"待处理财产损溢"账户的基本结构见表10-8。

表 10-8   待处理财产损溢

借方	贷方
①待处理财产盘亏金额 ②根据批准的处理意见结转待处理财产盘盈数	①待处理财产盘盈金额 ②根据批准的处理意见结转待处理财产盘亏数

(一)审批之前的处理

根据"清查结果报告表""盘点报告表"等已经查实的数据编制记账凭证并记入有关账簿,使账簿记录与实际盘存数相符,同时根据企业的管理权限,将处理建议报股东大会或董事会、经理(厂长)会议或类似机构批准。

(二)审批之后的处理

审批以后,会计人员应根据发生差异的审批处理意见,编制记账凭证,记入相关账簿,保证账簿记录的完整性和准确性。

三、财产清查结果的会计核算

针对库存现金、存货和固定资产清查的会计处理进行讲解,便于会计理论更好地运用于实际工作中。

(一)库存现金清查结果的处理

对于企业每日终了结算库存现金收支以及财产清查中发现的有待查明原因的库存现金短缺或溢余,除了设法查明原因外,还应及时根据"库存现金盘点报告表"通过"待处理财产损溢"账户核算。当库存现金短缺时,应按照实际短缺的金额,借记"待处理财产损溢"账户,贷记"库存现金"账户;当现金溢余时,按实际溢余的金额,借记"库存现金"账户,贷记"待处理财产损溢"账户 。待查明原因后再分情况处理:

1. 库存现金短缺

应由责任人和保险公司赔偿的部分,通过"其他应收款"账户核算(如已收到赔偿的款项,直接通过"银行存款"等账户核算);无法查明原因的库存现金短缺,根据企业内部管理权限,经审批后记入"管理费用"账户。

2. 库存现金溢余

应支付给有关人员或单位的,应从"待处理财产损溢"账户转入"其他应付款"等账户;无法查明原因的库存现金溢余,根据企业内部管理权限,经审批后转入"营业外收入"账户。

【例10-3】　甲公司在财产清查过程中盘盈库存现金20 000元,其中12 000元属于应支付给其他公司的违约金,剩余盘盈金额无法查明原因。应做如下会计处理:

(1)审批之前

借:库存现金　　　　　　　　　　　　　　　　　　　　　20 000

　　贷:待处理财产损溢　　　　　　　　　　　　　　　　　　　20 000

(2)审批之后

借:待处理财产损溢　　　　　　　　　　　　　　　　　　20 000

　　贷:其他应付款　　　　　　　　　　　　　　　　　　　　　12 000

　　　营业外收入　　　　　　　　　　　　　　　　　　　　　8 000

【例10-4】　某企业在财产清查中发现库存现金盘亏8 000元,其中出纳人员应赔偿4 000元,剩余部分无法查明原因。应做如下会计处理:

(1)审批之前

借:待处理财产损溢　　　　　　　　　　　　　　　　　　8 000

　　贷:库存现金　　　　　　　　　　　　　　　　　　　　　　8 000

(2)审批之后

借:其他应收款　　　　　　　　　　　　　　　　　　　　4 000

　　管理费用　　　　　　　　　　　　　　　　　　　　　4 000

　　贷:待处理财产损溢　　　　　　　　　　　　　　　　　　　8 000

(二)存货清查结果的处理

存货发生盘亏或毁损,应按实际盘亏或毁损的金额,借记"待处理财产损溢"账户,贷记"原材料""库存商品"等账户,贷记"待处理财产损溢"账户。待查明原因后再分情况处理:

1. 存货盘亏或毁损

残料入库的部分通过"原材料"账户核算;管理不善、一般经营损失等原因造成的盘亏或毁损,通过"管理费用"账户核算;应由责任人和保险公司赔偿的,通过"其他应收款"账户核算(如已收到赔偿的款项,直接通过"银行存款"等账户核算);非常损失造成的存货盘亏或毁损,记入"营业外支出"账户。

2. 存货盘盈批准处理后冲减"管理费用"账户

【例10-5】　企业的财产清查中发现甲商品溢余50件,每件40元;乙商品盘亏300

件,每件 50 元;丙商品盘亏 100 件,每件 100 元。在发现盘盈、盘亏时应编制如下会计分录:

盘盈甲商品时:

借:库存商品——甲商品 2 000
　　贷:待处理财产损溢 2 000

盘亏乙、丙商品时:

借:待处理财产损溢 25 000
　　贷:库存商品——乙商品 15 000
　　　　　　　　——丙商品 10 000

结账前处理完毕。

（1）固定资产盘亏

企业在财产清查中盘亏的固定资产,按盘亏固定资产的账面价值,借记"待处理财产损溢"账户,按已计提的累计折旧,借记"累计折旧"账户,按已计提的减值准备,借记"固定资产减值准备"账户,按固定资产的原值,贷记"固定资产"账户。按管理权限报经批准后处理时,按可收回的保险赔偿或过失人赔偿,借记"其他应收款"账户,按扣除由过失人或者保险公司等赔偿款和残料价值之后的净损失,借记"营业外支出——盘亏损失"账户,贷记"待处理财产损溢"账户。

【例 10-6】　东方公司在财产清查中,盘亏设备一台,原值为 80 000 元,已计提折旧 50 000 元。经查明,过失人赔偿 5 000 元,已批准进行处理,编制如下会计分录:

（1）盘亏固定资产时:

借:待处理财产损溢 30 000
　　累计折旧 50 000
　　贷:固定资产 80 000

（2）批准后处理:

借:其他应收款 5 000
　　营业外支出 25 000
　　贷:待处理财产损溢 30 000

（2）固定资产盘盈

企业在财产清查中盘盈的固定资产,作为前期差错处理。企业在财产清查中盘亏的固定资产,在按管理权限报经批准处理前应先通过"以前年度损益调整"账户核算。盘盈的固定资产,应按重置成本确定其入账价值,借记"固定资产"账户,贷记"以前年度损益调整"账户。

【例 10-7】　2011 年 12 月 20 日,甲公司在进行财产清查过程中发现账外一台设备,重置成本为 100 000 元,假定甲公司按净利润的 10% 计提法定盈余公积。甲公司企业所得税税率为 25%,应编制如下会计分录:

（1）盘盈固定资产时

借:固定资产 100 000
　　贷:以前年度损益调整 100 000

（2）盘盈固定资产应交所得税＝100 000×25％＝25 000（元）

借：以前年度损益调整　　　　　　　　　　　　　　　25 000

　　贷：应交税费——应交所得税　　　　　　　　　　　　25 000

（3）计提法定盈余公积＝（100 000－25 000）×10％＝7 500（元）

借：以前年度损益调整　　　　　　　　　　　　　　　7 500

　　贷：盈余公积——法定盈余公积　　　　　　　　　　　7 500

（4）结转以前年度损益调整账户余额到"利润分配——未分配利润"账户

借：以前年度损益调整　　　　　　　　　　　　　　　67 500

　　贷：利润分配——未分配利润　　　　　　　　　　　　67 500

（67 500＝100 000－25 000－7 500）

第十一章

财务会计报告

第一节 | 财务会计报告概述

一、财务会计报告的概念和作用

(一)财务会计报告的概念

财务会计报告,是指企业对外提供的反映企业某一特定日期财务状况和某一会计期间经营成果、现金流量等会计信息的文件。它是企业根据日常的会计核算资料归集、加工和汇总后形成的,是企业会计核算的最终结果。

在日常的会计核算中,企业通过填制和审核会计凭证,登记会计账簿,把各项经济业务完整、连续、分类地登记在会计账簿中,虽然比会计凭证反映的信息更加条理化、系统化,但就某一会计期间的经济活动的整体而言,其所能提供的仍是分散的、部分的信息,不能通过其内在联系,集中揭示和反映该会计期间经营活动和财务收支的全貌。因此,每个会计期末,必须根据账簿上记录的资料,按照规定的报表格式、内容和编制方法,做进一步的归集、加工和汇总,形成一套能全面、综合地反映单位财务会计信息的系统文件,通常包括一套完整的结构化的报表体系以及相关文字说明等。

各类经济单位都需要编制财务报表,目的是向单位的有关各方,如出资人、债权人、监管机构、银行、税务机关等,提供全面、系统的财务会计信息,以帮助他们了解该经济单位管理层受托责任的履行情况,分析其业务活动中存在的问题,便于报告的使用者做出更加合理的经济决策。

财务报告属于通用的对外会计报告,其使用者主要是单位外部的有关方面。财务报告使用者的身份不同,对单位财务会计信息的需要也不完全相同。根据《会计法》等法律规定,国家实行统一的会计制度,据以编制的财务报告应当满足不同外部使用者较为普遍的需要,因此,这个特征决定了财务报告的内容主要涉及单位的财务情况、经营成果和现金流量等方面。另外,由于国家机关、事业单位与企业的性质不同,其财务报告的外部使用者各不一样,对财务会计信息的需求存在较大差异,因此,机关、事业单位和企业的财务报告内容不尽相同。

(二)财务会计报告的作用

财务会计报告总括反映了企业某一特定日期的财务状况和某一会计期间的经营成果

和现金流量。企业正确、及时地编报财务会计报告,具有十分重要的作用。

(1)企业的投资者和债权人通过财务会计报告提供的会计信息,可以了解有关企业财务状况、经营成果和现金流量的情况,据以进行正确的投资决策和信贷决策。同时,投资者还可据以评估企业管理层对受托资源的经营管理责任的履行情况。

(2)企业管理者通过财务会计报告提供的会计信息,可以掌握本企业有关财务状况、经营成果和现金流量等的情况,据以考核和分析企业财务成本计划或预算的完成情况,总结和分析企业经营中所取得的成绩和存在的问题,评价企业的经济效益。

(3)国家有关部门通过对企业提供的财务会计报告资料进行汇总分析,可以了解和掌握各部门、各地区的经济运行情况、各项财经法规制度的执行情况,并针对存在的问题,采取各种经济和政治杠杆进行必要的宏观调控,促进社会资源的有效配置。

二、财务会计报告的构成

财务会计报告包括财务报表和其他应当在财务会计报告中披露的相关信息和资料。财务报表至少应当包括资产负债表、利润表、现金流量表、所有者权益变动表以及附注,即"四表一注"。

附注是对资产负债表、利润表、现金流量表等报表中列示的项目所做的进一步说明,以及对未来能在这些报表中列示项目的说明等。通过编制附注可以对会计报表本身做补充说明,可以更加全面、系统地反映单位财务状况、经营成果和现金流量的全貌,有助于为使用者提供更加有用的决策信息,帮助其做出更加科学合理的决策。

三、财务会计报告的编制要求

为了实现财务会计报告的编制目的,最大限度地满足财务会计报告使用者的信息需求,单位编制的财务会计报告应当真实可靠、全面完整、编报及时、便于理解,符合国家统一的会计制度和会计准则的有关规定。

(一)真实可靠

要使会计信息有用,首先它必须真实可靠。如果财务会计报告所提供的会计信息不可靠,就会误导会计信息的使用者,从而导致使用者产生损失。为此,单位应当以实际发生的交易或者事项为依据进行确认、计量,将符合会计要素定义及其确认条件的资产、负债、所有者权益、收入、费用和利润等信息如实反映在财务报表中,不得根据虚构的、没有发生的或者尚未发生的交易或者事项进行确认、计量和报告,也不得故意歪曲经济业务的实质,扭曲财务报告所反映的事实。

(二)全面完整

单位应当按照有关规定编报财务会计报告,不得漏编漏报,更不得有意隐瞒,力求保证相关信息全面、完整,充分披露。会计法规制度要求提供财务报表,应该全部编制、报送;应当填列的报表指标,应分别按照表内、表外和补充资料的披露要求全部填列披露。

(三)编报及时

单位对于已经发生的交易或者事项,应当及时进行确认、计量和报告,以提高信息的时效性,帮助财务报告使用者及时决策。为了保证编报及时,单位平时就应按照规定的时间做好记账、算账和对账工作,做到日清月结,按照规定的期限编制完成财务报告并对外报送,不得延迟,但也不能为赶编报告而提前结账。

（四）便于理解

单位提供的会计信息应当清晰明了,便于财务会计报告使用者理解和使用。对某些复杂的信息,如交易本身较为复杂或者会计处理较为复杂,但与使用者决策相关的,还应当在财务会计报告中予以充分说明。

四、会计报表及其分类

会计报表是指企业以一定的会计方法和程序,由会计账簿的数据整理得出的,以表格的形式反映企业财务状况、经营成果和现金流量的书面文件,是财务会计报告的主体和核心。会计报表可以按照不同的标准进行分类。

（1）会计报表按反映的经济内容不同,可分为静态报表和动态报表。静态报表反映的是企业某一特定时点上的财务状况,如资产负债表。动态报表反映的是企业某一时期的经营成果或者现金流量,如利润表、现金流量表。

（2）会计报表按服务的对象不同,可分为内部报表和外部报表,内部报表是指为适应企业内部经营管理需要而编制的不需要对外公开的报表;外部报表是指必须对外公开的会计报表。本章介绍的都是外部报表。

（3）会计报表按编制时间不同,可分为年度财务报表和中期财务报表。中期财务报表至少应当包括资产负债表、利润表、现金流量表和附注。中期财务报表是指以中期为基础编制（包括短于一个完整的会计年度的报告期间,可以是一个月、一个季度或者半年等）年初至本中期末的财务报表。中期财务报表又可分为月度财务报表、季度财务报表、半年度财务报表。其中,半年度财务报表是指在每个会计年度的前6个月结束后对外提供的财务报表;季度财务报表是指季度终了对外提供的财务报表;月度财务报表是指月份终了时对外提供的财务报表。

（4）会计报表按编制基础不同,可分为单位会计报表、汇总会计报表和合并会计报表。单位会计报表是指企业以本公司为会计主体编制的会计报表;汇总会计报表是上级部门对所属单位会计报表进行简单汇总后编制的会计报表;合并会计报表是母公司以母公司个别会计报表和子公司个别会计报表为基础编制的会计报表。

第二节｜资产负债表

一、资产负债表的概念和意义

（一）资产负债表的概念

资产负债表是反映企业某一特定日期财务状况的会计报表。它是根据"资产＝负债

＋所有者权益"这一会计等式,依照一定的分类标准和顺序,将企业在一定日期的全部资产、负债和所有者权益项目进行适当分类、汇总、排列后编制而成的。资产负债表是企业基本财务报表之一,是所有独立核算的企业都必须对外报送的财务报表。

（二）资产负债表的意义

通过编制资产负债表,可以反映企业资产的构成及其状况,分析企业在某一特定日期所拥有的经济资源及其分布情况,可以反映企业某一特定日期的负债总额及其结构,分析企业目前与未来需要支付的债务数额;可以反映企业所有者权益的情况,了解企业现有的投资者在企业资产总额中享有的份额。

通过对资产负债表中的项目金额及其相关比率的分析,可以帮助报表使用者全面了解企业的资产状况、盈利能力,分析企业的债务偿还能力,从而为未来的经济决策提供信息。例如,通过资产负债表,可以计算流动比率,以了解企业的短期偿债能力;还可以计算资产负债率,以了解企业偿付到期长期债务的能力。

二、资产负债表的格式

资产负债表的格式主要有账户式和报告式两种。根据我国《企业会计准则》的规定,我国企业的资产负债表采用账户式。

账户式资产负债表分为左右两方,左方为资产项目,按资产的流动性大小排列:流动性大的资产,如"货币资金""交易性金融资产"等排在前面;流动性小的资产,如"长期股权投资""固定资产"等则排在后面;右方为负债和所有者权益项目,一般按要求清偿时间的先后顺序排列:"短期借款""应付票据"等需要在一年以内或者长于一年但在一个营业周期内偿还的流动负债排在前面;"长期借款"等在一年以上才需偿还的长期负债排在中间,在企业清算之前不需要偿还的所有者权益项目排在后面。

账户式资产负债表中的资产各项目的合计数等于负债和所有者权益各项目的合计数,即资产负债表左方和右方平衡。因此,通过账户式资产负债表,可以反映资产、负债、所有者权益之间的内在关系,即"资产＝负债＋所有者权益"。

我国资产负债表样式见表 11-1。

表 11-1   资产负债表

编制单位：   年   月   日

资产	期末余额	年初余额	负债和所有者权益(或股东权益)	期末余额	年初余额
流动资产			流动负债		
货币资金			短期借款		
交易性金融资产			交易性金融负债		
应收票据			应付票据		
应收账款			应付账款		
预付账款			预收账款		
应收利息			应付职工薪酬		

（续表）

资产	期末余额	年初余额	负债和所有者权益(或股东权益)	期末余额	年初余额
应收股利			应交税费		
其他应收款			应付利息		
存货			应付股利		
一年内到期的非流动资产			其他应付款		
其他流动资产			一年内到期的非流动负债		
流动资产合计			其他流动负债		
非流动资产			流动负债合计		
可供出售金融资产			非流动负债		
持有至到期投资			长期借款		
长期应收款			应付债券		
长期股权投资			长期应付款		
投资性房地产			专项应付款		
固定资产			预计负债		
在建工程			递延所得税负债		
工程物资			其他非流动负债		
固定资产清理			非流动负债合计		
生产性生物资产			负债合计		
有形资产			所有者权益(或股东权益)		
无形资产			实收资本(或股本)		
开发支出			资本公积		
商誉			减:库存股		
长期待摊费用			盈余公积		
递延所得税资产			未分配利润		
其他非流动资产			所有者权益(或股东权益)合计		
非流动资产合计					
资产总计			负债和所有者权益(或股东权益)总计		

三、资产负债表编制的基本方法

资产负债表分别按"年初余额"和"期末余额"设专栏,以便进行比较,借以考核编制报表日各项资产、负债和所有者权益指标与上年末相比的增减变动情况。"年初余额"栏内各项数字,应根据上年末资产负债表的"期末余额"栏内所列数字填列。

我国企业资产负债表各项目数据的期末余额,主要通过以下几种方式取得:

(一)资产负债表项目的填列方法

(1)根据总账账户的余额直接填列。例如,资产负债表中的"交易性金融资产""递延所得税资产""短期借款""交易性金融负债""应付票据""应付职工薪酬""应交税费""递延所得税负债""预计负债""实收资本""资本公积""盈余公积"等项目应直接根据总账账户的期末余额填列。

(2)根据总账账户的期末余额计算填列。例如,资产负债表中的"货币资金"项目应根据"库存现金""银行存款""其他货币资金"账户期末余额的合计数填列。

【例 11-1】 A 公司 2013 年 12 月 31 日结账后,"库存现金"账户余额为 30 000 元,"银行存款"账户的余额为 4 000 000 元,"其他货币资金"账户余额为 500 000 元,则 A 公司 2013 年 12 月 31 日资产负债表中的"货币资金"项目应填列的金额为:

30 000+4 000 000+500 000＝4 530 000(元)

(3)根据明细账户的期末余额计算填列。例如,资产负债表中的"应收账款"项目应根据"应收账款"和"预收账款"账户所对应的明细账借方余额之和减相应"坏账准备"账面余额后的金额填列;"预收账款"项目应根据"应收账款"和"预收账款"账户所对应的明细账贷方余额之和填列;"预付账款"项目应根据"应付账款"和"预付账款"账户所对应的明细账借方余额之和填列。

【例 11-2】 甲公司 2013 年 12 月 31 日结账后有关账户余额见表 11-2。

表 11-2　　　　　　　　　　　　　余额表　　　　　　　　　　单位:万元

账户名称	借方余额	贷方余额
应收账款——甲公司	600	
应收账款——乙公司		40
应收账款——坏账准备		80
预收账款——A 工厂	100	
预收账款——B 工厂		800
应付账款——甲公司	20	
应付账款——乙公司		400
预付账款——丙公司	320	
预付账款——丁公司		60

根据上述资料,计算资产负债表中(1)应收账款;(2)预付账款;(3)应付账款;(4)预收账款项目的金额:

"应收账款"项目金额＝600+100−80＝620(万元)

"预付账款"项目金额＝320+20＝340(万元)

"应付账款"项目金额＝400+60＝460(万元)

"预收账款"项目金额＝800+40＝840(万元)

(4)根据总账余额和明细账余额计算填列。例如,资产负债表中的"长期应收款"和"长期待摊费用"项目应该分别根据"长期应收款"和"长期待摊费用"总账账户的余额减去将于一年内收回的长期应收款和将于一年内摊销的长期待摊费用的金额计算填列,将于一年内收回的长期应收款和将于一年内摊销的长期待摊费用的金额应记入"一年内到期的非流动资产"项目。

再如,"长期借款"项目应根据"长期借款"总账账户余额扣除"长期借款"账户所对应的明细账户中将于一年内到期且企业不能自主地将清偿义务延期的长期借款后的金额计算填列。其中将于一年内到期且企业不能自主地将清偿义务延期的长期借款记入"一年内到期的非流动负债"项目。

【例 11-3】 乙公司 2011 年 12 月 31 日长期借款有关资料见表 11-3。

表 11-3

借款起始日期	借款期限(年)	金额(万元)
2010 年 1 月 1 日	3	300
2008 年 1 月 1 日	5	600
2007 年 6 月 1 日	5	450

其他资料:"长期待摊费用"账户的期末余额为 50 万元,将于一年内摊销完毕的金额为 20 万元。

根据上述资料,计算乙公司 2011 年 12 月 31 日资产负债表中下列项目的金额:

(1)"长期借款"项目金额=(300+600+450)-450=900(万元)

(2)长期借款中应列入"一年内到期的非流动负债"项目的金额=450(万元)

(3)"长期待摊费用"项目金额=50-20=30(万元)

(4)长期待摊费用中应列入"一年内到期的非流动资产"项目的金额=20(万元)

综合运用上述列示方法分析填列。例如,资产负债表中"存货"项目应根据"原材料""库存商品""委托加工物资""周转材料""材料采购""在途物资""发出商品""材料成本差异""生产成本"等总账账户期末余额分析汇总数,再减去"存货跌价准备"账户余额后的净额填列。

【例 11-4】 某企业 2011 年 12 月 31 日生产成本借方余额 50 000 元,原材料借方余额 30 000 元,材料成本差异贷方余额 500 元,委托代销商品借方余额 40 000 元,工程物资借方余额 10 000 元,存货跌价准备贷方余额 3 000 元,则该企业 2011 年 12 月 31 日资产负债表中"存货"项目的金额为:

50 000+30 000-500+40 000-3 000=116 500(元)

本例中资产负债表中的"存货"项目,应根据"原材料""委托代销商品""生产成本"账户的期末余额合计数,减去"材料成本差异"的贷方余额以及"存货跌价准备"账户期末余额后的金额填列,"工程物资"不属于企业的存货,应该在资产负债表中单独列示。

(5)资产负债表附注的内容,根据实际需要和有关备查账簿等的记录分析填列。资产负债表中有些项目是需要结合资产负债表附注和有关备查账簿等的记录分析填列的。如或有负债披露方面,按照备查账簿中记录的商业承兑汇票贴现情况,填列"已贴现的商业承兑汇票"项目。

(二)资产负债表项目的填列说明

资产负债表中资产、负债和所有者权益主要项目的填列说明如下:

1.资产项目的填列说明

(1)"货币资金"项目,反映企业库存现金、银行结算账户存款、外埠存款、银行汇票存款、银行本票存款、信用证保证金存款等的合计数。本项目应根据"库存现金""银行存款""其他货币资金"账户期末余额的合计数填列。

(2)"交易性金融资产"项目,反映企业持有的以公允价值计量且其变动计入当期损益的为交易目的所持有的债券投资、股票投资、基金投资、权证投资等金融资产。本项目应当根据"交易性金融资产"账户的期末余额填列。

(3)"应收票据"项目,反映企业因销售商品、提供劳务等而应收的商业汇票,包括银行承兑汇票和商业承兑汇票。本项目应根据"应收票据"账户的期末余额,减去"坏账准备"账户中有关应收票据计提的坏账准备期末余额后的金额填列。

(4)"应收账款"项目,反映企业因销售商品、提供劳务等经营活动应收取的款项。本项目应根据"应收账款"和"预收账款"账户所对应的各明细账户的期末借方余额合计数,减去"坏账准备"账户中有关应收账款计提的坏账准备期末余额后的金额填列。如"应收账款"账户所对应的明细账户期末有贷方余额的,应在资产负债表"预收账款"项目内填列。

(5)"预付账款"项目,反映企业按照购货合同规定预付给供应单位的款项。本项目应根据"预付账款"和"应付账款"账户所对应的各明细账户的期末借方余额合计数,减去"坏账准备"账户中有关预付账款计提的坏账准备期末余额后的金额填列。如"预付账款"账户所对应的明细账户期末有贷方余额的,应在资产负债表"应付账款"项目内填列。

(6)"应收利息"项目,反映企业应收取的债券投资等的利息,本项目应根据"应收利息"账户的期末余额,减去"坏账准备"账户中有关应收利息计提的坏账准备期末余额后的金额填列。

(7)"应收股利"项目,反映企业应收取的现金股利和应收取其他单位分配的利润。本项目应根据"应收股利"账户的期末余额,减去"坏账准备"账户中有关应收股利计提的坏账准备期末余额后的金额填列。

(8)"其他应收款"项目,反映企业除应收票据、应收账款、预付账款、应收股利、应收利息等经营活动以外的其他各种应收、暂付的款项。本项目应根据"其他应收款"账户的期末余额,减去"坏账准备"账户中有关其他应收款计提的坏账准备期末余额后的金额填列。

(9)"存货"项目,反映企业期末在库、在途和在加工中的各种存货的可变现净值。存货包括各种材料、商品、在产品、半成品、包装物、低值易耗品、委托代销商品等。本项目应根据"材料采购""原材料""库存商品""周转材料""委托加工物资""委托代销商品""生产成本"等账户的期末余额合计数,减去"代销商品款""存货跌价准备"账户期末余额后的金额填列。材料采用计划成本核算及库存商品采用计划成本核算或售价核算的企业,还应按加上或减去材料成本差异、商品进销差价后的金额填列。

(10)"一年内到期的非流动资产"项目,反映企业将于一年内到期的非流动资产项目金额。本项目应根据有关科目的期末余额分析填列。

(11)"长期股权投资"项目,反映企业持有的对子公司、联营企业和合营企业的长期股权投资。本项目应根据"长期股权投资"账户的期末余额,减去"长期股权投资减值准备"账户的期末余额后的金额填列。

(12)"固定资产"项目,反映企业各种固定资产原价减去累计折旧和减值准备后的净值。本项目应根据"固定资产"账户的期末余额,减去"累计折旧"和"固定资产减值准备"账户期末余额后的金额填列。

(13)"在建工程"项目,反映企业期末各项未完工程的实际支出,包括交付安装的设备价值、未完建筑安装工程已经耗用的材料、工资和费用支出等项目的可收回金额。本项目应根据"在建工程"账户的期末余额,减去"在建工程减值准备"账户期末余额后的金额填列。

(14)"工程物资"项目,反映企业尚未使用的各项工程物资的实际成本。本项目应根据"工程物资"账户的期末余额填列。

(15)"固定资产清理"账户期末在借方余额填列,如为贷方余额,以"一"号填列。

(16)"无形资产"项目,反映企业持有的无形资产,包括专利权、非专利技术、商标权、著作权、土地使用权等。本项目应根据"无形资产"账户的期末余额,减去"累计摊销"和"无形资产减值准备"账户期末余额后的金额填列。

2. 负债项目的填列说明

(1)"短期借款"项目,反映企业向银行或其他金融机构等借入的期限在一年以下(含一年)的各种借款。本项目应根据"短期借款"账户的期末余额填列。

(2)"应付票据"项目,反映企业因购买材料、商品和接受劳务供应等而开出、承兑的商业汇票,包括银行承兑汇票和商业承兑汇票。本项目应根据"应付票据"账户的期末余额填列。

(3)"应付账款"项目,反映企业因购买材料、商品和接受劳务供应等经营活动应支付的款项。本项目应根据"应付账款"和"预付账款"账户所对应的明细账户的期末贷方余额合计数填列。如"应付账款"账户的明细账户期末有借方余额的,应在资产负债表"预付账款"项目内填列。

(4)"预收账款"项目,反映企业按照购货合同规定预付给供应单位的款项。本项目应根据"预收账款"和"应收账款"账户所对应的明细账户的期末贷方余额合计数填列。如"预收账款"账户的明细账户期末有借方余额的,应在资产负债表"应收账款"项目内填列。

(5)"应付职工薪酬"项目,反映企业根据有关规定应付给职工的工资、职工福利、社会保险费、住房公积金、工会经费、职工教育经费、非货币性福利、辞退福利等各种薪酬。外商投资企业按规定从净利润中提取的职工奖励及福利基金,也在本项目列示。

(6)"应交税费"项目,反映企业按照税法规定计算应交纳的各种税费,包括增值税、消费税、所得税、资源税、土地增值税、城市维护建设税、房产税、土地使用税、车船税、教育费附加、矿产资源补偿费等。企业代扣代交的个人所得税,也通过本项目列示。企业所交纳的税金不需要预计应交数额的,如印花税、耕地占用税等,不在本项目列示。本项目应根据"应交税费"账户的期末贷方余额填列;如"应交税费"账户期末为借方余额,应以"一"号填列。

(7)"应付利息"项目,反映企业按照规定应当支付的利息,包括分期付息到期还本的长期借款应支付的利息、企业发行的企业债券应支付的利息等。本项目应根据"应付利息"账户的期末余额填列。

(8)"应付股利"项目,反映企业分配的现金股利或利润。企业分配的股票股利,不通过本项目列示。本项目应根据"应付股利"账户的期末余额填列。

(9)"其他应付款"项目,反映企业除应付票据、应付账款、预收账款、应付职工薪酬、应付股利、应付利息、应交税费等经营活动以外的其他各项应付、暂收的款项。本项目应根据"其他应付款"账户的期末余额填列。

(10)"一年内到期的非流动负债"项目,反映企业非流动负债中将于资产负债表日后一年内到期部分的金额,如将于一年内偿还的长期借款。本项目应根据有关账户的期末余额填列。

(11)"长期借款"项目反映企业从银行或其他金融机构借入的期限在一年以上(不含一年)的各项借款。本项目应根据"长期借款"账户的期末余额填列。

(12)"应付债券"项目,反映企业为筹集长期资金而发行的债券本金和利息。本项目应根据"应付债券"账户的期末余额填列。

3. 所有者权益项目的填列说明

(1)"实收资本(或股本)"项目,反映企业各投资者实际投入的资本(或股本)总额。本项目应根据"实收资本(或股本)"账户的期末余额填列。

(2)"资本公积"项目,反映企业资本公积的期末余额。本项目应根据"资本公积"账户的期末余额填列。

(3)"盈余公积"项目,反映企业盈余公积的期末余额。本项目应根据"盈余公积"账户的期末余额填列。

(4)"未分配利润"项目,反映企业尚未分配的利润。本项目应根据"本年利润"账户和"利润分配"账户的期末余额计算填列。未弥补的亏损在本项目内以"—"号填列。

第三节 | 利润表

一、利润表的概念和意义

(一)利润表的概念

利润表又称损益表,是反映企业在一定会计期间经营成果的报表。例如,年度利润表反映的是某年度 1 月 1 日至 12 月 31 日的经营成果。利润表根据会计核算的配比原则,把一定时期的收入和相对应的费用配比,从而计算出企业一定时期的各项利润指标。利润表是反映企业一定时期经营成果的动态报表。

(二)利润表的意义

利润既是企业经营业绩的综合体现,又是企业进行利润分配的主要依据,因此,利润表是财务报表中的一张基本报表,其意义体现在:

(1)通过利润表,可以从总体上了解企业收入、成本和费用、净利润(或亏损)等的实现及构成情况。

（2）通过比较利润表所提供的不同时期的数字，可以分析企业的获利能力及利润的变化情况和未来发展趋势。

（3）通过利润表，可以了解投资者投入资本的保值增值情况，评价企业经营业绩。

二、利润表的格式

利润表的格式有单步式和多步式两种。按照我国《企业会计准则》的规定，我国企业的利润表采用多步式。企业可以分如下三个步骤编制利润表：

第一步，以营业收入为基础，计算营业利润。

营业利润＝营业收入－营业成本－营业税金及附加－销售费用－管理费用－财务费用－资产减值损失＋公允价值变动收益（－公允价值变动损失）＋投资收益（－投资损失）

第二步，以营业利润为基础，计算利润总额。

利润总额＝营业利润＋营业外收入－营业外支出

第三步，以利润总额为基础，计算净利润。

净利润＝利润总额－所得税费用

多步式利润表是将企业一定期间所实现的各项收入和所发生的各项费用，按其性质加以归类，按照利润表形成过程分步计算本期利润。这种格式的利润表清晰地反映了各种不同性质的收入与费用的内在联系和利润的形成过程，便于报表使用者了解企业利润的形成情况，也有利于同行业的不同企业之间进行对比分析。更重要的是多步式利润表通常将各项收入、费用及利润分别按"本期金额"和"上期金额"两栏填列，便于报表使用者通过前后期的比较分析，了解企业经营的变化情况，有助于正确评估企业管理业绩和预测未来收益及盈利能力。利润表的基本格式见表11-4。

表 11-4   利润表

编制单位：   年   月   单位：元

项目	本期金额	上期金额
一、营业收入		
减：营业成本		
营业税金及附加		
销售费用		
管理费用		
财务费用		
资产减值损失		
加：公允价值变动收益（损失以"－"号填列）		
投资收益（损失以"－"号填列）		
其中：对联营企业和合营企业的投资收益		

（续表）

项目	本期金额	上期金额
二、营业利润(亏损以"－"号填列)		
加:营业外收入		
减:营业外支出		
其中:非流动资产处置损失		
三、利润总额(亏损总额以"－"号填列)		
减:所得税费用		
四、净利润(净亏损以"－"号填列)		
五、每股收益:		
(一)基本每股收益		
(二)稀释每股收益		

三、利润表编制的基本方法

利润表各项目的数据来源主要是根据各损益类账户的发生额分析填列。各项目均需填列"本期金额"和"上期金额"两栏。

利润表"本期金额"栏内各项数字,除"每股收益"项目外,应当按相关账户的发生额分析填列。

(1)"营业收入"项目,反映企业经营的主要业务和其他业务所取得的收入总额。根据"主营业务收入"和"其他业务收入"账户的本期发生额分析填列。

(2)"营业成本"项目,反映企业经营的主要业务和其他业务发生的实际成本。根据"主营业务成本"和"其他业务成本"账户的本期发生额分析填列。

(3)"营业税金及附加"项目,反映企业日常经营活动中应负担的消费税、城市维护建设税、资源税、土地增值税和教育费附加等。根据"营业税金及附加"账户的本期发生额分析填列。

(4)"销售费用"项目,反映企业在销售商品过程中发生的费用和为销售本企业商品而专设的销售机构的职工薪酬、业务费等经营费用。根据"销售费用"账户的本期发生额分析填列。

(5)"管理费用"项目,反映企业日常组织和管理生产经营发生的费用。根据"管理费用"账户的本期发生额分析填列。

(6)"财务费用"项目,反映企业筹集生产经营所需资金等而发生的筹资费用。根据"财务费用"账户的本期发生额分析填列。

(7)"资产减值损失"项目,反映企业各项资产发生的减值损失。